文春学藝ライブラリー

真珠湾作戦回顧録

源田 實

文藝春秋

序

すでに三十年以上もたっているのであるから、当初鮮明であった記憶も次第に薄れつつある。考えて見れば、真珠湾作戦のそもそもの始まりから実施の終わりまで、この仕事にたずさわった人々の中で、いま生きているのは筆者くらいのものではないかと思う。この作戦に関しては、多くの著書や映画なども出てきているが、その中にはどうしても私に合点できないものが相当ある。今にして真実を残さなければ、正しい歴史が曲げられたまま定着するであろう。このことを憂え、敢えて拙い筆をとった次第である。

私に合点できない一つの例は、第二撃の問題である。私自身は前日まで、連続攻撃の必要性を長官に具申し続けたことを覚えているが、長官には絶対にその意思がないことを見定め、それ以後は一言半句もこれに触れてはいないのである。著書などで、赤城の艦橋で私が二次攻撃を主張したとなっているのもあるが、これは事実に反する。私だけではない。他の何人《なんびと》からも強い二次攻撃に関する意見具申はなかった。断わっておくが、開戦前八時間からまる四日間、私は不眠不休で赤城の艦橋もしくは艦橋下の作戦室に詰め切っていたのである。

二次攻撃の必要性について、雑談的な所見開陳はあったかも知れないが、正式にして強硬な意見具申はなかったのである。その他これに類することが方々に散見されるが、あるいは事後作られた幻想によるものかも知れない。

死人に口なし。真珠湾攻撃で最も多くの批判を受けている人は、機動部隊指揮官南雲忠一中将その人であろう。どう言われようと、亡き中将は自ら弁解することはできないのだ。私は南雲中将の幕僚を勤めていたのであるから、真相はすべて知っている。南雲中将は純粋な武人であり、特に責任感の強い人であった。この責任感の強さが誤解を生んでいるのではないかと思う。要するに本書には、最も忠実に事実を記載したつもりである。そこには作為もなければ誇張もない。真実を一般の人々に理解してもらうのが私の望みである。

こんなつもりで書いたのであるから、私の関係していなかった潜水部隊の作戦や、アメリカ側のことについてはいっさい触れていない。江湖のご了承を仰ぐ次第である。

昭和四十七年十一月

源田　實

真珠湾作戦回顧録　目次

序 3
初めて企図を知る 11
日本海軍の戦略・戦術の変遷（その1） 24
日本海軍の戦略・戦術の変遷（その2） 61
作戦の主柱、大西瀧治郎中将 84
水雷戦術の権威、南雲忠一中将 104
憂国の名将、山本五十六元帥 131
機密保持と飛行機隊幹部の人選 168

初めて計画を知らせる 183
困難を排除したパイロットたち 197
パイロットの名リーダー 216
真珠湾進撃と決戦 242
ハワイ作戦の評価と教訓 292
(増補一) 真珠湾奇襲と三人の提督 303
(増補二) 淵田美津雄という男 333
解説 秦 郁彦 338

真珠湾作戦回顧録

初めて企図を知る

山本長官の手紙

昭和十六年二月初め、第一航空戦隊旗艦加賀は、有明湾の志布志沖に錨《いかり》を入れていた。司令官は戸塚道太郎少将で、私はその幕僚をやっていたわけである。戸塚少将という人はもともと航海専門の人であったが、昭和十一年ごろ航空に関係し始めた。まことに情熱的な人で、素人でありながらも、ずいぶん飛行機に乗り、部下の搭乗員たちからも親しまれていた。

この人は、昭和十二年八月、華中方面の戦闘が勃発《ぼっぱつ》したときに、第一連合航空隊司令官として、有名な渡洋爆撃隊を指揮した人である。

ある日、私は、当時鹿屋にいた第十一航空艦隊参謀長大西少将から一通の手紙を受け取った。内容は、「相談したいことがあるから、鹿屋基地に来てくれ」という意味であった。私は内火艇で志布志の桟橋に上陸し、それから自動車で鹿屋に向かった。鹿屋航空隊は昭和十一年四月に開隊せられ、当時新しく採用された九六式陸上攻撃機をもって編成された部隊である。

昭和十二年八月十四日、いわゆる最初の渡洋爆撃の際、鹿屋航空隊は台湾の新竹基地から筧橋、喬司、広徳の空襲を行なった。

鹿屋基地は、わが海軍陸上攻撃機の中枢基地ともいうべきもので、昭和十六年一月十五日に編成された第十一航空艦隊の司令部もその本拠をこの基地に置いていたのである。基地に到着した私は、早速、大西参謀長の公室に案内された。室内には大西瀧治郎少将ただ一人であったが、私がはいっていくと、いつものように微笑を浮かべながら、

「まあ、そこに座れよ」

と声をかけた。私がソファの上に腰をおろして待っていると、まもなく自分も腰をかけて、懐《ふところ》から一通の手紙を持ち出しながらいった。

「ちょっと、この手紙を読んでくれ」

私が何気なく封を見ると、表には、

「第十一航空艦隊司令部
大西少将閣下」

とあり、裏には

「山本五十六」

と書いてあった。もちろん郵便できたものではない。何か特別便で送られたものらしい。中身は、美濃罫紙《けいし》であって、山本提督の例の達筆が墨痕《ぼっこん》あざやかに浮き出ていた。正確な文章は、すでに記憶の彼方に消えてしまったが、内容の趣旨は、今でもハッキリと脳裏に焼き付けられている。

「国際情勢の推移如何によっては、あるいは日米開戦の已《や》むなきに至るかもしれない。日米が干戈《かんか》をとって相戦う場合、わが方としては、何か余程思い切った戦法をとらなければ、勝ちを制することはできない。

それには、開戦劈頭《へきとう》、ハワイ方面にある米国艦隊の主力に対し、わが第一、第二航空戦隊飛行機隊の全力をもって、痛撃を与え、当分の間、米国艦隊の西太平洋進攻を不可能ならしむるを要す。

目標は米国戦艦群であり、攻撃は雷撃隊による片道攻撃とする。

本作戦は容易ならざることなるも、本職自らこの空襲部隊の指揮官を拝命し、作戦遂行に全力を挙げる決意である。ついては、この作戦を如何なる方法によって実施すれば良いか研究してもらいたい」

これが山本長官の手紙の要旨であった。

それまで、西太平洋海面における邀撃《ようげき》作戦を固定兵術思想とし、艦の設計、製作から艦隊の演習、術科の訓練、兵力構成に至るまで、すべてこの思想のもとに三十数年間を過ごしてきた、わが海軍の用兵家にとっては、この山本長官の構想は、全く青天の霹靂《へきれき》であったに違いない。もちろん、この構想を知らされていたのは、連合艦隊司令部の幕僚、軍令部の一部幹部等のみであったから、海軍部内に波乱を巻き起こすようなことはなかった。

この手紙を読んだ直後の私の感じは「うーん、偉いことを考えたものだ、一本とられた」というのがいつわらざるところであった。

それまで、何百回となく繰り返された演習、図上演習、兵棋演習において、六割の勢力しかもっていなかったわが海軍が勝つことは、特別な好運にでも恵まれない限り、あり得ないことであった。それもそのはずである。一方が「十」の勢力をもち、他方が「六」の勢力しかもっていない場合、同じような教育、同じような訓練を受けた演習員、つまり同じような兵術思想をもった日本海軍将校が、青赤両軍に分かれて戦うのであるから数の多い方が勝つのは当たり前である。

この場合、理論的にはN^2法則というのが厳密に適用される。たとえば、五隻と三隻で撃ち合い、双方とも一分間に一発の命中弾を得、十発命中すれば相手を撃沈し得るものとすれば、約五分後の残存勢力は、一方がなお四隻もっているのに対し、他方は零隻となるのである。

もちろん、実戦には練度、戦略、戦術、環境的要素等いろいろのものが含まれてくるので、右のように簡単に割り切るわけにはいかないが、これらのものが、日本側にのみ有利に働くという裏付けは毛頭ない。そうなると残るものは精神力だけであるが、日本側は自分の精神力が勝っていると考えても、アメリカ側では自分の方の精神力が劣っているとは考えない。したがって、これも作戦計画立案の要素とはなり得ないのである。精神力が極めて重要な要素であることに間違いはないが、これを計算に入れることは、独善の誤りを冒すことになるのである。

したがって、何か在来の兵術常識を超越した新しい戦法とか、新しい兵力構成でも導入しなければ勝ち目はないのであるが、旧海軍のいわゆる主流派は、アメリカと同じような兵力構成と、西太平洋における邀撃作戦という過去の枠《わく》組みをはずれて考えることをしなかった。

この枠を兵術的に打ち破ったものが、ハワイ攻撃という山本構想であったのである。当時の海軍において、かくの如き構想を打ち出すことは、いわゆる反逆児に類することである。それも、直接責任をもたないものが、参考として提案したのならば、まだ話もわかるが、実戦部隊の最高指揮官として、国の安危をその双肩に担っている山本連合艦隊司令長官がいい出したのであるから驚くのほかはない。

山本長官は賭事《かけごと》が好きだったし、また上手でもあったから、これも兵術的バクチのようにいうものもいたが、そんな生易しいものではない。国の運命を双肩に担った長官は、通常の方法では勝つ見込みはない。考えに考えたあげく、この思い切った作戦に血路を開こうとしたのであろう。

私が長官の手紙を一読して目を上げると、大西少将が、おもむろに口を開いた。

「そこでやね、君ひとつこの作戦を研究してみてくれんか。できるかできないか、どうすればやれるか、そんなところが知りたいんだ」

「承知いたしました。ところで、長官はどうして戦艦を主目標とされたのでしょうか。山本長官ほどの人が、未だに戦艦を海上の主力と考えているとは思われないし、また、たとえ戦艦が主力であるとしても、航空母艦のいない艦隊では、戦艦もその威力を発揮することはできないと思います。

それからもう一つ、長官の案では片道攻撃となっていますが、これにはどうも賛成できませんなあ。母艦だけは遠くの方でヘッピリ腰をして、飛行機を出したなら、逃げ帰るようなのは、統帥上大きな問題がある上に、攻撃効果も十分なものを期待することはできないと思います」

「うん、君のいうことも一理あるが、長官の考え方はまた違っていると思われるんだ。まず攻撃目標を戦艦においている点だが、海上戦闘の鍵を飛行機が握っていると思っているのは、おれたちだけなんだ。

海軍部内のほとんど全部が戦艦が一番強いと思っているし、航空関係者の中にさえ、そう思っているものが少なくない。部内がそうなんだから国民はもちろん戦艦が主力だと思っているだろう。この考え方はアメリカも同じだろう。矢張り戦艦中心主義だ。

長官が考えておられるのは、単なる兵術的利害だけではない。もっと大きな心理的利害を考えておられるのではないだろうか。航空母艦がやられても、戦艦が残っているならば、アメリカ国民は、まだまだ大丈夫だと思うだろう。しかし、戦艦の大部がやられたならば、アメリカ人はガックリくるに違いない。私の想像であるが、長官のねらいはどうもそんなところにあるような気がする。

片道攻撃もやはり心理的なものだ。今まで、どこの国でも、片道攻撃などということをやったことはない。それを開戦劈頭、何百機という多数の飛行機でやるとなれば、アメリカ人の目には、日本人という奴は無茶苦茶で、常識では考えられない国民だと映るであろう。ねらいはそこにあるのだ。こんな常識はずれなやつを相手に戦争などできないという印象をアメリカ人の頭の中に打ち込むのが長官の考えだと思う」

「なるほど長官はそういうふうに考えておられるのですか。しかし、私はやはり航空母艦を第一目標に選ぶべきだと思います」

「雷撃についてはどう思う？　長官は、雷撃ができないようならば、この攻撃はやらない、といっておられるが」

「私は戦闘機乗りなので雷撃の方はわかりかねますが、真珠湾の水深は約一二メートル付近なので、研究すればできないことはないと思います。しかし、雷撃ができなくても致命傷を与えることを考えなければなりません。

攻撃目標を航空母艦に絞れば、艦爆（急降下爆撃）だけで、十分に致命傷が与えられます。飛び込むことさえできれば、あとは何とかなるのですが、問題は、どうして、母艦群を攻撃可能の距離までもっていくかです」

「そのことだ。こんな作戦は、事前に発見されれば元も子もなくなる。アメリカの軍艦だけではない。第三国の商船に見つかってもおしまいだ。まあ、潜水艦でも何十カイリか前方に出して、何か見たならば、微勢力送信で知らせる手もあるだろう。

攻撃時刻であるが、こういう奇襲をやる時、一般的には、黎明《れいめい》攻撃とか夜間攻撃を行なうのであるが、自分は、真昼間がいいと思う。攻撃の成果を確実にすることが第一であるからだ。敵に企図を察知せられたならば、それが黎明であろうが、夜間であろうが、致命的な反撃を受けることに間違いはない。

要するにだ。作戦を成功させるための第一の要件は、機密保持だ。その点、十分に気をつけて、研究してくれ」

大西少将のもとを辞した私は、直ちに有明湾の加賀に帰り、ひそかに検討を始めた。

通常、幕僚事務室で執務するのであるが、幕僚事務室では、各幕僚が隣合わせで勤務し

日米海軍兵力比べ（昭和16年12月7日現在）

		隻数	トン数
潜水艦	〈日本〉	65隻	67,000トン
	〈アメリカ〉	111隻	116,621トン
駆逐艦	〈日本〉	112隻	165,868トン
	〈アメリカ〉	172隻	239,530トン
軽巡洋艦	〈日本〉	20隻	98,855トン
	〈アメリカ〉	19隻	157,775トン
重巡洋艦	〈日本〉	18隻	158,800トン
	〈アメリカ〉	18隻	171,200トン
航空母艦	〈日本〉	10隻	152,970トン
	〈アメリカ〉	7隻	154,700トン
戦　艦	〈日本〉	10隻	301,400トン
	〈アメリカ〉	17隻	534,300トン

基準排水量

ている。いつ研究の内容が漏れるかもしれない。ことに真珠湾の軍機海図などを拡げて研究していれば、機密など保ちようもない。そこで私は、自分の私室で検討を重ねることとした。

約一週間の後に、二つの案を作って、鹿屋の第十一航空艦隊司令部に行き、大西少将に提出した。もちろん、素案のまた素案であるが、二種類の攻撃計画であった。

その一は、雷撃が可能な場合、その二は、雷撃が不可能な場合である。雷撃を行なうときは、艦上攻撃機の全力を雷撃機とし、これと艦爆の共同攻撃を行なうというものであった。

その二は、雷撃が不可能な場合は、艦攻は全部おろして、その代わりに艦爆を積み、攻撃は全面的に艦爆に依存するというものである。

両者ともに、主攻撃目標は航空母艦とし、副攻撃目標として戦艦、巡洋艦以下の補助艦艇、飛行場施設とした。また戦闘機は、制空と地上飛行機の銃撃に充当するものであった。

使用母艦としては、第一航空戦隊、第二航空戦隊の全力（赤城、加賀、蒼竜、飛竜）とそれに第四航空戦隊の竜驤《りゅうじょう》を加えたものであった。

当時はまだ、進撃航路に対する研究は積んでいなかったのであるが、いずれにしても、南方から攻撃する手はないので、ハワイ列島の北方からすることとしていたのである。

これを要するに、私の答申は、この長官の作戦構想に全面的賛意を表すものであり、実行には多くの困難や障害を伴うけれども、これらは、懸命な努力を積み重ねることによって、排除できるものであるというものであった。

さてこの時機において、確信のもてないものが三つあった。

その一は、機密保持である。この種の作戦は、敵の意表を衝《つ》くものでなければ、絶対に成功するものではない。機密保持のうちでも、当方の不心得によって漏れるものは、関係者の心掛けによってこれをなくすることができる。たとえば、「敵を欺くには先ず味方を欺け」ということばがあるが、このくらいの心掛けで訓練や計画を進めるならば、不用意に機密を漏洩《ろうえい》せしめることもないであろう。

しかし、機密漏洩の中で、当方でどうにもならないものがある。たとえば、ハワイに向かって進撃中に、アメリカの軍艦や飛行機、商船等に出会わすことである。第三国の船についても同様である。これは当方ではどうにもならない問題であって、早目に目標を発見して、早目に回避するか、あるいは、艦船などが滅多に通らない航路を選定するほかはない。

当時はもちろん具体化していたわけではないが、大西少将に提出する素案をまとめている途中、私が海軍大学校の甲種学生であった時に、当時の戦務教官有馬正文大佐の講義の中の一節がチラリと頭の中を走った。

「冬期の北太平洋は、海が荒《し》けて船の航行は困難である。そのため北太平洋を横断する商船は、西向きのものは、アラスカの南でベーリング海にはいり、アリューシャン列島の北を通り、カムチャツカ半島の東を南に抜けて、再び太平洋にはいるのを例とする」

というのである。したがって、もし開戦時機が冬ならば、アリューシャン列島の南を通ってハワイの真北から南方に進撃すれば、相手側が特に捜索網でも張らない限り、発見される公算は甚だ少ないのではないか。こんな考え方が、漠然たるものながら、私の頭の中にあったことは事実である。

大西少将は、私の案を参考にされたかどうか知らないが、自分の案を作って、四月初め山本長官のもとに提出されたようである。

大西案は後に、たしか九月ごろだったと思うが、私が軍令部第一課（作戦課）に要務で行った時に、参考のためにといって手渡された。その案で私の案と大きく違っていたところは、雷撃ができない場合でも艦攻はおろさないで、小さな爆弾（六〇キロ・六発）をたくさん搭載《とうさい》し、真珠湾内の補助艦艇、すなわち巡洋艦、駆逐艦等を攻撃するという点であった。大西少将の考えでは、たとえ戦艦に致命傷を与えることができなくても、手足となる補助艦艇の大部を失えば、主力部隊も行動できなくなるだろうという計算であった。

私が水平爆撃を計算に入れなかったのは、当時水平爆撃の命中率が極めて低く、戦艦一隻を撃沈するには、爆弾投下前に一機も撃墜されることなくても、百六十機から二百機の艦攻を必要とするからであった。日露戦争や第一次世界大戦におけるジュットランド海戦の戦訓等から、自分と同級の敵艦を撃沈するには、自分の主砲弾平均十六発の命中を必要とする計算が出ていた。

長門型（アメリカの場合は、コロラド級）戦艦を撃沈するには、長門型の主砲四〇サンチ砲弾十六発の命中を必要とする意味である。そうなれば、第一、第二航空戦隊の艦攻全部九十機（各機八〇〇キログラム徹甲爆弾一発搭載）をもってしても、一隻も撃沈することはできない。

大西少将は、補助艦艇を選んだのであるから、問題は若干違ってくるだろう。

しかし、いずれにしても、雷撃の能否が、この作戦の成否を決するものであることに間違いはなく、浅海面雷撃は、その後、航空母艦部隊の重要な研究項目となったのである。

日本海軍の戦略・戦術の変遷（その1）

漸減、邀撃決戦の思想

大正十一年二月、有名なワシントン条約（海軍軍備制限条約）が成立し、日本は主力艦（戦艦、巡洋戦艦）と航空母艦において、対英米六割の比率に甘んずることになった。この比率については、海軍部内はもちろん、ワシントンにあるわが全権団の中でも激しい異論があった。

わが全権がもらっていた政府の訓令は、対米七割であったが、会議の劈頭《へきとう》、アメリカ全権ヒューズが出した爆弾動議によって、このとおりになった次第である。先輩の桑原虎雄中将の話によると、全権団の中の強硬論者は、「対米七割が得られないようなら、旗を巻いて帰るべし」などという意見を吐いて当たるべからざるものがあったようである。全権の加藤友三郎大将は、初めから「この会議はどうしても纏《まと》めなければならない」という考えをもっていたようであるが、頭から押しつけるようなことはしなかった。桑原中将に聞いたところでは、ある日、全権が次のようにいったそうである。

「明日みんな休暇をやるから、ピッツバーグに行って、そこの煙突の数を調べて来い」

翌日、皆がピッツバーグに行って製鉄所に立ち並ぶ煙突が、とても八幡製鉄所などが及ぶものでないことを知って、強硬論もずいぶん収まったということである。

また、故山梨勝之進大将の『遺芳録』（水交会）によれば、次のような手も用いたようである。

各国全権団の中の専門家は、それぞれ自国に有利な兵術論を振り回し、妥協点は見い出し得なかった。「そこで加藤全権は、この問題を専門家にまかせておいては、いつまでも埒《らち》があかないとみて、われわれ委員を集め『兵術論をいはってもむだである。なんとか、政治的に七割でなければならぬという説明法はないものか。アメリカ側に、陸奥は、未成艦として廃棄艦の中に入れてあったが、あれは完成して、すでに試運転がすんでいることを説明したら、すぐに了解してくれた。そういう調子で、具体的に立証していかねばならぬ。観念論ではだめだ』とさとされた。しかし、政治的に、七割を絶対に必要とする論を説明するような名案は、なかなかない。ないのが当然で、加藤全権は明敏だから、わざとこんな難問を出して、専門委員の強硬論を緩和しようとの考えであったのであろう」

この種の例は、山本元帥や大西中将にもある。下僚たちの議論が対立して妥協点が見出せないときに、自分は一次元高い議論を打ち出して、今までの議論を全く要点を外れたもののようにする手である。力ずくで自分の意見を押し付けることなく、いやでも従わざるを得ないようにする腕は大したものだ。

先年、加藤友三郎元帥を偲《しの》ぶ会が日生会館で行なわれ、その席上、賀屋興宣氏が話したことであるが、当時日本は八八艦隊（戦艦八隻、巡洋戦艦八隻を主力とし、これに補助部隊として、巡洋艦、駆逐艦数十隻を配す）計画を推進中であったが、日本の国力では、八八艦隊を作ってもこれを維持することはできなかったそうである。アメリカが更に軍備を増せば、日本は八八艦隊に輪をかけて作らなければならないだろう。すなわち、加藤全権は、日本の国力から考えて、適当なところで軍縮条約を結ばなければ、日本は財政面から参ってしまうと考えていたらしい。

このワシントン条約の締結は、無制限な軍備競争から日本を救ったが、日本海軍には容易ならざる課題を与えることになった。大正十年といえば、私が海軍兵学校にはいった年である。西も東もサッパリわからなかったが、食堂に生徒全員を集めて、生徒隊監事松崎中佐が次のような話をしたのを覚えている。

「いまワシントンでは、六割になるか七割になるかの瀬戸際の交渉が行なわれている。なぜわが海軍が七割を主張するかといえば、長い海軍戦史の中で、七割ならば勝った例があるが、六割以下で勝ったためしはないからである」

容易ならざる課題を日本海軍が背負ったという意味は、当時海上の王者であった主力艦および将来性を持った航空母艦で、対米六割の比率を持つことになったからである。その後、昭和五年のロンドン軍縮会議では、巡洋艦以下の補助艦艇においても対米英六割九分（ただし、甲級巡洋艦は六割）となり、いわゆる六割海軍は決定的なものになった。したがって、私が海軍にはいってから、戦争が始まるまでの二十年間、われわれの研究や訓練は、「いかにして、六割をもって十割を打ち破るか」という一点にしぼられていたのである。

「中国の門戸開放」を重大国策としていたアメリカと、大陸方面に重要な権益を持っていた日本との間では、当然のことながら中国問題が軋轢《あつれき》の要因となっていた。当時日本はアメリカ本土やハワイ等に対する政治的野心を持ったことは一度もなかったし、東太平洋の制海権を掌握《しょうあく》しようという意図もなかったが、端的にいって、アメリカ側としては、日本が大陸を自由に料理することをどうしても阻止しなければならなかった。

この観点から、日米海軍の戦略態勢は、アメリカ海軍の西太平洋進攻、進攻したアメリカ海軍を西太平洋において迎え撃つ日本海軍という形になっていた。このことは、両国の艦船の性能をみても一目でそれとわかるのである。アメリカの戦艦や航空母艦は、巡航速力で一万五、〇〇〇カイリ以上の航続力を持っていたのに対し、わが国のそれは、

七、〇〇〇カイリないし一万カイリであった。

海軍では「近きを以て遠きを待ち、佚《いっ》を以て労を待ち、飽を以て饑を待つ、此れ力を治むる者なり」という孫子の教えを体し、六割でも何とか道が開けるだろうとの希望をもって準備を進めたのである。

大挙進攻するアメリカ艦隊を西太平洋海面に邀撃する戦略構想のもとに、兵力構成は次のようなぐあいに進められた。

1　主力艦の欠陥を補うために、補助部隊（巡洋艦、駆逐艦、潜水艦）の整備に重点をおき、個艦の戦闘力においては、必ずアメリカの同級のものより強力なるものを作るようにした。

2　主力艦の主兵は大口径砲である。大口径砲はアメリカの六割である。何とかしてその足らざるものを補わなければならないが、それには魚雷が最も適当である。

前述の補助部隊に力を入れるといったのは、魚雷の攻撃力を大ならしめんがためである。したがって、あらゆる部門を通じて、わが国の魚雷の性能およびその戦法、練度は、世界において最も傑出したものであった。

3　西太平洋海面においてアメリカ艦隊を邀撃するといっても、敵がいつ、どこを通ってどの方面に現われるかを知らなければ、邀撃のしようもない。わが海軍は、この目的のために潜水艦を充当する計画を樹てた。

したがって、一般の水上艦艇の航続力は、アメリカより小さいものであったが、大型潜水艦だけは約二万カイリという大航続力を持っていた。昭和五年のロンドン軍縮会議において、わが国が潜水艦の自主的保有量七万八、〇〇〇トンを主張したのは、この監視、追躡《ついじょう》、触接作戦を考えていたからである。

すなわち、アメリカ西岸あるいはハワイ方面の根拠地にあるアメリカ艦隊を監視し、艦隊が出撃すれば、これに追躡、触接するとともに敵の動静を逐一わが軍の諸部隊に報告通報し、わが軍の各部隊に有利な態勢で邀撃作戦させるようにするのが、その主任務であったのである。その間、好機があれば、魚雷攻撃を加えることも考えられたのであるが、これは主任務ではなかった。

4　ロンドン会議において、補助艦艇の比率が対米英六割九分（甲級巡洋艦は六割）、潜水艦五万二、〇〇〇トンが決定した後は、右のような補助艦艇の優勢に期待しようという構想もむずかしくなった。いよいよ頼るべきものは、作戦の妙と、訓練の精到および兵器の優越以外にはなくなり、海軍における訓練が極めて激しいものとなったのである。

5　ロンドン会議において制限内にはいらなかった兵力が一つある。それは基地航空兵力である。わが海軍はこの点に着目し、九六式陸攻、一式陸攻等の基地航空機の開発に着手した。この兵力は、後に日中戦争当初の渡洋爆撃や、大陸奥地の爆撃、また、太平洋戦争の勃発《ぼっぱつ》にあたっては、マレー沖海戦において偉功を奏したのである。

以上は、優勢なアメリカ艦隊を邀撃するための兵力構成の概要であるが、これらの兵力を駆使する作戦構想はどうであったであろうか。

わが国は周知の如く、国内資源はほとんど絶無で、重要な原料たる石油、鉄鉱石、ボーキサイト、綿花、羊毛、生ゴム等は、ほとんど海外からの供給にあおがなければならない。

この故に、海外交通路ことに南西方面資源地帯との交通路は、絶対に確保しなければならない。もし、進攻するアメリカ艦隊を途中で捕捉することができないで、これがフィリピン方面の根拠地にはいることを許したならば、わが南西方面航路は重大な脅威を受けることになり、それだけで日本の死命を制する力を持つに至るであろう。したがって、わが海軍は、一発勝負でことを決めなければならない立場にあったのである。

しかるに一発勝負でやろうとすれば、六割をもって、十割と戦わなければならない。十対六の戦闘、それも同じ程度の練度、同じ程度の兵器の性能をもってする戦闘ならば、特別な好条件にでも恵まれない限り結果は自ら明らかである。純数学的に解明するならば、この場合N^2法則が厳密に適用される。十隻対六隻で対戦するならば、十の方が八隻に減る間に六の方は零となるのである。十対八ならば八の方が零となっても十の方はまだ六隻残っていることになるのである。

もちろん実際の場面においては、こんなぐあいには運ばない。兵器の性能も違えば、練度にも高低がある。それに用兵の巧拙も手伝うから、若干のぶれが出てくるのは当然である。だが、これらのものが一方的にわが方だけに有利に作用するという保証は何もない。事実、開戦以前における諸情報の示すところでは、魚雷関係においてわが方が勝っているということは、おおむねわかっていたが、決定戦力をなす、主力艦主砲の性能や命中精度においては、似たり寄ったりのものであったのである。

日露戦争が終わって、連合艦隊が解散するときに、東郷司令長官の出した「連合艦隊解散の辞」というのがある。比類なき名文で、秋山真之参謀の作といわれる。その中に、「百発百中の砲一門よく百発一中の砲百門に対抗し得るを悟らば……」

というのがある。なるほど、われわれの気構えとしては、このくらいのものを持たなければならないのであるが、実際に百発百中の砲一門と、百発一中の砲百門が射ち合いをやったならば、問題なく百門の方が勝つのである。百発百中の第一発で、百発一中の砲一門は破壊できるが、同時に百発一中の砲弾百発の中の一発は、百発百中の砲にまず確実に命中する。すれば、一方は零となっているのに他方はまだ九十九門残っている勘定になるのである。

地形や要塞などに依存することの多い陸上戦闘においては、有形兵力以外の要素がずいぶんと作用するから、N^2法則もそれほど的確には作用しないが、森林とか河川、山岳、丘陵等のない、大洋の真ん中において行なわれる海上戦闘においては、数学的な計算が比較的的確に通用するのである。さればこそ、古来海上戦闘においては、優勢な艦隊が百パーセント海上を支配し、劣勢な艦隊は相当程度の戦闘力を持ちながら、自国の港内に逼塞《ひっそく》して、そのまま戦争終結を迎える例が多いのである。失敗には終わったけれども優勢な艦隊を向こうに回して、最後まで洋上での決戦を挑んだのは、太平洋戦争における日本海軍くらいのものではないだろうか。

以上述べたような不利を克服するために日本海軍が執った方策は、いわゆる漸減作戦である。

その基本方針としては、

1　前述したように先遣した潜水艦によって、進攻するアメリカ艦隊の動静を明らかにする。その途上、機会さえあれば敵主力に魚雷攻撃を加えて、その勢力を漸減する。

２　西太平洋の予想決戦海面に近くなれば、わが艦隊の中の高速軽快部隊を前進せしめて敵主力部隊に夜間攻撃を加える。これは、前進部隊と称して、高速戦艦（金剛級戦艦）部隊を中核とし、これに甲級巡洋艦、乙級巡洋艦部隊および水雷戦隊を付したものである。

３　夜襲のやり方は、飛行機の発達とともに変化してきたけれども、おおむね薄暮時には、わが部隊は敵を包囲し、視界の減少に応じて敵との距離を縮め、そのままで、魚雷攻撃に転じ、終夜これを反覆する。黎明時には、視界が急激に増してくるので、早目に引き揚げないと、敵主力の砲撃にさらされてひどい目に会うこともあった。

高速戦艦や巡洋艦などは、水雷戦隊が敵に接近するときに、敵の巡洋艦などが妨害するので、これを排除するのを主任務とした。巡洋艦は強力な魚雷を持っていたので、水雷戦隊を推進した後は、自分も敵主力を雷撃した。

４　艦隊の最高指揮官は、主力部隊（戦艦が主体である）を率い、適当な間合いをとりながら、夜襲の成果を慎重に検討し、翌朝、全力決戦を行なうか、あるいは、もう一晩、夜間戦闘を行なうかを決定する。

５　決戦を行なうに決定すれば、敵から離脱しつつある夜襲部隊を収容するために敵との距離を縮め、各部隊が勢揃いすれば、これを戦闘序列に占位せしめる（この戦闘序列というのは、陸軍でいったのとは全然意味の違うものである。陸軍では海軍でいう戦時編制のことをいったようであるが、海軍では、いよいよ敵と乾坤一擲《けんこんいってき》の決戦を行なうときに、主力部隊を軸として各部隊が占位する戦闘隊形のことを戦闘序列といった）。

戦闘序列が概成すれば、主力部隊は逐次敵との距離を縮めて砲戦を開始し、最高指揮官は機を見て、全軍に突撃を命じ、一挙に勝敗を決する。

海軍は数十年にわたる長い苦しい訓練を重ねるが、いよいよ決戦ともなれば、おおむね一時間もあれば、戦闘は終了し、しかも、勝敗の分岐点は、最初の数分間で決まるのである。まことに、「十年兵を養う、ただ一日これを用いんが為なり」とは、まさに、このことをいったものであろう。

筆者は、若いころ、戦闘機をもって決戦場の制空権を掌握する行動に従事したが、上空から、この決戦（もちろん演習である）の状況を見ると、その壮絶なることこの右に出るものはなかった。両軍合わせて百隻以上にものぼる艦艇が戦闘速力で走るから、それぞれ長い数百メートルの白い尾を引く。それが濃紺の海面を背景とし、入り乱れて舳々相摩すような格闘を演ずる。上空から見ると、数十数百の白蛇が隊列を組んで相格闘しているようであった。陸戦にしても、航空戦にしても、これだけの部隊を一指揮下しかも一望のもとに集めて戦闘することはない。海軍では指揮官の陣頭指揮が常道であるが、まさにこの艦隊決戦こそ、指揮官先頭の典型であろう。

ワシントン会議から昭和十六年に至る二十年間にわたり、海軍の基本的な戦略思想は、このような漸減、邀撃決戦であった。劣勢艦隊はよく決戦を避け、根拠地に逼塞して、その政治的影響力に頼りたがるものであるが、わが海軍は劣勢ではあったが、決戦思想から逸脱したことはなかった。

海軍がその数的劣勢をもって、優勢なアメリカ艦隊を撃滅しようとして払った努力は並み大抵のものではない。一か月に一度くらいの割合で二〜三日間は、別府であるとか鹿児島とかの港に入港して骨休めをするが、その他は、日曜もなければ祭日もない。出港して入港するまでは、それが一週間であろうと二週間であろうと、昼夜を分かたぬ演習と訓練でギッシリと詰まった日程であった。それでも下級のものは、若干の休養時間（交代で）があったが、艦長とか航海長とかになれば、その間、用を達する以外、艦橋から下りることはなかった。海軍で強健な身体といったのは、腕力が強いとか足が早いとかいうのではない。いくら運動しなくても身体がなまらない、何日間を眠らないでも十分に働ける、どんな暑さにも、また寒さにも、びくともしないような身体の保持者のことをいったのである。

後にミッドウェー海戦で船と運命をともにした蒼竜艦長柳本柳作大佐は、まれにみる精神力の保持者であった。真珠湾作戦にあたり昭和十六年十一月二十六日、エトロフ島の単冠湾《ヒトカップ》を出港して、十二月三十一日呉軍港に入港するまでのあいだ、実に三十五日間、用を達する場合のほかいっさい艦橋を下りなかった。食事はもちろん艦橋でとり、睡眠は折り畳椅子に腰かけたまま途切れ途切れにとったのである。これほどの人はちょっとないが、こういうのがほんとうに強い人であったのである。

これほどの苦しい鍛練と、いろいろな創意工夫によって兵器を改善し、何とか勝算を得ようと努めたのであるが、個人個人の独善的勝算はあったけれども、冷静に客観的判断をした場合、確実に勝算ありといえる人はいなかったと思う。

それもそのはずである。いろいろ艦隊の演習や海軍大学校等における図上や兵棋演習をするけれども、演習員は青赤両軍とも（日本軍もアメリカ軍も）同じような教育を受け、同じような兵術思想を持っている日本海軍の軍人を指揮官としていた。その似たような能力を持ったものが、同じような兵力構成の部隊をもって戦うのであるから数の多い方が勝つに決まっているのである。

だから特異性のある兵力を整備し、独創的な戦法をとらなければならないという議論は極めて多く、海軍首脳部もそれを尊重した。

その一法として採用されたものが、前述したように軽快部隊の強化、その中でも夜間襲撃の演練である。由来わが国の戦史には、夜戦ないしは夜間の機動による黎明攻撃によって功を奏した例が甚だ多い。保元の乱もそうであるが、義経の鵯越《ひよどりご》え作戦もこれに類したものであり、本能寺の変、日清、日露両役における水雷艇、駆逐艦の夜間襲撃等、枚挙にいとまがない。あるいは夜間戦闘がわが民族性に適しているのかもしれない。

その二は、優速の重視である。日露戦争中、明治三十七年八月十日の黄海海戦においては旅順口を脱出したロシアの艦隊に対して、わが東郷艦隊は最初反航態勢で戦闘を開始した。ところが、敵はわれと決戦するつもりはなく、そのまま、すり抜けてウラジオストクに向かって遁走《とんそう》を企てたのである。この敵をウラジオストクに逃してしまったならば、その後、ロシア艦隊のゲリラ的交通破壊作戦を許すことになり、日本の戦争遂行は甚だ困難な局面に逢着したであろう。

驚いてわが軍は反転したのであるが、その時は相当敵の後方におかれてしまったのである。幸いにして、わが戦艦部隊が数ノットの優速を持っていたから、敵弾雨飛の中で苦しい数時間、追撃を行ない、ようやく敵と竝頭《へいとう》し、決戦を強要することができたのである。この海戦において、わが海軍は、同航戦でなければ決戦を強要することはできないこと、および優速がいかに重要な意義を持っているかということを学んだのである。

翌明治三十八年五月二十七日の日本海海戦において、東郷艦隊がかの有名な敵前回頭を行なったのは、前年八月十日の黄海海戦における苦い経験があったからであり、回頭後、常に敵の先頭を圧し、有利な戦闘態勢をとることができたのは、優速のお陰である。

この同航決戦思想と、敵より優速の艦を持つということは、その後、わが海軍におけ る不動の伝統的兵術思想となった。そのため、わが海軍はその防御を犠牲にして、速力の優越を保つようにした。たとえば、アメリカのウェストバージニア級戦艦（一六インチ砲八門搭載）の二〇～二一ノットに対し、わが同型艦長門、陸奥は二四ノットを出し得たごとくである。

その三は潜水艦の強化であるが、これについてはすでに述べたとおりである。その他の主力艦も、おおむねこれに類する。

このような、いわゆる特徴のある兵力と、特徴のある戦法によって、何らかの勝算を求めようとしたのであるが、もともと戦艦を海上の主兵とする根本思想にもとづいて作りあげられた特徴ある兵力と特徴ある戦法であるから、いくら演習や訓練を重ねても、結局十対六のハンディキャップは執拗《しつよう》につきまとって離れなかったのである。

この袋小路から抜け出すことを目的としてでてきた兵術論が、航空主兵論である。

この兵術思想は全く異なった基盤の上に立つものであった。スポーツを例にひくならば、重量級選手と軽量級選手がボクシングのルールに従い、リングの上で争うならば、一人や二人の場合には例外が出るかもしれないが、十人なり二十人で行なう対抗試合においては、まず重量級が勝つことに間違いはない。しかし、この両軍選手がリングという枠の外に出て、日本刀や小銃をもって決闘することになれば、重量級の持つ優位性は

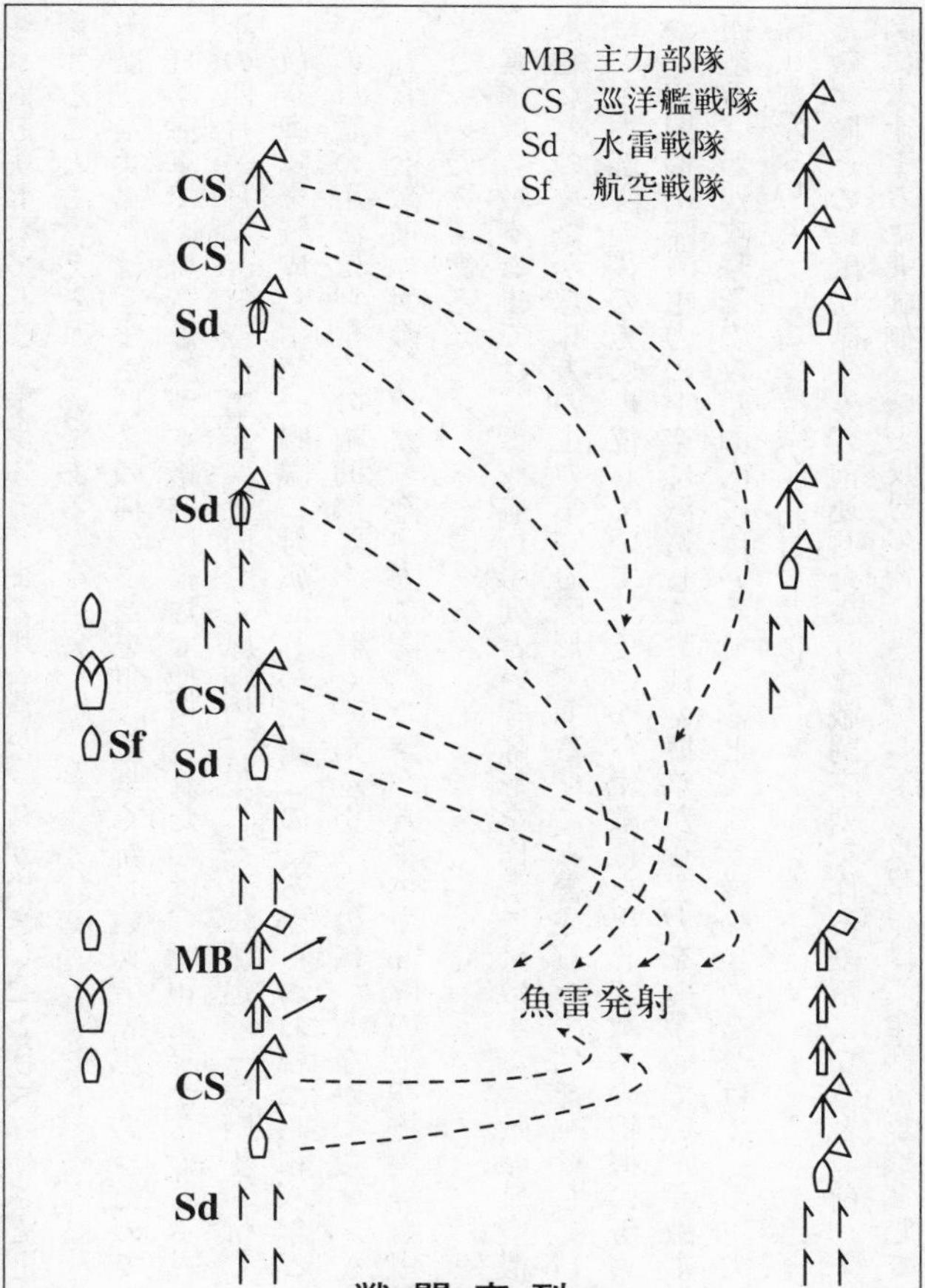
MB　主力部隊
CS　巡洋艦戦隊
Sd　水雷戦隊
Sf　航空戦隊
CS
CS
Sd
Sd
CS
Sf
Sd
MB
CS
Sd
魚雷発射

戦闘序列

すっかり失われてしまうであろう。ある場合には、体が大きいことがマイナスとして作用することも考えられるのである。

航空主兵論とは、まさにこの種のことを狙った全く新しい兵術思想であったのである。日本海軍で、航空母艦が本格的に艦隊で使用されたのは、昭和三年からである。この年の四月一日に、航空母艦赤城と同じく鳳翔の二隻、それに駆逐隊一隊四隻を付して第一航空戦隊を編成し、第一艦隊に付属せしめた。このころからおおむね昭和八年ごろまでの母艦の用法は、全くの補助部隊、それも一角を担うものにすぎなかった。

通常、会敵前の索敵、偵察、敵主力部隊の攻撃、友軍主力部隊の上空掩護《えんご》等を主任務としていたのである。

艦隊は会敵するまでは、警戒航行序列という隊形を作って接敵する。敵の航空機や潜水艦などの攻撃から味方の主力を守る隊形である。この警戒航行序列で航行している間は、主力部隊の後の方に占位していて、そこから索敵機を出して敵情の把握に努めるほか、戦闘機を味方主力の上空に派遣して敵機の襲撃から主力を掩護していた。敵主力の距離が、わが攻撃隊の攻撃圏内にはいってくると、攻撃隊の全力を挙げて、敵主力を攻撃（爆撃ないしは雷撃）するのを恆《つね》としていた。

敵艦隊との距離が詰まり、前述したような戦闘序列を作る段階になると、前ページの図に示すように非戦側（敵と反対の側）に占位して、攻撃機は、全部雷撃機として、敵の主力に魚雷攻撃を加えるし、戦闘機は、その一部をもって主力部隊を敵飛行機の攻撃から守るほか、残りをもって、戦場上空の制空権を掌握させることに努めた。

それというのも、キャタパルト（射出機）の発達とともに、昭和四年ごろから戦艦、巡洋艦には水上機を搭載するようになったからである。搭載機の中で巡洋艦のものは、索敵、触接、弾着観測等に使ったが、戦艦のものは、ほとんど弾着観測が主任務であった。弾着観測に飛行機を使用するようになってから、主砲の命中率は、画期的に上昇し、弾着観測ができる艦隊とできない艦隊では、勝敗はおのずから明らかであるというまでに達した。日本海軍が戦闘機をもって決戦場上空の制空権を獲得しようとしたのは、味方の弾着観測機を敵の戦闘機の攻撃から守るとともに、敵の弾着観測機を撃墜するのが目的であったのである。

日本で赤城、加賀、鳳翔、竜驤などが昭和八年ごろまでに就役するころ、アメリカでは、レキシントン、サラトガ、レンジャー、ラングレーなどが就役した。このころにおける日米海軍の兵術思想の相違が、母艦の搭載機配分の上にハッキリ出ていることは興味深い。

日本では、六割海軍の欠陥を、補助部隊の水雷攻撃等によって穴埋めしようとし、飛行機も、母艦の出現とともに、その一端を背負うことになった。だから日本海軍では、母艦搭載機の重点を攻撃機におき、防御的な戦闘機を副次的に取り扱ったのは当然である。

ところが、アメリカ海軍の方は、すでに圧倒的優勢な戦艦群をもっているのであるから、何も苦労して敵の戦艦群を早くから攻撃する必要はない。味方の戦艦群をよく守り続けて、無《む》疵《きず》のまま日本の戦艦群にぶっつければよい。そうすれば、N^2法則が働いて、勝利はおのずから転がり込んでこようというものである。したがってアメリカでは、会敵まで味方の主力や母艦を守り、決戦になれば戦場上空の制空権を獲得するために、戦闘機に重点をおいた機数の配分を行なえばよいのである。

開戦直前における日米の代表的母艦である翔鶴型とエンタープライズ型を比較すれば、これがハッキリとでてきているのである。

母艦名	機種／数		
翔鶴	戦闘機／18	急降下爆撃機／27	雷撃機／27
エンタープライズ	戦闘機／36	急降下爆撃機／18	雷撃機／18

昭和五年ごろには、アメリカにはすでに超煙射撃という思想が生まれ、訓練を重ねていた。これは、両軍の主力が砲火を交えるにあたって、その中間（中間ならどこでもよいが、味方の戦列に近い方が、妨害が少なくてよいだろう）に飛行機で煙幕をはるのである。そうして、優勢な戦闘機をもって制空権を獲得していれば、敵の弾着観測機の活動は封じられ、味方のそれだけを許すことは容易である。

結果としては、アメリカ艦隊の一方的な射撃となり、日本側は全く目つぶしをくった格好で、体のよいなぶり殺しにもなりかねないのである。その後、レーダーなどがでてきてこんなことはできなくなったが、戦争以前においては、相当有力な戦法として真剣に考え、かつ演練されたものである。日本側ももちろんやった。

この戦法ができるかできないかの鍵は、一にかかって制空権を掌握しているか、いないかにあるのである。したがって、戦艦を主体とした海戦においても、制空権がその勝敗を決するであろうという思想を、日本海軍が持ちはじめたのは当然である。もっともこれは航空関係者だけであったが。

制空権をいかにして掌握するかについて、アメリカ海軍は、主としてその優勢なる戦闘機隊に依存しようとしたのであるが、わが海軍は、緒戦における攻撃目標を戦艦から航空母艦に転換することによって達成しようとした。この種の考え方は、おおむね昭和七、八年ごろにでてきたように思う。

航空母艦を攻撃目標とすれば、敵の根拠地を、その飛行機もろとも葬ることであって、兵術的には最も優れた方法である。アメリカ海軍がいつ主目標を航空母艦に変更したかは明らかでないが、少なくとも戦争が始まった後には、明白にこの思想に固まっていたのである。兵術思想の進歩状況から測定すれば、主目標を航空母艦に変更したこと、戦略単位（独立して戦略的術策を施し得る兵力単位）、すなわち、第一航空艦隊（航空母艦群を中核とした艦隊）、第十一航空艦隊（基地の陸上攻撃機、戦闘機を中核とした艦隊）等を編成したこと、母艦群を分散配備から集中配備に転換したこと等、ほとんどすべて、日本がアメリカより一歩先んじていたと考えてよい。

アメリカは、日本より一歩遅れてスタートしたが、その膨大な国力と大規模を好む習性によって、日本より徹底したものを作り、これを活用して、こちらを打ち破ったのである。いわば、日本は知恵を貸してやって、その知恵を逆用されて負けたようなものである。

母艦の攻撃に主目標をおくように兵術思想が変わってくると、敵母艦の先制撃破ということが、主要な研究課題となり、昭和七、八年ごろから開戦までの海軍航空部隊は、これを軸として研究訓練を重ねたといっても過言ではない。

由来、先制と集中は、戦勝の要訣《ようけつ》とされている。しかし、航空部隊が空中のみで生存し得るものならば、これでもよいであろうが、飛行機は、戦闘は空中で行なうが、その根拠地は地上や母艦である。地上や母艦にある飛行機は、それがどんなに優秀な性能をもっていたとしても、これほど無力なものはない。その中でも航空母艦は、内部に燃えやすい飛行機を多数かかえている上に、最も重要な飛行甲板は極めて脆弱《ぜいじゃく》であり、一発くらえば、直ちに発着不能となる大きな欠点がある。一言で表現するならば、攻撃力は極めて大きい反面、全く薄弱な防御力しかもっていない。このような薄弱な防御力しかないが、攻撃力が膨大なものは、先制攻撃が集中攻撃よりはるかに重要なのであるが、一度たたき込まれた兵術原則を払拭するのは容易なことではなかった。

昭和十年、横須賀航空隊においては、教頭の大西瀧治郎大佐の発案と主宰でたびたび兵術研究が行なわれたが、その主要項目の一つは、母艦の集中配備か分散配備か、いずれを採るかというものであった。いわゆる兵術家をもって自任する海軍大学校出の教官が、

「兵力は集中して使用しなければ効果があがらない。集中配備で、先制攻撃をやらなければならない」

と主張すると、大西教頭は、

「お前たちは原則ばかりたてにとるが、もっと考えを広くしたらどうだ！　航空などというものはやね、先制の方が集中よりはるかに重要なのだ。こんなことがわからないのか！」

とたしなめていたのを覚えている。大西さんは、海軍大学校の入学試験には合格していたのだが、事情あって学校にははいらなかった。ときどき「海大にははいらなくてよかった。あんなものにはいっていたら、型に嵌《はま》った人間になってしまうところだった」ともらしていた。

海大にははいらなかったが、この人は海大出など足元にも及ばない大兵術家であった。

海大というところは、高等の戦略戦術を研究するところであるが、知識や戦務（要務処理）の能力は増しても、兵術家としての素質を増すところではないと私も考えている。

母艦航空戦隊が出現した当初においては、母艦の用法も補助部隊的なものであったし、飛行機の数も性能も、これを独立した戦略単位として取り扱うには不十分であった。したがって、当時わずかに二隻だけしか就役していなかった母艦が集中配備で使用されたのは当然である。

しかし、用法が進歩し、飛行機の性能も増し、また、いわゆる急降下爆撃という新しい爆撃法が採用されるに及んで、爆弾の命中率が画期的に向上したため、脆弱な防御力の母艦を集中使用するのは不得策であるとする意見が大勢を制するに至ったのである。しかし、昭和九、十年ごろまでの連合艦隊においては、わずか二隻の航空母艦が配備されていたのにすぎなかったので、母艦の分散とか集中とかいったところで、この比較を実際の演習で試してみることはできなかった。したがって、この種の研究は主として図上で行なわれたのである。ことに海軍大学校は、学生の教育もさることながら、兵術研究が主要な任務であったし、教官学生ともに一家言を有するメンバーが揃っていたので、この母艦の配備に関する研究はずいぶん行なわれた。

筆者は、昭和十一、十二年と海軍大学校の甲種学生として勤務したが、毎回の図上演習における主要研究項目の一つは、母艦の配備に関するものであったし、そのまた結論は分散配備を可とする意見が圧倒的であった。

図上演習において、日本軍が敵母艦の先制攻撃を企図して、母艦の分散配備をとれば、アメリカ軍の方も同じく分散する。そうすると、演習の勝敗については、やはり十対六の比率がそのままで作用するのである。だから分散配備をとったからといって、それで十対六の兵力差をひっくり返せるものではないのだが、これをやらなければ、比率はさらに悪くなって、十対四とか、十対三とかになることを覚悟しなければならない状況であった。

こんなぐあいで、昭和十一年ごろ以降は、航空母艦の分散配備は一応定着したかにみえたのであるが、それにまた変化が生じたのである。

昭和十二年七月に勃発した日中戦争は、その後、拡大の一途を辿り、同年八月十四日、中国爆撃機のわが旗艦出雲その他に対する爆撃と、それに対するわが陸上攻撃隊の筧橋、喬司、広徳に対する空襲を契機として、いよいよ本格的な航空戦が展開された。

この航空戦は、陸上における戦闘に終始したのであるけれども、近代航空戦における貴重な教訓をもたらした。その中の最も重要なものの一つは、「厳重な敵戦闘機隊および対空砲火の反撃を排除して、よく攻撃の効果をあげるためには、強力な掩護戦闘機隊を随伴せしむるとともに攻撃隊は極力、大兵力の集中使用によらなければならない」ということであった。

陸上航空戦と海上航空戦では、陸戦と海戦がその性質を異にするがごとく、若干違っているところもあるが、大兵力の集中使用の効果などは、両者に差異はない。最も大きな差異は、基地の抵抗力にある。陸上基地はいくら爆撃しても、その飛行機や建物などを破壊することはできるが、基地そのものを抹殺《まっさつ》することはできない。これに反して、海上の基地たる航空母艦は、相手を攻撃する力は陸上基地と同等であるが、攻撃された場合、損害が大きければ、基地そのものが海底の藻屑《もくず》となってしまうのであって、効果的な攻撃の成果は、とうてい陸上航空戦などの及ぶところではないのである。

この教訓の結果、昭和十四、十五年度の海軍航空部隊の主要訓練研究項目の中には、

㈠ 大編隊群の同時協同攻撃法（攻撃隊）

㈡ 大編隊群の空中戦闘法（戦闘隊）

の二つがあった。

㈠の大編隊群の同時協同攻撃法というのは、

(1) 水平爆撃隊が高度三、〇〇〇～四、〇〇〇メートルから目標に対して水平爆撃を実施する。

(2) 急降下爆撃隊（海軍では艦爆隊と称した）が、これもやはり三、〇〇〇メートル以上の高度から、五十度ないし七十度くらいの急降下で接敵し、五〇〇メートル付近で爆弾を投下する。

(3)　これに策応して雷撃隊が突撃し、魚雷攻撃を加える。
(4)　掩護戦闘機隊は、これら各攻撃隊を阻止しようとする敵の戦闘機隊を撃攘《げきじょう》するとともに、余裕があれば、敵の艦橋や甲板に機銃掃射の目つぶしを加える。

㈡については、特に説明の要はない。

昭和十四、十五年の連合艦隊において、これらの問題を実兵力を使って研究した結果、海軍一般の意見として、攻撃はどうしても、大編隊群の同時協同攻撃でなければならないということになった。

私はそのころ、イギリス大使館付武官補佐官として、イギリスに駐在していたが、イギリス到着半年後に欧州大戦が勃発した。当初ドイツのポーランド制圧が終わってから後は、しばらく激戦は行なわれなかったのであるが、一九四〇年五月十日、ドイツ軍が、オランダ、ベルギー、ルクセンブルクの国境を越えて西方に進撃を開始するや、いよいよ本格的な戦争となった。そうして同年八月八日にドイツがイギリス本土の爆撃を開始すると、これを見聞するの機会を得たのである。

ドイツ空軍が大陸において圧倒的な戦果をかち得たのは、一にかかって、圧倒的な大兵力を集中使用した結果であることが明瞭であった。また、その優勢なドイツ空軍がイギリス本土の爆撃をずいぶん行なったにかかわらず、ついにイギリス上空の制空権を獲得することができなかった唯一の原因は、ドイツ空軍の戦闘機隊が、イギリス空軍の戦闘機隊を制圧できなかったことにあることも明らかなことであった。

大陸における戦訓、欧州大戦における戦訓は、いずれも同じような方向を指している。わが海軍が、その航空部隊を善用し、制空権掌握下に有利な決戦を企画しようとするならば、これらの戦訓、ことに大編隊群の同時協同攻撃法については、確信をもっていなければならなかった。

私はこんな考えをもって、昭和十五年十月に帰国し、海軍中央を初め、関東方面の各部隊で在英中に見聞したことを講演して回ったのであるが、たまたま横須賀航空隊に行ったときに、そのころ同隊で海軍航空の研究訓練関係を担当していた級友の薗川亀郎少佐から、大編隊群の集中用法に関し、重大な障害がのしかかっていることを聞かされた。

薗川少佐が語ったところによれば、その障害は次のようなものであった。

「攻撃隊の攻撃が大編隊群の同時協同攻撃でなければならない、ということは、昨年度と今年度の研究飛行（特定の目的のために、特に計画実施される飛行演習である）の結果、明々白々たる事実となった。関係者のだれもが『攻撃はこれでなければならない』と思うようになった。ところが、ここに大きな問題がある。それは、どうして百機以上にも及ぶ大飛行機隊を洋上の一点で集合せしめるかということである。

母艦は分散配備を有利とする立場から、敵の一索敵機によって発見されるわが母艦は、一隻にとどめなければならない。そのためには、母艦と母艦の距離は少なくとも一〇〇カイリはとらなければならない。

一〇〇カイリも離れたところから発艦する各母艦の飛行機隊を、進撃途上の一点で集合せしめなければならない。もちろん、海面に固定された目標はないし、また母艦も飛行機隊も電波を輻射《ふくしゃ》するわけにはいかない。電波誘導をやるならば、簡単に集合できるのであるが、そんなことをすれば、わが方の企図は直ちに敵にわかってしまう。夜討ちをかけようとするのに、提灯《ちょうちん》に明かりをつけて近寄るようなものだ。

この問題が十六年度の艦隊で解決してもらわなければならない重要課題だ」

その際、薗川少佐が語った研究課題がもう一つある。

「わが海軍航空隊の夜間雷撃能力は、逐次進歩し、今でも母艦部隊は五〇～六〇パーセントの命中率を期待し得る。しかし、これには一種の八百長がある。目標隊の速力や回避行動には何らの制限はないのであるが、危険を考慮して照射に制限を加えているからだ。この問題を解決し、どんな照射を受けても、発射ができるようにしなければ、夜間雷撃は解決したとはいえない」

というのであった。

計器も、計器飛行も十分に発達していなかった当時、水平線もハッキリしない暗夜の海上で、超低空で雷撃行動をやるのは、全く危険な訓練だったのであるが、海軍航空の伝統精神の一つは「先輩の屍を越えて進め」というのであったから、こんな危険な訓練に対しても、搭乗員たちは喜んで取り組んでいたのである。しかし、これにもやはり限界がある。さなきだに、困難な夜間雷撃の際に、戦艦や巡洋艦などのもつ数万燭光にも及ぶ、探照灯数十本で、むやみやたらに照射されたのでは、パイロットは眩惑作用のため操縦を誤るかもしれない。

そうしたことで艦隊の上層部では、危険を考慮して、雷撃隊に対する無制限照射は禁止していたのである。

私は、このことについては苦い経験がある。昭和十三年一月末、それまで大陸で作戦に従事していた私は、横須賀海軍航空隊の飛行隊長に任命された。私の部下には、華中方面の航空戦において抜群の功績をたて、特別進級の栄を得た古賀清登一等航空兵曹がいた。彼は当時、敵機十三機を撃墜していて海軍最高のエースであったが、彼の戦闘振りがまた水際立ったものでもあったのである。

ところが昭和十三年秋期の横須賀鎮守府麾下部隊の防空演習において、このまれにみる空中戦士を失ったのであるが、それについては、拙著『海軍航空隊始末記』(『海軍航空隊、発進』文春文庫刊)の一部を引用したい。

昭和十三年の九月某日、横須賀鎮守府麾下部隊の防空演習が行なわれ、横空戦闘機隊は防空戦闘隊として参加した。第一日の夜は隊長たる私が指揮官として飛ぶ予定であったが、かぜのため耳を痛めていたので代理として、古賀空曹長を編隊長として出した。

当時、上海方面の戦闘で、敵はわが軍戦闘機を恐れて昼間は来襲せず、夜間のみやってきた。ところがわが方は、特設基地で夜間飛行の設備が不完全な上に、戦闘機隊、高射隊もじゅうぶんな訓練が行き届いていなかったために、夜間上海上空に来襲する敵機を捕捉撃墜することができなかった。私は華中方面で作戦している間に、わが海軍戦闘機隊の昼間面の訓練には、余り苦情を言われるべき筋は毛頭ないけれども、夜間戦闘に関しては全くなっていない状態であることを痛感した。横空飛行隊長となってから第一に解決しようと思ったことは、即ち、夜間空戦能力の向上であり、年度の初頭から特別の努力を傾注した。従って年度も終わりに迫った九月ごろには、横空戦闘機搭乗員の夜間空中戦闘能力は相当高いところに達していた。

対攻撃機戦闘は探照灯の援助があればもちろんであるが、たとえその援助がなくても敵機の排気炎をたよりに、側方及び下方からの攻撃をやり対戦闘機戦闘は巴戦まで可能な程度であった。

従って、ピカ一の古賀兵曹長が過失を犯すであろうなどとは夢にも思っていなかった。

彼は列機二機を連れて軍港上空掩護《えんご》の任務で離陸したのであるが、所定高度に達して哨戒《しょうかい》を始め出したところ、地上の対空部隊が目標機と誤認したか、彼の編隊を照射し始めた。探照灯の数は十数条、光芒《こうぼう》は彼の編隊を中心に交叉した。下で見ていた私たちは、

「あんなことをしたのでは、目標機は見えないではないか」

と話し合っていた。そのとき私たちの耳に、猛烈な急降下の爆音が響いてきた。

「はあ、今攻撃をかけたかな」と思ったのであるが、実はさにあらず、この爆音は、まれにみる空中戦士・古賀清登君の、現世に対する訣別《けつべつ》の叫びであったのだ。

しばらくして着陸した飛行機は、彼の列機二機のみであった。「彼は地上の灯火あるいは影を、何か目標機と誤認して突進したのではあるまいか」というのが事故調査の結論であった。急降下の途中まで追躡《ついじょう》していた列機は、長機の行動が余りに変なので途中で引き返し、危うく難を免れた。

救援隊は直ちに組織せられて墜落現場に派遣せられた。地下約五メートルももぐり込んだ機体、発動機に無残な肉片が焼け着いて、目もあてられない惨状であった。この空の英雄の死は壮烈なものではあったが、われわれとしては無念やる方ないものでもあったし、海軍航空に与えた衝撃も大きかった。

私は「彼のような達人さえ、夜間探照灯に照射せられたならば操縦を誤るではないか」という論が出て、航空の真価を下算したり、あるいは搭乗員が引っ込み思案にな

ることを恐れて、翌日の夜、同一の条件を現出してもらって、私が単機で十数条の光芒の中を数回往復し、「戦闘機といえども光芒によって操縦を誤ることはない」ことを立証した。

よく大きな事故のあとは、当の本人はもちろん、他の者まで過度に神経質になりやすいものであるが、航空の進歩を望むならば、この考えは訂正すべきである。事故で負傷したパイロットを包帯をしたまま、事故直後に他の飛行機に同乗させて、自信の喪失を防止する方法を採用したところもあるそうであるが、私はこのぐらいの意気込みがあって初めて、困難なる障害を排除して航空の前進を図ることができるのだと思う。

ともかく古賀空曹長の死は、私にとっても痛恨事であった。遺体の収容、葬儀、埋葬、涙がこぼれて仕方がなかった。自分の最も愛する弟を失った人は、この時の私の悲しみを理解して貰えるであろう。

古賀一空曹ほどの練達者でも、ちょっとしたことから致命的な錯誤をおかすのである。艦隊の指導者が、無制限照射を禁止していたのは、無理もない話である。

しかし、ここで考えなければならないことは、相手がアメリカ艦隊ともなれば、こんな手加減はしてくれないのである。むしろこちらの弱点を知れば、その弱点を突いてくると思わなければならない。ともかくもこの二つは、昭和十六年度の母艦航空部隊に与えられた重要な研究課題であったのである。

昭和十五年十月初旬、イギリスから帰ってきた私を横浜の埠頭《ふとう》に迎えてくれたのは、兵学校は私より一期上の五十一期で、同じ航空畑の平本道隆中佐であった。私が故国の土を踏む前に、この平本中佐から、

「君は今度、第一航空戦隊の参謀に予定されている」

という話があった。またその時、

「来年度の艦隊では、母艦群の統一指揮が重要な研究項目であり、その統一指揮官には、第一航空戦隊司令官があてられるはずだ」

ということも聞かされた。

だから、薗川少佐の話を聞いた途端に、

「これは自分に与えられた使命だ。探照灯の無制限照射を突破する道は、入念な研究訓練の積み上げによって解決できるだろう。しかし、大飛行機隊の洋上集合に関しては、何か新しい思想を導入しなければ解決の見込みはない」と考えた。

十月上旬から、新しい第一航空戦隊が編成されるまで、二十日余りの日数があったが、私は東京の水交社に宿をとり、駐英時代の報告講演をほうぼうでやりながらも、この問題についてあれやこれやと考え続けた。なかなかこれといった名案は浮かんでこなかっ

であろう。当たり前である。そんなに簡単にできるものなら、もうとっくにだれか考えていた
場所は忘れたが、東京市内であることに間違いはない。ある日、あるニュース劇場にはいってニュース映画を見た。その中で、アメリカの航空母艦、レキシントン、サラトガ、エンタープライズ等四隻が単縦陣で航行している場面があった。

「アメリカは変わったことをやるところだなあ、航空母艦を戦艦のように扱っている」と私は思った。先ほどからしばしば述べているように、日本は母艦は分散すべきものとしており、母艦が単縦陣で航行することなど、出入港以外には考えられないことであった。それもせいぜい二隻どまりである。それなのにアメリカでは、四隻が単縦陣を作っている。何かの都合でこういう陣形を作ったのであろうが、まさか飛行機の発着をこの陣形でやることはあるまい。

その場はそれですんで、これが私の兵術思想に何らかの影響を及ぼすなどとは考えもしなかった次第である。

数日後、浜松町付近であったと思うが、市電から降りようとして、片足が地面に着いた途端にハッと思いついたことがあった。

「何だ、母艦を一か所に集めればよいじゃないか」

「これなら、空中集合など問題ではない」

「分散配備という固定概念にとりつかれているからいけないんだ」

何気なく見たニュース映画の中の、アメリカ空母群の単縦陣が、このヒントであったが、それから数日間、東京にいたのであるが、その間この思想について、私なりの検討を加えた。

㈠ 飛行機隊の空中集合については、各母艦が視界内にいるので、いくら大編隊であろうと問題はない。要は、編隊の集合を最短時間で完了するようにするため、各編隊指揮官のリードの上手、下手である。

㈡ 母艦の索敵機なり、陸上基地の索敵機なり、あるいは潜水艦などが、敵の母艦を、わが母艦飛行機の攻撃圏内にとらえたとしても、既に分散しているわが母艦群は、少なくとも一〇〇カイリ以上は離れているだろう。そうすれば、手旗信号や発光信号などで発進命令や攻撃目標、進撃針路などを麾下の母艦に知らせることはできない。どうしても、電波の輻射を余儀なくせられるであろう。ほんのちょっとでも電波を輻射すれば、鋭敏なアメリカの探知網によって、わが母艦の位置はもちろん、各母艦の区別や配備までさとられ、攻撃隊の機数、来襲方向、来襲時刻まで察知されることにもなりかねない。これが、母艦を集中配備するとなれば、一切を視覚信号で処理し得るのであるから、わが部隊が敵に発見されざる限り、先制奇襲を加え得る利点がある。

㈢　集中配備の最大の欠陥は、敵に発見されたときには、全母艦が一ぺんにその位置を露呈することになるのほか、敵襲によって全母艦がいっせいにその戦闘力を失うことであった。

これに対して、私はこう考えた。分散配備の場合は、わが方は単艦であり、上空掩護の戦闘機も少なく、また対空砲火も微弱である。自分の力に自信がないから、行動はえてして消極的となるだろう。逆に、集中配備ならばどうであろうか。もし赤城型、蒼竜型各二隻で集中配備をとるならば、搭載戦闘機各艦十八機のうち半数を攻撃隊掩護として残すとしても、三十六機の直衛機を有することになり、さらに翔鶴型二隻を加えるならば、五十四機もの直衛機を上空に配することができる。

また、対空砲火にしても、周囲に配する巡洋艦、駆逐艦等を合算するならば、百～二百門の高角砲と三百門以上の四〇ミリ機銃をもって、厳重な防御火網を構成することになり、敵の飛行機としても、この強力な対空防御を突破して、有効な攻撃を行なうことは、極めて困難なことになるであろう。

(注)　事実、ミッドウェー海戦におけるアメリカの雷撃隊は、五十機の大編隊であったが、わが戦闘機と防御砲火により、そのほとんどが、撃墜せられたにもかかわらず、一本の魚雷も命中させることができなかった。

また、マリアナ海戦において、アメリカ空母の集団に対してわが母艦飛行機隊が行なった攻撃も、徒らに味方の損害のみ多くして、一隻の空母も撃沈することができなかった。

このことは、わが方の作戦が宜しきを得、部隊の練度が上がっているならば、敵の飛行機隊を、わが近傍におびき寄せて撃滅し、飛行機のなくなった敵の空母をあとからゆっくり攻撃することもできるということである。孫子の言う「人に後れて発し、人に先んじて至る」とは、これである。

私は、この集中配備を考えるにあたって、兵術の原則に反するようなことがないかを考えた。これは両面から考えられた。

一つの籠に余りに多くの卵を詰め込む危険があることは、一応覚悟しなければならない。その反面、

「其の来らざるを恃《たの》むなかれ、吾が以て之を待つあるを恃め」

と孫子が言っているが、分散配備は「来らざるを恃む」ことであり、集中配備は「待つあるを恃む」ことであるとも考えた。

日本海軍の戦略・戦術の変遷（その２）

戦艦主兵思想から航空主兵思想へ

その後、昭和十六年度の艦隊訓練において、この集中配備を検討した。いろいろな経過はたどったが、結局、真珠湾作戦にはこの配備を用いたのである。（63ページの図参照）

真珠湾以後、ラバウル方面やポートダーウィン、コロンボ、トリンコマリ、チラチャップ等を攻撃した際、いずれもこの集中配備により、これはミッドウェーで敗北するまで続いたのである。

この陣形は、日本側ではあまり注意を払っていなかったが、実はアメリカ軍の方で深く研究したのではないかと思われる。それというのも、ミッドウェー海戦ころまでは、おおむね一隻の空母を中心として、その周囲に警戒艦艇をもって輪型陣を張るのを常としていたが、後に中部太平洋方面の海戦においては、三～四隻の空母群とこれを護衛する十数隻の警戒艦艇をもって、一個の戦術単位を作り、この種の戦術単位三～四群をもって、一個の機動部隊を作るという方法をとっていたようである。

これは、空母の集中配備と分散配備の長所を兼ね備えるものであって、数が多いからできるようなものの、わが方の着想をとり入れるのみか、これを大規模なものに作り直して逆にわが方を圧倒したのである。

第一航空艦隊が、真珠湾攻撃からミッドウェー海戦まで採用した次ページの図のような陣形を、アメリカ側では箱型陣形（Box Formation）と称していた。筆者が昭和四十四年、アメリカ各地において「日本海軍の戦略・戦術の変遷」について講演を行なった際、アメリカの海軍協会（主催者）では、（Box Formation）のスライドを、他のスライドとともに用意していたほどである。

航空母艦の集中使用という新しい兵術思想が出てきて、これが実戦に適用されたことは以上記述したとおりであるが、どんな時でもこれ一点張りでやろうとしていたわけではない。

昭和十六年四月十日に編制された第一航空艦隊の教育訓練方針の中には、

㈠　全艦隊をもってする敵空母、基地奇襲作戦

㈡　敵空母群殲滅《せんめつ》作戦

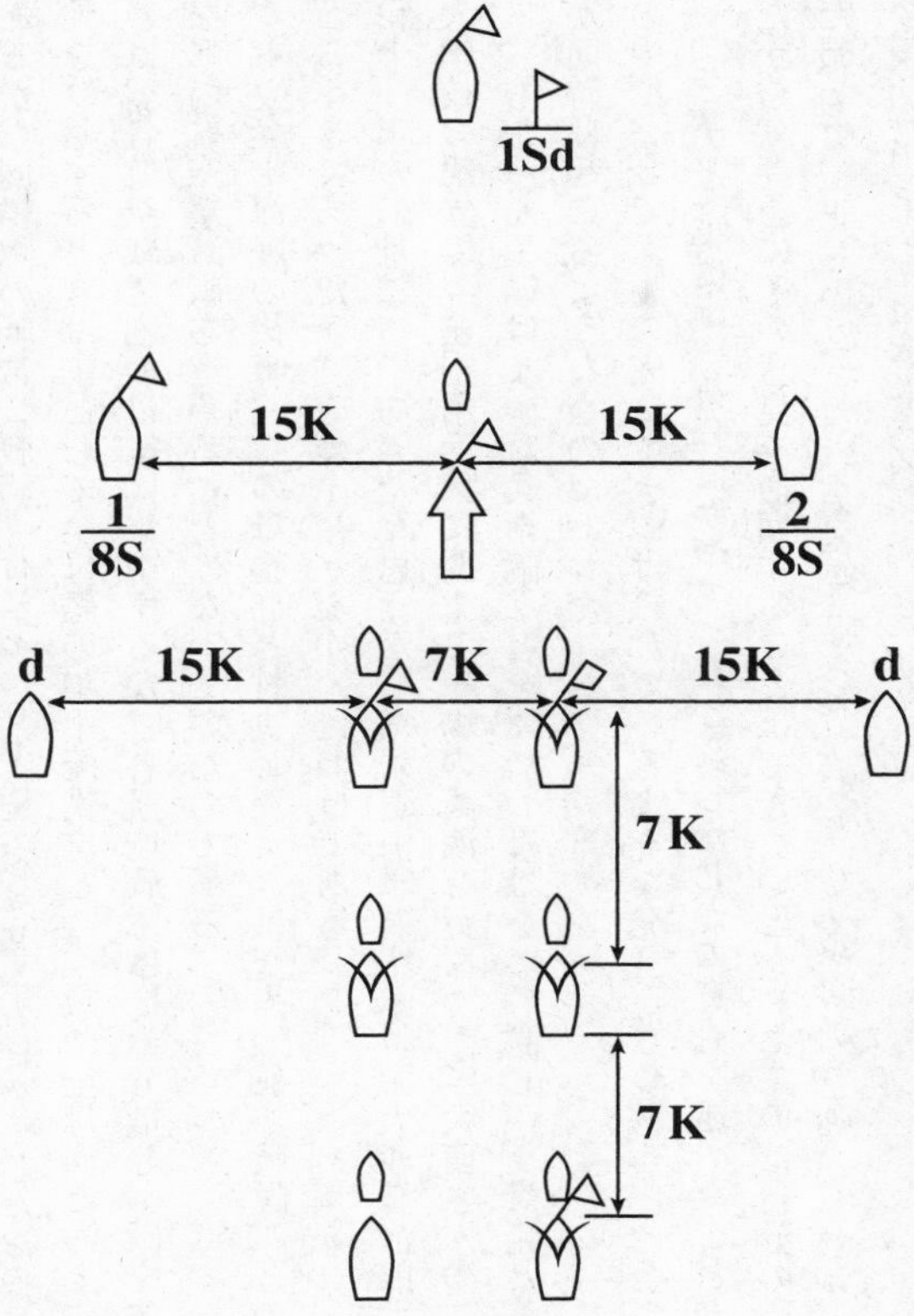

第一航空艦隊の箱型陣形

以下略

であるが、同艦隊の戦策（戦闘遂行にあたり準拠すべき基本方針を示したもの）には敵の基地を攻撃するときは主として全母艦の集中配備をとり、敵の空母群と洋上決戦をする場合は、各航空戦隊内の母艦は集中するが、各航空戦隊は広く分散し、敵を包囲するような形で航空撃滅戦を進めることになっていたのである。

ミッドウェー海戦の後半、敵の母艦群と対決したときは、当然航空戦隊ごとの分散配備をとるべきであったが、その余裕がなかったわけである。

昭和十一年の二月ごろであったと思うが、横須賀海軍航空隊教頭大西瀧治郎大佐が、海軍大学校の講堂で「航空用兵」に関する一場の講演を行なった。大西さんのことであるから、もちろん型にはまった兵術論などをぶつわけはない。激しい反対論と強力な支持論が同時に起こるようなものであった。

その中で、今でも頭の底に焼きつけられているような発言が二つあった。

(一)「どうも海軍には、自分はかつてこれこれしかじかの意見を述べたことがある。だから、今急にその意見を撤回することはできないとか、あるいは自分の職分にこだわって、正しいことを容易に受け入れないという傾向がある。（今でいえば、セクショナリズムのことである）

これでは、ほんとうに効率の良い海軍を作りあげることはできない。

われわれは昨日、右と言ったことを今日は左と言うかもしれない。人は無定見とか無節操とかいってののしるであろうが、そんなことは問題ではない。
われわれは国の為という一事をふみはずさなければよいのであって、個人や部隊、機関などの面目にこだわるべきではないのである」

(二)「海軍の用兵思想についても考え直さなければならない。現在のところ、海軍の主兵は大砲ということになっているが、果たしてそうであろうか。
飛行機は三〇〇カイリ進出して、これこれの敵を攻撃しろと言われれば、演習で三〇〇カイリ出ているものは、実戦においても出られる。これが爆弾を搭載しさえすればよいのである。

魚雷も一万メートルなら一万メートル、二万メートルなら二万メートル、ちゃんと走っている。実戦においてはこれに実用頭部（炸薬《さくやく》のはいった魚雷頭部）を装着すればよいのである。

機関も、平時三〇ノット出るものなら、実戦でも確実に三〇ノット出せるのである。ひとり鉄砲屋（砲術専攻の人を指す海軍の俗語）に至っては、年にわずか五発か六発の弾を射って、当たった当たった、といって酒ばかり飲んでいる。

鉄砲屋は今こそ威張っているが、海軍の弱点は案外こんなところにあるのではないだろうか」

海軍というところは、少なくとも部内に関する限り言論の自由があった。ことにそれが、兵術論や術科に関するものであるときには、連合艦隊の高級将校以下全階級にわたる将校の出席している研究会の席上で、ピイピイの一少尉や中尉が、連合艦隊司令長官と反対の意見を堂々と述べることもできたのである。

それがどんなに激しいものであっても、また、ときには長官その他の気にさわる発言があったとしても、そのために発言者の人事に影響するようなことは絶えてなかった。

この傾向は、航空関係において、ことに顕著であった。航空においては、実際に飛行機に乗って、空中戦闘や爆撃などをしているのはおおむね若年将校であって、高級将校は基地や母艦に残り、そこから指揮しているにすぎない。

したがって、ものごとの決定にあたって、若年将校の意見が他の部門におけるよりはるかに重視されていた。若年将校の発言というものは、えてして激しい議論、直情径行的な意見が多い。大西大佐の講演は、当時の若年将校の中でも、最もラジカルな思想をもったものの意見を代表したようなものであった。

このため大西大佐の講演は、がぜん鉄砲屋を憤慨せしめたが、同時に他の部門のものに共感を覚えさせるものもあった。大西さんという人は、いつでもどこででも、良いにつけ悪いにつけ、その場の中心的存在になるような人であった。

大西さんはこの講演で、何も航空主兵論を唱えたわけではない。しかし大西さんの言ったことは、私たちの心の中にかくされている何ものかをゆさぶる性質のものであったのである。

単に海軍大学校だけでなく、他でも同じような話をしたのではないかと思われる。なぜならば、それから数か月の間に、海軍航空の各方面で期せずして航空主兵論が持ち上がったからである。

その年の四月一日、海軍航空本部教育部長となった大西大佐が、航空主兵論を唱えた最高級者であり、最も理論的な研究を進めたし、また影響力も最大であった。

それから、横須賀航空隊の三和義勇少佐、艦隊勤務をしていた小園安名少佐なども、同じ兵術論をふりかざして論陣を張った。これらの人たちの論旨については、私は直接聞いたわけではないので、ここにそれを紹介することはできない。

昭和十一年の四月、戦略教官近藤大佐からわれわれ学生に与えられた戦略対策に、

「対米作戦上、最良と思われる海軍軍備の方式について論述せよ」

というのがあった。断わっておくが、海軍大学校には試験というものはなかった。すべてはあるテーマを教官が出し、学生はそれについて、自分の論文や計画を提出する。学生の提出した論文や作戦計画の中で、特徴のあるものを選定し、これをたたき台にして研究や演習を進めたものである。そうして答申の内容は、何も教官と同じ思想のものでなければならないということはなかった。むしろ、教官と同じようなものとか、あり

ふれたソツのない答申は、特徴がないとして軽蔑《けいべつ》されたものである。教官が思いも及ばないような意見が出ても、それが理論的に筋がとおっていれば、この方が尊重されたのである。

ここいらにも、海軍が何とかして六割の勢力ながら、勝算を求めようとして努力していたかがうかがわれるのである。

この課題を受け取って、どんな答申を出そうかと考えているときに、私が海軍大学校に入学した直後、横空にいる大西さんから私にあてて送られた一通の手紙の内容を思い出した。それには「われわれが貴殿に期待するものは、在来の兵術概念を脱した高効率の海軍軍備を作り上げることである」という意味のことが記してあった。この手紙を受け取ったときは、それが何を意味していたのかよくわからなかったが、近藤教官の課題を考えているうちに、

「なるほど、大西さんはこのことを考えていたのか」

と気がついた。そうして、先般の講演において、大西さんが話した言葉の中には、その方向も示されているように思った。

そこで私は、在来の海軍兵術思想とは、根本的に異なった兵術思想に基づいた軍備について考えてみた。そこに浮かんでくるものは当然強力なる航空軍備を中核とした新しい軍備であった。約十日後に成案を得て提出した私の答申の趣旨は、次のようなものに

なった。

㈠　海軍軍備の中核を基地航空部隊と母艦航空部隊とし、潜水艦部隊をもってこれを支援せしめる。

㈡　これら部隊の戦闘力を有効に発揮し、かつまた敵の奇襲兵力による攻撃を阻止するために、必要な補助部隊として、若干の巡洋艦、駆逐艦等を保有する。

㈢　戦艦、高速戦艦等の現有主力艦は、スクラップにするか、それがいやならば繋留《けいりゅう》して桟橋の代用にする。

この答申は、私が航空出身であるから、身びいきで作ったものではない。それには、次のような根拠と判断があったのである。

㈠　艦隊の演習や海軍大学校の図上演習、兵棋演習において、戦艦部隊は航空部隊によって、いつも大きな損害を受けるのを常としていた。

㈡　飛行機の行なう艦船攻撃は、毎年の戦技（射撃や発射等の訓練の精度を測定するため、年度後半に行なわれる総仕上げ的な術科演習）において明らかに示されるように、ゆうに戦艦を圧倒し得るだけの精度と威力をもっていた。

㈢　これに反して艦船の対空砲火は、戦技成績に照らしても、飛行機の攻撃力に劣るものであった。

飛行機の攻撃を比較的有効に阻止し得るものは戦闘機であるが、これは航空軍備に重点をおけば、おのずから味方の戦闘機隊が優勢となるはずである。

㈣もしわが方が、飛行機と潜水艦を主力として艦隊を編成するならば、アメリカ海軍の強力な戦艦群は、何を目標にして攻撃するのであろうか。一六インチ、一四インチの大口径砲は、敵の戦艦や巡洋艦を攻撃するには有利な武器であろうが、目標が飛行機と潜水艦ということになれば、こんな大口径砲は全く非能率的なものとなり、ひいては戦艦そのものを無用の長物と化せしめるのである。

これをたとえるならば、ライオンや虎のもっている恐ろしい爪や牙は、同類や牛とか馬を相手にする場合には、強力な武器であるが、相手が蟻や蜂の大群ともなれば、何の役にも立たないようなものである。

㈤よく飛行機は天候に弱いというが、それは平時における飛行安全を十分に考えるからである。戦時、決死の飛行機隊がどうしても飛べないような悪天候では、戦艦も単なるFloating wood以外のなにものでもないのである。

私の答申が、論争のテーマとして取り上げられたときには、それこそ四面楚歌《そか》の状態であった。

それもそのはずである。日露戦争で日本海軍が圧倒的勝利を得たのは、戦艦三笠以下六隻の戦艦、六隻の装甲巡洋艦の砲力のお陰であった。第一次世界大戦における英独海軍にしても、戦艦・巡洋戦隊を艦隊の主軸として戦ってきたのであり、それまでの実戦において、戦艦の王座に挑戦し得るようなものは、一つも現われてこなかった。

当時の日本海軍の主力艦十隻――長門型二隻、伊勢型四隻、金剛型四隻のもつ主砲を合計するならば、四〇センチ砲十六門、三六センチ砲八十門、合計九十六門である。これらの主砲がいっせいに火を吹いて、一分間一発の割合で射撃するならば、わずか三十分の間に二千八百八十発の八〇〇キロないし一、〇〇〇キロの主砲弾を送り込める。命中率をわずか五パーセントとみても、この間に敵の同型艦十隻を撃沈できるのである。もし、これを水平爆撃機でやるとなれば、命中率一〇パーセントとみて千六百機の攻撃機を要し、約三十隻の大型空母を準備しなければならない。しかも、これだけの攻撃力を飛行機で挙げ、第二ラウンドに移るまでには、三～四時間は必要なのである。雷撃となれば、母艦の数は五隻くらいですむだろうが、時間に関しては全く同じである。結局、単位時間当たりの攻撃力は、主砲の三に対し雷撃〇・八、水平爆撃〇・一五となるので、飛行機はとうてい戦艦の主砲には及ばないのである。

だからこそ、海軍において戦艦主兵の思想が長年月にわたって不動の地位を占めていたのである。ある砲術の権威のごときは、「この他に比類なき攻撃力を百パーセント発揮せしめるのが戦勝への道である。したがって飛行機は、爆撃や雷撃など余計なことはしなくてよい。すべて弾着観測機として射撃に協力せしむべきである」

といっていたほどである。

だが、全然違った次元から海上戦闘を考えてみたならばどうであろうか。とにもかくにも、艦というものは、いかなる大艦といえども水に浮いているのであって、水より軽い物体で作らない限り、不沈艦などというものはできないのである。大和、武蔵を不沈戦艦などといっていたが、二隻ともあえなく沈んでしまった。鋼鉄で作る限り、喫水の深さが、太平洋の海底に届くほどのものでない限り、不沈艦などあり得ないのである。どんな艦でも撃沈することは簡単である。艦の中に多量の水を注ぎ込めばよいのである。これに最も適したものが雷撃であって、多数の魚雷を食って生き残り得る艦はないのだ。

一方、戦艦を攻撃するのに、戦艦主砲の射程たる三万メートル、四万メートルの距離から攻撃しなければならないという規則はない。アメリカの艦隊が五、〇〇〇カイリ向こうの太平洋岸の根拠地にいようが、三、〇〇〇カイリ先のハワイにいようが、あるいは二万メートルの近距離にいようが、どこでも差し支えない。

また、戦艦どうしの決戦はおおむね昼間と相場がきまっているが、他の武器で攻撃するのに昼間でなければならないという制約は何もない。むしろ戦艦には不利で、攻撃する方には都合のよい時を選べばよいのである。

要するに、海上権争奪の主要手段を、両軍艦隊の近距離において相対する昼間決戦に限定するから、戦艦優位の結果が出てくるのであって、この枠《わく》を取りはずしてしまえば、すっかり変わった結果が出てくるのである。

私の答申を見た他の学生の中には、

「源田君は、頭がおかしいのではないか」

とか、

「この案は、いつごろを目標にしているのですか。五十年後ですか、百年後ですか」

という質問も出てきたし、

「とうてい、しょい切れない経費を必要とするだろう」

というような批判も出てきた。

もちろん、実機、実艦艇、実爆弾などを使って、どちらが正しいか試してみることはできないので、結局は水掛け論に終わらざるを得なかった。

大西大佐が航空本部教育部長に転じて、それからしばらくしての話である。大西教育部長の肝煎《きもい》りで、東京水交社に海軍航空畑の人々が多数集まって研究会を開いた。その目的は、「海軍軍備の型態をいかにすべきか」であった。この会合には、将官級から少佐、大尉級に至るまで、数多くの航空関係者が出席した。

この研究会は、大西部長の独壇場で、海軍兵力の主力を航空におくべしという理論を、ちゃんとした数学的解析の結果から導き出した理路整然たるものであり、その間に感情的要素などはみじんもなかった。あまり数学上の計算が多いので、列席者の一人が、

「この計算はだれに頼んだのだ?」

と聞いたところ、大西さんの答えは、

「オレが自分でやったのだ」

ということであった。

大西郷をほうふつとさせるような大西さんに、こんな特技があったのかと、皆がビックリした次第である。

この研究会における大西さんの説明は、極めて理論的なものであったが、同時に私たちが感心させられたことは、ものごとを見る角度の多いことであった。私たちは通常、正面からものを見る。正面だけでは一面しかわからないから、裏に回って、もう一度見る、それだけで結論を出した。

大西さんの見方は違っていた。正面と裏から見るほかに、右からも左からも見るのである。場合によっては斜めから見ることもある。こう文字で書くと簡単であるが、物体を見るのではなく、一つの思想を見るのである。表と裏とからの見方は比較的容易であるが、その他の方向から見るとなると、まずその方向を求めるのに苦労する。せっかく方向を求め得たとしてもどう見ていいか、見方に苦心するのである。この問題に限らず、他のいろいろな場合に、大西さんの観測は多元的であり、かつ深刻であった。

この会合で航空関係者の中では、航空主兵論がずいぶんと盛りあがってきたのであるが、ほのかに聞いたところによると、中央当局はこの種の会合で、海軍軍備を論ずることは適当でないという指令か注意かを発したということであり、この種の研究会はただ一回で終わってしまった。

だが、しかし航空主兵論は逐次、海軍航空関係者の間に浸透し、かつてはこの思想に反対の意志を表明していた人々も、わずか一年くらいの間には航空主兵論に宗旨替えするようになった。

海軍省や軍令部の首脳は、航空主兵論にはもちろん反対であった。責任の地位にあるものは、現状維持論におちいりやすいものである。現状打破を唱えるものには、傑物とばか者とオポチュニストが混合している。現状維持論は一般的には無難な道であるが、この海軍の主兵を飛行機にするか、戦艦にするかというような問題は、現状維持必ずしも無難な道ではない。航空主兵論と同じ程度に危険に満ちた道である。海軍当局にそんな判断があったかどうかはわからない。航空主兵論がはびこるのを抑える意図であったかどうかもわからないが、昭和十二年六月になって、「空中兵力威力研究会」略称「空威研究会」なるものを創《つく》った。この研究会の目的は、七年ないし十年後に常用することになると予想される各種航空機（特に大型機）の威力要素を研究する目的であった。この研究会で探究した成果が、後日、真珠湾攻撃計画の立案に当たって、決定的要素のいくつかを提供することになるだろうとは、当時だれも気がつかなかったに違いない。

空威研究会は、単に机上で研究するようなものではなかった。茨城県鹿島にあった爆撃場を利用し、アメリカ戦艦の装甲を模した鋼鈑をわざわざドイツから取り寄せて、爆弾の貫徹力や破壊力等を調査するという種類のものであった。雷撃、射撃、偵察、通信等に関しても、ほぼ同様な方法で実機実的を使い、実験の上から結論を出すという性質のものであったのである。したがって、その得た結論に対しては、十分に信頼を寄せることができたのである。

この中で、真珠湾攻撃の計画とその訓練にあたり、貴重な参考資料となったものが若干ある。

十六年の十月なかばごろのことである。既に飛行隊長以上は、ハワイ作戦の企図あることを知っているので、訓練は猛烈を極めていた。第一航空戦隊の艦攻隊は鹿児島鴨池の基地、第二航空戦隊の艦攻隊は同じく鹿児島県の出水基地において訓練していたのであるが、水平爆撃の高度を三、〇〇〇メートルにするか四、〇〇〇メートルにするかについて飛行隊内部に意見の対立があった。淵田中佐等爆撃隊の指揮官は、爆弾がアメリカ戦艦の水平装甲を貫徹して、艦の内臓部に飛び込んで炸裂《さくれつ》しなければ効果が少ないので、高度四、〇〇〇メートルで爆撃すべく訓練を進めていた。これに対して爆撃照準手（特に訓練された水平爆撃の専門家）の一群は、高度四、〇〇〇メートルでは自信をもって所期の命中率を挙げることはできないから、自信をもって爆撃できる高度三、〇〇〇メートルを希望していた。私が一日、要務のため鹿児島基地におもむいたところ、淵田隊長が隊員を集めて訓示していた。

「お前たちは三、〇〇〇メートルを主張しているが、兵術的理由からして、どうしても四、〇〇〇メートルでやらなければならないのだ。四、〇〇〇メートルで所要の命中率を得るように努力しろ」

という趣旨のものであった。三、〇〇〇メートルと四、〇〇〇メートルでは、命中率が少なくも五パーセントは違うであろう。アメリカ戦艦の装甲を貫徹する限りは低い方が良く、貫徹しなければ、これまた命中弾の効果が極度に低下してしまう。その高度の限界を知ることが必要であった。この問題については、艦隊司令部の吉岡参謀が東京まで出向いて、空威研究会の実験結果を調べてきてくれた。

それによると、アメリカの戦艦、航空母艦に対し八〇〇キロ徹甲爆弾（長門、陸奥の四〇センチ主砲弾を爆弾に改造したもの）をもって攻撃した場合に、ノースカロライナ型の新戦艦はたとえ四、〇〇〇メートルでも貫徹しないが、コロラド型以下の旧式戦艦およびすべての航空母艦は、三、〇〇〇メートルで十分に貫徹することが判明した。当時、新型戦艦はまだ就役していなかったから、われわれは旧式戦艦以下を目標とすればよいので、爆撃高度は三、〇〇〇メートルで十分であることがわかったのである。

艦上攻撃機が携行する魚雷は八〇〇キロ魚雷であって、炸薬量は二〇〇キロである。

巡洋艦や駆逐艦のものに比して、炸薬量は半分以下でその効果も小さいと思われたのであるが、これも空威研究会における検討の結果、新型戦艦といえども命中三発にて落伍、数発で沈没、旧型戦艦や航空母艦は命中二発にて落伍、数発で沈没することがわかったのである。したがって当時、雷撃に充当しようとしていた攻撃機は四十機であるが、敵の抵抗により発射前に五〇パーセントを失ったとしても、なおかつ四、五隻の戦艦、航空母艦を雷撃だけで撃沈し得る確算が立ったのである。

要するに戦艦無用論ないしは航空主兵論は、開戦までは実を結ぶことができなかった。しかし全然むだであったというわけではない。空威研究会というものを発足させ、航空兵力の威力算定ひいては、軍備計画、用兵計画等に少なからざる影響を及ぼしたのである。

航空主兵論が台頭した昭和十一年ごろに、海軍がその用兵思想に大転換を行ない、飛行機と潜水艦に海軍兵力の重点をおいたとしても、昭和十六年末の開戦では時機が遅きに失したかもしれない。また、アメリカが同じような思想に転換したとすれば、彼我の国力の相異から、やはり敗戦の憂き目をみたであろう。強力なアメリカを相手に、微弱な国力しかもっていなかった日本が開戦に踏みきったところに、そもそもの誤りがあるのであるが、最も好運な場合を想像すれば、日本は航空主兵に転換したが、アメリカは戦艦主兵の思想のまま十年を経過し、そこで開戦したとすれば、日本が南方資源地帯を開発し、持久態勢を固めるまでもち耐えることができたかもしれない。

この軍備と用兵思想の転換に関連し、重要な教訓を学び得た。

第一は、国策に関するもので、本書において深く触れるつもりはないのであるが、戦争に限らず、すべての国策遂行に当たり、有形的要素、すなわち兵力とか練度とか、天象地象等において、勝算がないときに、無形の精神力に頼って、一六勝負に出てはならないということである。当時の日本は、物力の足らないところは精神力で補うと言い、これを計算の中にいれていた。

しかしアメリカ人は、精神力においては日本人に劣っているとはだれも思っていなかったであろうし、むしろ優っていると思っていたであろう。つまるところ、精神力には算定の尺度がないのである。こんなものを独断をもって、自分の方に有利に解釈し、それで国家の運命を決するような大事に踏み出すべきではないのである。国家民族の運命は悠久である。十年や二十年の遅れや、隠忍自重は、永遠な国家生命に比べるならば、問題ではないのである。国家の歩みは、遅くてもよい、安全で着実でなければならない。

前線において敵と相見《あいまみ》えた場合には、見敵必戦、勝敗を度外視して全力攻撃を信条とする筆者であるが、国家の歩みには見敵必戦思想は禁物の中の禁物である。

第二はだいぶ次元が低くなるが、組織体の方向決定の問題である。例を航空主兵論と戦艦無用論にとるとしよう。戦争の結果からみるならば、明らかに航空主兵論が正しく、戦艦は無用の長物であった。にもかかわらず、日本海軍は誤った決定をしたのであった。日本海軍だけではない、世界各国の海軍がすべて誤っていたのである。他国も誤っていたのであるから、日本海軍が誤っても仕方がない、とはいえない。他人は誤っても自分は正しくなければならない。既述したように、平時における戦技成績とか演習の結果が示すところは、明らかに航空優勢を物語っていたのであるが、その物理的な示唆を無視し、あの大きな戦艦が小さな飛行機に負けるとは、感情的に受け取りにくかったのみならず、そうつごうの悪い方向に考えることをことさらに避けた傾向がある。しかし、ものごとは、実験のあげく得た数字の示すとおりに動くものであることを覚らなければならない。その間に予期せざることが起こるときは、事前の物理的検討が不十分であったことと思わなければならない。

重要な政策決定に当たるものは、自分の好みや感情、過去の経緯は一切捨てて、理論と実験の成果を謙虚に受け容れなければならないのである。

戦艦大和、武蔵は、戦艦としてはまことに人類が作った最高級品であった。これを設計した海軍の技術者、これを建造した呉海軍工廠、三菱長崎造船所の従業員、さらには就役後これに乗り組んだ将兵らは、大和、武蔵の戦艦としての優秀性とともに、世界に卓越したものであった。武蔵が昭和十九年十月フィリピン海域で、雲霞《うんか》の如き敵飛行機隊の攻撃を受けた際にも、敵の五〇〇ポンド爆弾ではこの艦にかすり傷一つ負わせることができなかった。しかし魚雷にはかなわなかったし、四六センチの大口径砲も、相手が飛行機ではなはだしく効率の悪い武器でしかなかったのである。猪口敏平武蔵艦長は典型的な武人であり、またわが海軍砲術界の第一人者であって、戦艦艦長あるいは戦艦部隊の指揮官として右に出るものはなかったであろう。これほどの艦長、これほどの乗組員をもってしても、誤ったポリシーのもとにおいては勝算を得る道はなかったのである。

方向決定は、最高責任者の最も重要な仕事の一つであり、これを誤る場合は、いかに優秀な兵器も人員もすべて無に帰せしめるものであることを銘記しなければならない。

将来を予測することであるから、その判断は容易ではない。しかし、好みや感情にとらわれず、また近ごろ流行のムードなどによって左右されることもなく、理論と実験の積み上げの上に冷静な判断を下すならば、当たらずといえども遠からざることを期待し得るであろう。

第三は、ひとたび方向を決定したならば、全体制を挙げてその新方向の要求に応ずるように改編すべきである。そうしなければ、方向決定はできても実効はあがらないからである。

この問題に関する成功の例は、開戦初頭の真珠湾作戦から十七年四月のインド洋作戦に至る一連の機動部隊作戦である。この機動部隊は第一、第二、第五航空戦隊の航空母艦六隻をもって編成する第一航空艦隊を主力とし、戦艦戦隊、巡洋艦戦隊、水雷戦隊等はすべて補助部隊としての役割を与えられていた。そうして機動部隊の指揮官は、第一航空艦隊司令長官南雲忠一中将であるから、すべての作戦は六隻の母艦に搭載する約三百八十機の飛行機の攻撃力を全幅利用するように計画できた。航空攻撃上、決戦の時機を早めたり、遅くしたりすることも自由であった。(ただ、真珠湾作戦の場合、十二月八日という日は動かすことができなかったが、これも機動部隊の攻撃が、戦争全体の皮切りになるように仕組まれていたから別に支障はなかった)

スポーツであろうが、碁、将棋であろうが、およそ勝負を争う場合に主導権を握ることは、戦勝への第一条件である。戦略、戦術もちろん例外ではない。主導権を握るためには主兵力に行動の自由を与えなければならない。

機動部隊が、第一段作戦(開戦から南方地域占領終了まで)において大戦果を挙げ、向かうところ敵なしという有様であったのも、航空主兵論の主張を部隊の編成から用法に至るすべてにわたって、何のはばかるところもなく、全面的に適用したからにほかならない。

しかるにミッドウェー作戦においては、事情はずいぶんと異なっていた。第一に作戦部隊の編成は、戦艦主力の思想と、航空主兵の思想とを、機械的につなぎ合わせたものであって、兵術思想は筋の通ったものではなかった。

山本連合艦隊司令長官の直率する主力部隊（大和以下戦艦七隻を中核とする）は、機動部隊（赤城以下空母四隻を中核とする）の後方三〇〇カイリに占位して、㈠全般作戦支援、㈡敵艦隊撃滅の任務をもっていた。三〇〇カイリの距離にある敵艦を攻撃し得る母艦群が、わずか四万メートル（約二〇カイリ）の攻撃距離しかもっていない戦艦群の三〇〇カイリ前方にあるというのでは、とうてい支援などはできないのである。しかも速力は、母艦群は二七ノットないし三四ノット、戦艦群は二三ノットないし二五ノットというのでは、どうしても話が合わないのである。これを今日の戦略態勢にたとえるならば、数千カイリの射程を有する大陸間弾道弾（ＩＣＢＭ）を敵国との国境線に配備し、わずか一、〇〇〇カイリ程度の射程しかない中距離弾道弾（ＭＲ・ＢＭ）を、海洋数千カイリを離れた本国に設置するようなものである。

ミッドウェー作戦における連合艦隊の兵力配備は、第一次世界戦争型の陣型の上に、第二次世界戦争型の兵術思想を乗せたものであって、不徹底極まるものであった。

そしてこの敗戦の原因としては、機密保持の欠陥、機動部隊側の失策等いろいろある。この戦艦主兵思想と航空主兵思想とを混合した、生ぬるい兵術思想も原因をなしているのである。

作戦の主柱、大西瀧治郎中将

既成の尺度で測れぬ智将

直接真珠湾攻撃に参加したわけではないし、また、指揮命令系統の上で、この作戦の計画や実施に関与する立場にもいなかったのであるが、大西瀧治郎中将こそは、この作戦に最も大きな影響を及ぼした一人である。また、真珠湾攻撃のようなとっぴな作戦を計画し、それを喜んで実施に移すような性格をもった海軍航空隊、太平洋戦争の緒戦に、全世界の耳目を聳動せしめるような戦果を挙げた海軍航空隊、戦争の末期にあたり、人類六千年の歴史に未だかつてなかった特別攻撃隊を生み出した海軍航空隊、その海軍航空隊の生い立ちを語るにあたって、どうしても欠くことのできない人物は、この大西瀧治郎中将である。ということは、大西中将が最も優れたパイロットであったとか、最も頭の良い将校であったとかいう意味では毛頭ない。しかし、この人がいなかったならば、また、たとえいたとしても、海軍航空に籍を置いていなかったならば、海軍航空隊の歩んだ道はずいぶん違ったものになっていたであろうし、したがって、戦争の経過もよほど異なったものになっていたであろうという意味である。

人物を評価する場合に、「一言にしていえば、どんな人であったか」という質問がよくあるが、この大西瀧治郎という人物は、一言にして評価できるような簡単な人物ではなかった。豪放磊落《ごうほうらいらく》の反面、驚くほど緻密《ちみつ》であり、「飛んでいって死んでこい」と言わんばかりの厳しい命令を出すかと思えば、その心情に同情して、パイロットたちといっしょになって涙を流す人でもあった。

本来、攻撃的性格の強い人であったと思うが、戦略的には、ずいぶん控え目な考えをもっていた。戦争の初期、わが軍がソロモン方面に進出しているころ、おおむねニューギニア西部から内南洋、表南洋諸島を堅く守るように後退すべきであるという意見を持っていた。したがって特攻隊の創始者として知られているものの決して猪突猛進《ちょとつもうしん》論者ではなかった。

大西瀧治郎中将

海軍には心の底の知れない先輩が若干いたが、大西中将のごときはその最たるものであろう。私は、昭和九年末、横須賀航空隊分隊長兼教官として同航空隊に勤務することになった。その時、教頭兼副長として佐世保航空隊から着任したのが、大西瀧治郎大佐であった。前々から異彩ある人物だという評価は聞いていたが、同じ所轄で部下として勤務したのは、これが初めてであった。初印象というのは一生涯、消えないものであるが、私の大西中将に対する初印象は「ずいぶん、ゆっくり歩く人だ」ということであった。それから戦争の終わるまで十年間、いろんな面で接触し、指導も受けたが、ついぞこの人が走ったのを見たことがない。走るのはおろか、急ぎ足で歩いている姿を見たこともない。どんなに緊急を要する場合でも、早口でしゃべったり、あわてふためいた姿は絶対に見せなかった。

海軍では、伝統精神ということがよくいわれた。しかしこの伝統精神は、司令官や艦長が、一段高いところから声をかける格式張った訓示よりも、夜おそく士官室のテーブルの上で酒でもくみかわしながら語り合った雑談の中に、知らず知らずの間に先輩から後輩に伝えられたものが多いように思う。

この士官室なるものは、他の社会にはない特殊なものである。制度的にいうならば、士官室（Wardroom）、士官次室（Gunroom）、准士官室等となっており、おおむね大尉以上の士官（艦長を除く）は士官室、中尉、少尉等の初級士官は士官次室にはいっている。この室は、食事のときは食堂となり、仕事にあたっては事務室となり、その他のときは士官たちの社交場となっているのであって、ちょっと他に類例のないものである。

だから食事もすれば、書類の調査もやり、場合によっては、演習等の研究会もここでやった。そうして、巡検（消灯に当たるか）後は士官たちはここで酒をのんだ。

だから、朝から晩まで、晩から朝まで、勤務についている場合のほかは、士官たちはいつもここで顔を合わせていたのである。士官室制度なるものは、狭い艦内のスペースを最も有効に利用すべく、必要に迫られてできたものであろうが、これは予期しない好結果をもたらした。海軍に勤務した人は、わずかばかりの例外を除くならば、出身のいかんを問わず、いずれも海軍という社会に郷愁をもち、今でも同志的な結合を保っている。

この原因としては、他にもいろいろ考えられるけれども、その重要な一つとして士官室制度があるのである。だいたい海軍では艦が自分の本拠であって、家庭持ちが陸上の自分の家族のいる家に帰る場合も、帰宅とはいわないで上陸といった。この制度と風習は、陸上にある航空隊でも同じであって、すべては艦内の制度と風習を陸上に移したものであったのである。だから、陸上の航空隊から自分の家に帰ったり、どこかへ遊びに行く場合でも、外出とはいわないで上陸といったのである。海軍の伝統精神は、士官室における雑談——その中には、戦争の話もあれば、勤務の話もある。酒の話も出れば、女の話もはいる。言論は完全に自由であった——の間に知らず知らずの間に、先輩から後輩へと伝えられていった。

昭和十年の横須賀航空隊も、もちろん例外ではなかった。冬の夜などは大きな火鉢を囲み、副長（大西大佐）を中心として話がはずんだ。私たちは、この炉辺談話によって、大西教頭がどんな人柄であり、どんな兵術思想の持ち主であるかに若干ながら触れることができたのである。その中の若干を紹介することとする。

第一次世界大戦中のことであった。当時は太平洋戦争の時と違って、日本は連合国の一員として、ドイツを敵にまわして戦っていたのである。大正六年（一九一七）、大西中尉は坂元宗隆、荒木保中尉とともに第一特務艦隊司令部付を命ぜられた。当時は有名なドイツの巡洋艦エムデンが、インド洋方面を荒し回っていたのである。わが常陸《ひたち》丸が行方不明になったのも、エムデンのためと思われた（実はドイツの巡洋艦ウォルフに撃沈せられた）。郵船の筑前丸に水上機一機を積み込んで、大西中尉等はその捜索に向かったのであるが、結果としては何も発見できなかったらしい。この捜索行動の間に、大西中尉の搭乗機はエンジン故障のため、とある無人珊瑚礁《さんごしょう》付近に不時着水した。もちろん母船はいないし、広い海原には他の船影もない。不時着水した飛行機の周囲には、獰猛《どうもう》なフカの群れが動きまわっていたそうだ。

「こわかったでしょうね？」

これに対して、とんでもない答えがはね返ってきた。

「いや、別に何とも思わなかったよ」

前々から大西さんという人は、とても太っ腹で豪胆な人だとは聞いていた。
海軍で落下傘降下の実験をやっていたころ、二個の落下傘を携行し、機体から飛び出すと同時にその中の一個を開いてしばらく降下するが、まもなくこれを捨ててしばらく自由降下を続け、地上近くになってから第二番目の傘を開いて降下するようなことを、平気でやってのけた人だと先輩たちが話していたのを覚えていた。だから、あまりビックリはしなかったが、ちょっと私たちの感覚とは違った型のものをもっている人だと思った。

また、これはずっと後の話である。昭和十三年の一月、私は南京から内地に帰ってきた。横須賀航空隊の飛行隊長を命ぜられ、ある夜、横須賀の料亭〝魚勝〟で、当時航空本部の教育部長をしていた大西さんと飲んだ。

日中戦争の初期の南京空襲のときの話である。当時済州島基地に進出していた木更津航空隊の陸攻六隊が、南京の夜間空襲を行なった。八月十四、十五、十六日と続いた昼間空襲で、南京・南昌方面の中国空軍に相当の損害を与え、おおむね航空戦の主導権は獲得したが、わが方もまた、大きな損害を受け、実動機数は約半数に減少していた。加うるに陸攻隊の基地、台北、済州島からは掩護《えんご》戦闘機を随伴させることもできないので、その後は陸攻隊の攻撃は夜間に行なうこととしていた。大西大佐は、前線視察のため済州島の木更津航空隊を訪問していたが、ある夜、入佐俊家大尉の率いる南京空襲部隊の飛行機に同乗した。入佐大尉は人も知る名パイロットであり、名指揮官でもあった。爆撃後、この編隊は中国軍のカーチスホークに追躡《ついじょう》せられた。この戦闘機は、中攻のエンジンの排気管から出る炎を目印として、その一三ミリ機銃でねらい射ちをしたらしい。そのため、一機また一機と撃墜せられ、最後には入佐大尉の乗っている指揮官機と大西大佐の乗っていた二番機だけになってしまった。

「その時はさぞ気持ちが悪かったでしょうね。私は黄浦江を駆逐艦で溯航《そこう》しているとき、陸岸から小銃で射たれたのが、敵弾の下をくぐった最初でしたが、どうも横腹あたりがむずむずして困りました」

「源田、貴様は偉い。恐ろしいということを感ずる余裕がある。オレなどは、そんな余裕はなかった。ただ、今度はオレの番かなと思っただけで、恐ろしくも何ともなかったよ」

これが大西さんの答えであった。

この人の出来は、ちょっとわれわれでははかり知れないものがある。大西さんが走ったのを見たことがないと同様に、この人が何かを恐れた表情をしたのを見たことは、かつてなかった。

私たちが海軍兵学校の生徒のときに、英語の教科書の中に、英国海軍の名将ネルソンの話が載っていた。

ネルソンがまだ幼い子供のころ、日が暮れて暗くなっても家に帰ってこなかった。心配したお母さんが、探しに行ってみると、彼は土手の上でただ一人、ポツンと腰をおろして休んでいた。お母さんが、

「ホレーショ、お前は恐ろしくなかったのか」

と聞くと、

「恐ろしい？　それは何ですか、私はまだ見たことがありません」

といったというエピソードがあった。

剛勇無双のネルソンを描写した作り話かもしれないが、大西さんこそは、まさしくネルソンのような人であった。この人の恐ろしさを知らない性質は、どうも後天的のものではないようだ。ネルソンと同様に、もって生まれた性質であると思う。

「相模太郎胆甕《たんかめ》の如し」とは頼山陽が北条時宗を表現した名句であるが、大西さんは、時宗を現代にもってきたような人物であった。

人間はだれでも面子《メンツ》をとうとぶものである。自分がかつて主張したことが間違っていたとしても、それを改めるにはなかなか抵抗を感ずるものである。いわんやそれが個人の見解でなく、組織体の見解ともなれば、ますます抵抗が大きくなるのが通例である。

この点においても大西さんは、他の人々とは全く違った見解をもっていた。

昭和十年の横空においては、お隣の航空技術廠と協力して、いわゆる次期戦闘機の機

種選定実験が行なわれていた。

対象となった飛行機は、中島飛行機で製作した九〇戦改（後の九五式艦上戦闘機）および中島、三菱の両社の競争試作によって出てきた九試単戦二機である。中島製の九試単戦は、低翼単葉で要求性能は一応満足していたが、特にこれといった特徴はなかった。問題は三菱の試作機である。この飛行機に最初に乗った海軍のテスト・パイロットは、小林淑人少佐であるが、その試験飛行によると、最高速力（高度三、〇〇〇メートル）は、要求の二一〇ノット（三九〇キロメートル／時）を二〇ノットも上回る二三〇ノット（四二五キロメートル／時）も出たということであった。今のジェット戦闘機の速力を考えれば、こんな速力はもちろん問題にならない。しかし、三十七年の前の時点においては、この速力はまさに列強戦闘機の最高水準をはるかに抜いたものであった。

横須賀航空隊の士官室でこの話を聞いたとき、多くの人は、自分の耳を疑った。航空に関しては、後進国であると自認していたからである。

「ほんとかあ、その話は」

「いや、各務ケ原（試験飛行をしていた飛行場）は、空気密度が薄いんだろうよ」

こんな会話が随所で行なわれた。

ところが、横空や空技廠の航空関係者の予想には関係なく、小林少佐の行なった試験飛行は、ぐんぐんと伸びていった。速力も二三〇ノットをだんだんと上回り、正確なる三角飛行で最終的に得た速力は二四三ノット（四九五キロメートル／時）であった。

この数字は、まさに驚異的なものであり、現在でいえば、マッハ〇・四くらいに当たるものであろうか。数字的なデータに多くを期待する机上の航空関係者は、天にも昇るほどに喜んだ。私はその後、各務ケ原に行って、小林少佐とともに、この飛行機の飛行実験に従事し、この飛行機が速力や上昇力、ことに速力において容易ならざるものをもっていることを、体験を通じて確かめた。しかし、戦闘機に必要な性能はこれだけではない。格闘戦（Dog Fighting）性能や射撃性能がある。戦闘機の空中戦闘というのは、オリンピック競技の中のランニングとレスリングをいっしょにしたようなものである。相手が爆撃機や地上目標の場合には、速力や上昇力、また射撃性能が主要な要素となるのであるが、敵の戦闘機を相手にするときには、旋回性能、操縦性能、上昇力、射撃性能が優れていなければならない。

一般的に速力に重点をおけば旋回性能が悪くなり、旋回性能を重視すれば速力は若干低いもので我慢しなければならないのである。この矛盾した要求性能をどこで調和せしめるかについては、昭和八年、同じく横須賀海軍航空隊において、岡村基春大尉が戦闘機分隊長（私はその下の分隊士として勤務）として徹底的な研究が行なわれた。その結果、いろいろな要求を調和せしめて試作されたのが九〇戦改（九五式艦上戦闘機）である。これは余談であるが、昭和三十四年、私が次期戦闘機選定の調査団長として渡米し、例のロッキード、グラマン、コンベア社等の作った戦闘機の評価を行なったとき、米国空軍や海軍の多くの幹部に「空対空のミサイルの発達した今日、機銃（Machine Gun）は必要と思うかどうか？」

の質問をしてみた。その答えは一つの例外もなく、すべて、

「その必要はない。ミサイルで十分だ」

であった。

もちろんその場で反論はしなかったが、私は機銃は絶対必要であると思っていた。そのため、わが国の次期戦闘機F－104には機銃を装備することにしたのである。（もっとも、予算の都合で、二百機のうち八十機だけに限られてはいたが）

こういう判断のもとになったものは、昭和八年の横空における空戦実験であり、この実験の成果が後に日中戦争における九六戦、太平洋戦争における零戦となって現われていたことが、私の頭の中にこびりついていたからである。敵機との間合いが十分にあるときは、空対空のミサイルが有利であるが、その間合いが、うんと狭くなってくるとミサイルではどうにもならない。ちょうど広い野原ならば槍や鉄砲が有効であるが、狭い家の中では短刀やピストルの方が有利であるようなものである。戦闘機対戦闘機の空中戦闘では、運動性が優れているため、ミサイルも回避できる場合もあるだろうし、また、突発的に至近距離で会敵することもある。こんなときには、どうしても機銃を必要とす

ることになるのである。

F－4ファントムなども、当初機銃をもっていなかったが、ベトナム戦の結果、装備するようになったのである。

要するに、航空戦を有利に展開するためには、まず制空権を獲得し、味方の飛行機は自由行動できるが敵の飛行機の集団行動を許さないようにしなければならない。そのためには、戦闘機対戦闘機の戦闘において、味方の戦闘機が敵の戦闘機より強いことが必要である。爆撃機などに対する攻撃能力は、この場合二次的な性能となってくるのである。

昭和十年の八月ごろであったと思うが、横空と隣合わせの航空技術廠において、九〇戦改、中島および三菱の九試単戦のうち、どれを次期戦闘機として選ぶかという問題について会議が行なわれた。会議参加者は、航空本部の戦闘機担当者、空技廠長前原中将以下同廠幹部、および横空教頭大西大佐以下横空の実験関係者であった。

中央当局としては、数字的性能が他の追随を許さないほど高い三菱九試単戦を、次期戦闘機の筆頭候補としてあげたい意向であり、空技廠側の関係者にも別に異論はなかった。しかし私は、前述したような空戦実験の結果、戦闘機として、戦闘機対戦闘機の格闘戦性能の弱いものは、戦闘機として価値の少ないものであると考えていたので、海軍中央当局の提案には賛成することができなかった。そこで私は立ち上がって意見を開陳した。

「三菱単戦が速力、上昇力等において画期的な戦闘機であることに何らの異存を差しはさむものではありません。しかし戦闘機は、速力や上昇力だけで戦闘するのではない。なるほど爆撃機や雷撃機などを攻撃するときには、これらの性能が最も重要であるが、対戦闘機戦闘ともなれば事情は違ってくる。格闘戦性能すなわち旋回性能とか操縦性能が重要な要素になってくるのであります。まだ三菱九試単戦は、空戦実験にはかけていないけれども、私は単葉機は空戦性能があまりよくないと思っております。中島の九試単戦がそのよい例である。少なくとも対戦闘機戦闘に関する限り、九〇戦改の方が優れていると断言してもよいほどであります。したがって、今ここで、九〇戦改をやめ、三菱単戦一本に絞ることには反対であります」

その会合における横空側の責任者として列席していた大西教頭は、

「横空の意見は、いま源田大尉が述べたとおりである。どうも海軍中央当局には、実際身をもって飛んでいる若い人たちの意見を尊重しない傾きがあるが、これでは将来を誤るので、第一線の人たちの意見を十分に取り入れてやってもらいたい」と述べて私の意見を横空の意見として権威づけてくれた。

そのために、この日の会議は何らの結論を得ることなくして終わったのであるが、私たち横空の実験担当者は、その翌日から三菱単戦の空戦実験にとりかかった。それまでに、射撃や航法、離着陸等の実験は終わっていたが、三菱単戦に何らの欠陥も認められなかった。射撃の実験において、三菱単戦がずば抜けた成績をあげた時など、横空に派遣されている三菱派遣員は、大急ぎで本社に報告したほどである。競争試作なるがゆえに各社の派遣員は全く真剣そのものであった。

空戦実験の最初は、私が三菱単戦に乗り、後に上海方面で戦死した間瀬平一郎空曹長が九〇戦改に乗り、格闘戦をやってみたのであるが、結果は私たちの予想と全く違ったものであった。格闘戦においても、三菱単戦が九〇戦改をはるかに圧倒したのであった。このことは、パイロットを入れ換えてやっても全然変わりはなかったのである。

一週間経った後、再び空技廠で会議がもたれた。空戦実験の結果をまっての会議である。劈頭、私は、

「先日行なわれた会議の席上で、私は九〇戦改が格闘戦においては三菱単戦にまさっているだろうと自信をもって述べたのでありますが、実験の結果は全く予想に反したものでありました。格闘戦においても三菱単戦の方がはるかに強いのであります。この飛行機は、私たちがもっていた戦闘機に関する既成概念をすっかり覆すものであり、全く画期的な戦闘機であります。私は改めて前言を取り消し不明を謝します」

と述べた。

大西教頭は私の発言を黙々として聞いていて、何らの発言をしなかった。

会議はまもなく終了し、海軍は三菱単戦に"GO AHEAD"前進の決定をした。後に九六式艦上戦闘機として日中戦争の当初、大陸の空で縦横の活躍をなし、また有名な零式艦上戦闘機の前身をなしたのは、ほかでもないこの三菱九試単戦であったのである。

横空に帰ってから、士官室にいた大西教頭の前で私は深々と頭を下げ、

「私の見通しが悪く、教頭はじめ、横空の面目を失墜し、全く申しわけありません」

とおわびしたところ、

「源田、貴様は何をいっているんだ。貴様が今日の会議でいったことは、あれでいいのだ。あの考え方が必要なのだ。われわれは、正しいことは正しいこととして率直に認めなければならんのだ。われわれの考え方の基準は、何が国のためになり、何が国のためにならないかにおかなければならん。横空の面目などはどうでもいいのだ。そんなことにこだわっているやつがたくさんいるから航空の進歩が阻害されているのだ。国のために、その方が良いとなれば、無節操、無定見とののしられようが、毫《ごう》も意に介すべきではない」

大西さんという人は、ずいぶんと人の意表を衝く人であったが、この場合も矢張りそうであった。

私が海軍航空にはいってからよく耳にした言葉がある。「大西」とか「大西さん」という言葉である。それは「大西がやったができなかった」とか「大西さんならどうする

だろうか」という言葉でもあった。

大西さんが佐世保海軍航空隊の司令をしていたときに、本土防空の問題で陸軍の参謀と論争をしたことがあった。攻撃を主張する大西さんと、防御を主張する陸軍参謀との兵術論議であったが、理論に負けた陸軍参謀が、最後に「陛下の命令によって作られた防空部隊をけなすとはけしからん」という意味の意見を出した。そこで大西さんのいったことが卓抜である。

「兵術論争に天皇陛下などを引き合いに出すものではない」

全くそのとおりである。いわゆる袞竜《こんりよう》の袖に隠れることは、君子の潔しとしないところである。この論争は、大西さんの完勝であった。

なぜ、こんなすばらしい考えが、すかさず出てくるのであろうか。私は大西さんには、私というものが全然なかったからだと思う。西郷南洲翁の遺訓に、

「命もいらず、名もいらず、官位も金もいらぬ人は、仕末に困るもの也。此の仕末に困る人ならでは、艱難《かんなん》を共にし国家の大事は成し得られぬなり云々」

というのがあるが、まこと大西さんは、こんな人であった。

大西中将が比類なき智将であり、比類なき勇将であったことについては、何人も異存をさしはさむことはできない。しかし中将が仁将であったかどうかについては、この人に親しく仕えた人々の中でも意見の分かれるところである。

中将は、どう見ても二枚目ではなかった。もちろん、ぶおとこではなかったが、とにかく女にもてた。それも上すべりの好いた、はれたという筋合いのものではなかった。ぞっこん心の底からほれ込む性質のもので、年月がたてば次第に消え去るような薄っぺらなものではない。どこからそんな魅力が出てくるのか。女の方に聞いて見ると、どうやら、

「とにもかくにも頼りになる」

というところらしい。男でもほれこむ男大西瀧治郎であるから、女がほれるのも当然であろう。

われわれ後輩のものは、何か思案に余るようなことが起こると大西さんのところへ行って、相談に乗ってもらったものである。この「頼りになる」という大西さんの性格は、親分の親分たるにふさわしいものであって、いわゆる普通の意味の仁将を越えた仁将であることを意味する。

昭和十九年十月、神風特別攻撃隊が編成せられ、いわゆる特攻が開始せられた。特攻隊はもちろん大西中将指導のもとに編成せられ、行動を起こしたのである。特攻については、国の内外に少なからざる批判がある。絶対に生きて帰ることのできない攻撃は、東郷元帥も山本元帥も共に容認しなかったものであるが、大西中将はこれを決行した。

特攻開始後間もなく、私は要務連絡のため東京からフィリピンに飛び、航空艦隊司令

部に大西中将を訪ねた。その時、中将が私に語ったことがある。

「源田君、この攻撃は、指揮官の大きな慈悲だよ。今の戦況では、普通の往復攻撃をやったところで、一機も帰ってくることはできないんだ。特攻であろうが、普通の攻撃であろうが死ぬことに間違いはない。落とした爆弾が命中するかしないかハッキリしないような攻撃をして死ぬよりも、命中に絶対誤りのない体当たり攻撃をやり、自分の攻撃が必ず大きな効果を挙げることを確信して死ぬ方が、はるかに満足感を味わうのだ。要するに、これは指揮官の大きな慈悲だよ」

当時、戦局日々急迫の度を加えていた状況において、生きて祖国の土を踏むことを考えていた搭乗員は、恐らく一人もいなかったであろう。こういう状況において、満足のゆく死場所を与えてやることは、指揮官としての務めだというわけである。

在来型の攻撃ならば、たとえ万に一つの帰る望みはなくても、一応生還の道だけは開けてあることになるが、これはただ統帥上の逃げ口上に過ぎないのである。大西中将は、逃げ口上を排して、統帥の本質に体当たりしたのである。もちろんこれは、指揮官自ら百パーセントの死を覚悟しなければできることではない。

大西中将が、特攻攻撃を志願した多くの若人を前にして行なった訓示の中に、

「国を救う者は諸君青年である。諸君だけ殺しはせぬ。おれも必ず後からゆく。ただ、おれは指揮官だから最後でなければ死なない」

という一節があるが、中将は特攻を決意した時に、このいくさが勝っても負けても必ず死ぬ腹を固めていたことがうかがわれるのである。

終戦時、海軍首脳の中で最も強硬な戦争継続論者は当時軍令部次長であった大西中将であった。ここで断わっておきたいことは、中将は普通の武力戦で、アメリカに勝てると思っていたわけではない。私が二十年の二月、第三四三海軍航空隊の指揮官として四国の松山基地にいた時に、当時台湾にいた中将から一通の手紙を受け取ったが、その中にも、

「いま、武力でアメリカを屈伏せしめることはできない。しかし、どんなことがあっても絶対に音《ね》をあげることなく、百年でも二百年でもがんばりとおすならば、最後の勝利は必ずわれらの頭上に輝くであろう」

と書いてあった。

大西中将の主張が破れて降伏に決したとき、軍令部の若い将校たちは、

「次長が自決するかも知れない」

と心配して、十六日夕刻から次長官舎につめかけていたそうだ。ところが、その将校連を前にして次長がいった。

「阿南（当時陸軍大臣であった）のやつもばかだなあ。いまごろ腹を切ったところで何になる。見そこねたよ」

これを聞いて一同は、

「これなら次長は大丈夫だ」

と引き揚げて行った。皆が引き揚げて行ったあとで、大西さんは腹をかき切った。

割腹後、息を引き取るまでに数時間かかったそうであるが、その間、親しい人たちと語り合った。その態度が全然、平素の大西さんと変わるところがなかったという。

いずれにしても、大西瀧治郎という人は、既成の尺度ではどんなものを持ってきても測ることができない人物であった。

水雷戦術の権威、南雲忠一中将

責任感の強過ぎたことが消極に

第一航空艦隊司令部のハワイ作戦に対する意欲は、あまり積極的であったとはいえない。もっとも消極的であったのが長官南雲中将その人であった。

これは考えようによっては、無理もないことであった。南雲中将は人も知る水雷戦術の権威であるが、航空関係の勤務は、これが初めてであった。自分の専門外の航空部隊を指揮し、しかも、日本海軍の戦略構想の中に未だかつてなかったハワイ攻撃の指揮官を担当するのであるから、人間がまじめで責任感が強ければ強いほど消極的になるのは当然であろう。

もし、失敗して当時日本海軍が持っていた虎の子の航空母艦六隻を、ハワイの海に沈めてしまったならば、その責任はだれが負うのであろうか。皺腹《しわばら》の一つや二つ掻《か》き切ったところでどうなるものでもない。

もし、南雲中将に潜水部隊でも指揮させて「ハワイ海面で行動中のアメリカ艦隊を攻撃せよ」という任務を与えたならば、この人は、もっと積極的な態度をとったことと思う。真珠湾攻撃部隊の指揮官に、当時の第二航空戦隊司令官山口多聞少将や大西中将のような人を配したとしたならば、航空部隊の指揮官として、歴戦の経験を積んでもいたし、また性格的にも、この作戦に異常な熱意を傾けたに違いない。

十六年の春から秋にかけて、私は要務のために、しばしば連合艦隊旗艦に行った。そのつど、先任参謀の黒島亀人大佐から、「連合艦隊としては、ハワイ攻撃はどんなことがあっても実行するのだから、そのように南雲長官に申し上げてくれ」といわれた。

南雲忠一中将

佐々木航空参謀からは、別記のように、

「長官（山本大将のこと）が一番気にしておられるのは、搭乗員の態度だ」

というのがいつもの話であった。

これらのことを、赤城にかえって南雲長官に報告すると、

「むずかしいなあ！　しかし長官（山本大将）が、ああまで言われるのだから、やらなければならないだろ

う」

というのが南雲中将の言葉でもあったのである。

だいぶ期日も迫って、九月上旬のことであった。私が起案した作戦計画の素案に基づいて、航路の研究をした。日本から真珠湾方面に向かうのに、作戦上考えられる航路が三つある。

第一は南方航路である。

この航路は、わが委任統治領のマーシャル群島からハワイに向かうもので、その距離は約二、〇〇〇カイリ、三つの航路の中で最も短いし、海面も穏やかで、航海に関する限り問題はない。だが、視程は南洋海面の常として極めて良好、数十カイリに及ぶので被発見の機会は最も多い。

第二は北方航路である。

これは、実際に使った航路であるが、アリューシャン列島の南に沿って東行し、真珠湾のほぼ真北からまっすぐに南下するものである。冬期の北太平洋は、商船もこの海面を避けて、ベーリング海を通るほどの荒海である。したがって、被発見の機会は極めて少ないが、艦が通れるかどうかに大きな問題があった。ことにこの作戦行動においては、通常の航海にない難問が横たわっていた。既述のように、日本海軍の艦船は、西太平洋海面で邀撃作戦を行なうことを建て前として計画設計されている。したがって航続力は、アメリカ海軍の艦などよりうんと短く、最も長い加賀、翔鶴、瑞鶴でも、一六ノット、一万カイリで、一八ノットならば、八、〇〇〇カイリに過ぎない。これでは、会敵時戦闘速力で一日も走れば、たちまちにして洋上で立ち往生ということにもなりかねない。いわんや、蒼竜級にいたっては七、〇〇〇カイリ余りである。このために、何としても燃料の洋上補給ということが必要になってくる。航続力のうんと短い駆逐艦などに対しては、母艦以上に補給ということが重要問題になってくる。

日本海軍でも従来から洋上補給については研究もし訓練もしてきた。しかし、それは巡洋艦以下の小型艦艇に対するものだけであって、戦艦や航空母艦のような大型の艦に対する経験は皆無であった。大型艦に対する洋上補給という技術的問題（十六年九月中旬に解決した）もある上に、ものすごい荒海の中で洋上補給をやらなければならないという課題を負わされていたのである。

第三は、第一、第二航路の中間をいくものであって、利害得失もまたその中間である。

私が、南雲長官に対して北方航路を推薦すると、

「航空参謀、バカなことをいうものじゃない、北を通ろうとしても艦が歩けないよ」

「でも、他の航路を通れば、敵に発見されて奇襲などはできないし、こちらが全滅する公算も大きいです」

「そこを、うまくやるんだよ。君は北、北というけれども、北を通れば、艦そのものが

荒海《しけ》で壊れてしまうよ」

長官が何としても納得しないので、その日はそれで終わったが、私は事あるごとに北方航路を主張してやまなかった。だが、私は一幕僚にすぎないし、決定権は長官が握っている。私でどうにもなるものではない。しかし、南方航路をとるならば、敵が網を張ったところに飛び込むのであって、爆弾を抱えて火の中にはいるようなものである。何としても長官に納得してもらわなければならない。

そこで九月中旬、海軍大学校で行なわれた連合艦隊の図上演習までの間に、入手し得るあらゆる情報をかき集めた。

第一は、アメリカ艦隊の演習常用地域の調査である。真珠湾方面にあるアメリカ艦隊は、毎週月曜日に出港して、金曜日午後から土曜日の間に真珠湾に入港すること。これは前からおおむねわかっていた。しかし、その行動海面がハワイ列島の南方海面に限られていることは、この時機の調査で明らかになったのである。調査といっても、何も私たちが直接調査するわけではない。軍令部第三部（情報担当）にあたって詳しいことを聞くのである。情報参謀を兼務していた小野参謀がすべてやってくれた。

第二は、アメリカ艦隊の中で、有力部隊がハワイ北方海面で演習した記録が一つだけあった。相当年数はたっているが、索敵艦隊がハワイとアリューシャンにわたる海面で演習したことである。（索敵艦隊とは、巡洋艦を中心にした部隊であって、わが第二艦隊に

相当する）

このほかにもあったかもしれないが、われわれが知り得たのは、これだけである。

第三はアメリカの哨戒機《しょうかいき》の行動海面である。アメリカの哨戒機の主体は飛行艇であるが、これらが常時哨戒をやっているのは、ハワイ列島の南方海面であって、北方海面に対するものはほとんどなかった。これらは、海軍の通信諜報《ちょうほう》を担当している機関から得たものである。

このほかに、冬期北太平洋海面を航行する商船は、別記したように、ベーリング海を通っている事実がある。

これらの諸情報は、冬期の北太平洋海面が艦隊の作戦行動、その中でも大部隊の行動を許さないことから生じたものと判断された。よって、九月中旬に行なわれた連合艦隊の図上演習においては、第一航空艦隊司令部は、北方航路を採った。

この演習の終わったときに、第一航空艦隊の内部において、航路に関する議論が行なわれた。南雲中将は相変わらず北方航路には反対であった。

「図上演習では、海は荒《し》けないので、北方航路が通れるが、実際にはそうはいかんよ」

といって、どうしても承知しなかった。

真珠湾攻撃の計画があることを知っていたのは、連合艦隊と第一航空艦隊の司令部の幕僚と軍令部一課部員および大西さんくらいのものであったが、大部分の人がこの計画に反対意見を持っているのみならず、ことに北方航路に関しては、ほとんど問題にもされないくらいであった。

私は当初、大西少将からハワイ攻撃の企図を連合艦隊司令長官がもっていることを聞かされてから、この問題が頭を離れたことはなかった。連合艦隊司令部に要務連絡に行った帰り道に、大分基地から鹿屋基地に飛ぶ飛行機の上であったが、操縦桿《そうじゅうかん》を握りながら考えたことがあった。

この考えの起こる因《もと》は、赤城の長官公室で食事しているときに、南雲長官の洩《も》らした言葉である。

「こんな奇襲作戦は、同志的結合でなければできない」

もう一つ別な刺激剤もあった。

第一航空艦隊が編成される前の第一航空戦隊司令官戸塚道太郎少将がいった言葉だ。当時は、無制限照射中の雷撃、夜間急降下爆撃等、前人未踏の難事に挑戦している時であっただけに、響きも大きかった。

「躍起者がほしいなあ」

こんな言葉は、その時はそれほど気にもとめないのであるが、ひとたび真珠湾作戦に真剣に取り組むような段階になると、いろいろなヒントを与えるものである。こんな言葉が契機になって、機上で私の頭に浮かんだことは、戦史の上で奇襲作戦に成功した適例に学ばなければならないし、その模範とすべきものが三つある。

第一は、義経の行なった鵯越《ひよどりご》えの作戦であり、
第二は、信長の桶狭間《おけはざま》奇襲であり、
第三は、ナポレオンのアルプス越えである。

これら三つの奇襲作戦に共通したことは、いずれも、軍議を開けば、戦わずに決するものであるが、指揮官の強力な意志によって遂行し、それゆえに成功したということである。

出陣直前に信長の舞った「敦盛《あつもり》」を、私は操縦桿を握りながらくちずさんだ。

「人間五十年、下天の内をくらぶれば、夢幻の如くなり、一度生を得て、滅せぬ者の有るべきか。滅せぬ者の有るべきか」

右の三人の英雄に比べるならば、山本長官は別としても、その他は問題にならないほど小さな存在である。しかし、ハワイ攻撃という作戦自体は、もし実施の段階まで漕《こ》ぎ着けたならば、およそ人類のやった奇襲の中でも、空前の大規模なものになるだろう。

私は作戦を担当する一幕僚にすぎないが、この作戦を研究し、訓練するにあたって、前述のモデル作戦の指揮官の心境に思いをはせざるを得なかった。

奇襲が成功するために必要な要素は何か？　機密の保持、訓練の精到、計画の周密、果敢迅速《じんそく》なる行動等いろいろあるが、最も重要な要素は、敵が予期しないということで

はないだろうか。

図上演習後の進撃航路に関する論議で、私が南雲長官に進言した要旨はおおむね次のようなものであった。

「長官はじめ、航空艦隊司令部の主要幕僚、軍令部の関係幕僚等、およそこの作戦企図を知っているものは、あまりにも投機的であると思ってか、この作戦自体に反対もしくは消極的意見をもっております。

作戦そのものについて既に反対が多いのですが、進撃航路で北方を支持するものは、いよいよ少ないのであります。

私が長官に考えていただきたいのは、そのことであります。どう考えてみても、この作戦は奇襲でなければ成功の算はありません。事前に見つかったならば、全滅あるのみであります。絶対奇襲を条件として考えたときに、私たちは海軍の兵術常識をはずれたことをやらなければなりません。幸いにして、この作戦を知っている人のほとんどが反対であり、北方航路に関してはことにそうであります。これを立場を換えて、アメリカ海軍将校として考えたならばどうでしょうか。似たような教育を受け、似たような兵術常識の持ち主であるアメリカ海軍将校は、日本海軍の艦艇の性能、平素の教育訓練、演習実施の状況等から考えて、まさかハワイを航空母艦で攻撃するとは思っていないでしょう。ことに、北方航路は、彼ら自身が海が荒けるために演習をやらないくらいですか

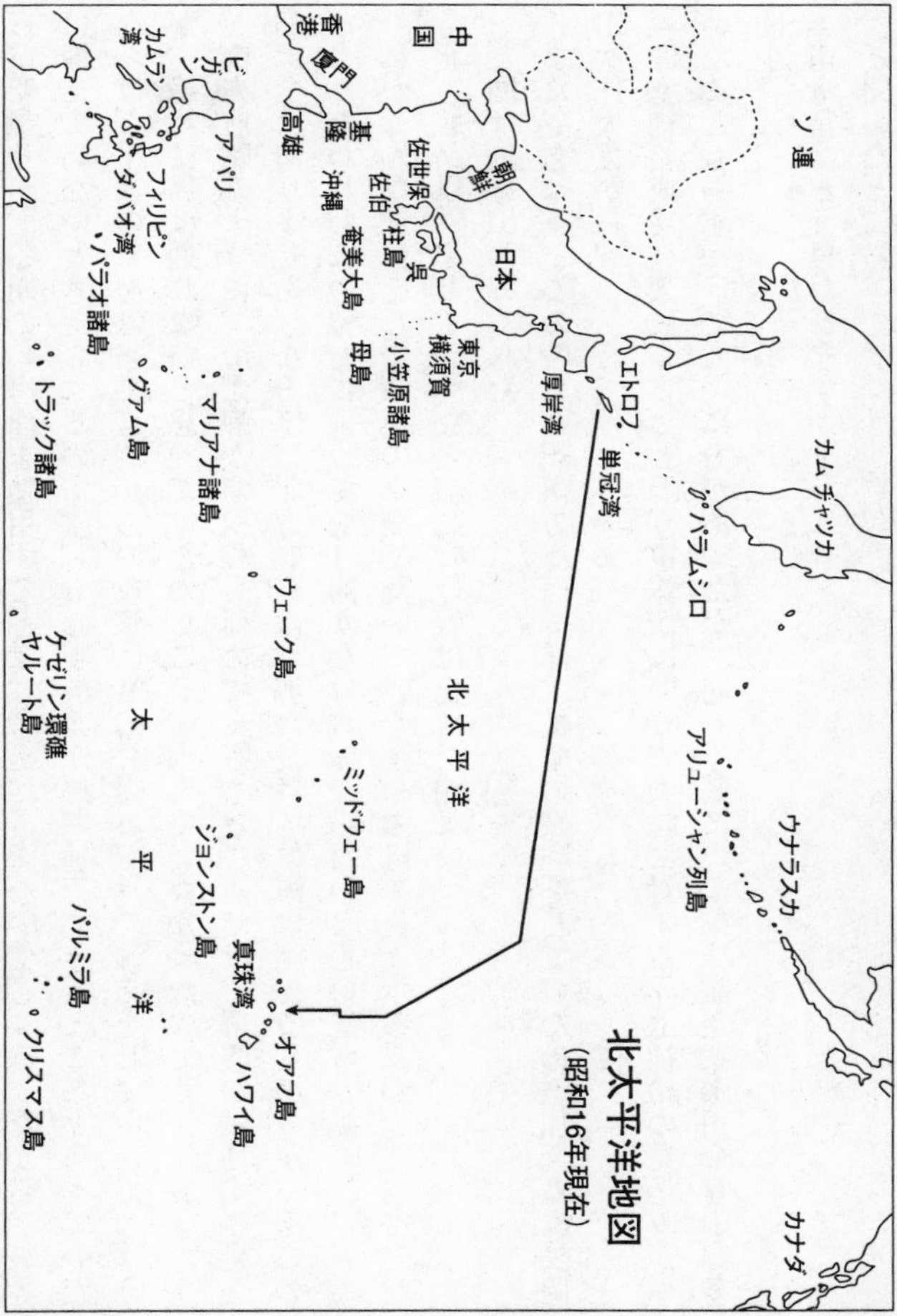
北太平洋地図
(昭和16年現在)
ソ連
カナダ
中国
香港
厦門
高雄
基隆
朝鮮
日本
佐世保
佐伯
沖縄
柱島
呉
奄美大島
東京
横須賀
小笠原諸島
母島
エトロフ
厚岸湾
単冠湾
パラムシロ
カムチャツカ
アリューシャン列島
ウナラスカ
北太平洋
ウェーク島
ミッドウェー島
ジョンストン島
真珠湾
オアフ島
ハワイ島
太平洋
パルミラ島
クリスマス島
ケゼリン環礁
ヤルート島
トラック諸島
グアム島
マリアナ諸島
パラオ諸島
ダバオ湾
フィリピン
アパリ
ビガン
カムラン湾

ら、船乗りが、冬期この海面を使用するとは、考えてもいないでしょう。だから、彼等は備えていないと考えられるのです。もし鵯越えが馬の通行できるところと思っていたならば、平家の軍勢は当然裏側からの攻撃にも応じ得るだけの備えをしていたでしょうが、絶対に馬は通れないと思っていたからこそ、備えていなかったのです。

南方航路のように、海が静かで視程も極めて良好なところでは、奇襲が成功する見込みは全くありません。なるほど北方航路は、海が荒けて航海は困難でしょうが、そこのところをわれわれの努力によって切り開かなければならないと思います」

私がこんな進言をしていたのを側《そば》で聞いていた連合艦隊の佐々木参謀が、

「北方航路以外をとるようなら、この作戦は止《や》めたがよい」

と助け舟を出してくれた。

また、ちょうどこの時、九州南方海面で洋上補給の試験をしていた母艦加賀の艦長岡田次作大佐から、

「洋上補給成功、天候……」という電報がはいり、大艦に対する洋上補給の見込みがついたこともあずかって大いに力があったが、同じく側にいた第二航空戦隊司令官山口多聞少将に、

「司令官はどう思われますか？」

と聞いたところ、

「それは北方航路がよいだろう」

と賛意を表わしてくれた。

さしもの南雲中将もしぶしぶながら、北方航路に腹を決めたのである。

十二月八日、真珠湾攻撃を実施した時に、わが軍は不運にも、アメリカの航空母艦を討ちもらした。情報によれば、ハワイ方面には少なくとも二隻の航空母艦がいたのであるが、攻撃当日には在泊していなかった。

事実、エンタープライズは、オアフ島西方二〇〇カイリ付近にあったし、レキシントンは、ミッドウェーの南東約四二〇カイリ付近にあった。そのほか、約八十機の哨戒艇がオアフとミッドウェーに駐留し、そのうちの若干は、ハワイ列島南方海面の哨戒を実施していたし、また残りは、同海面で訓練飛行をしていたのであるから、もし南方航路を採っていたとすれば、哨戒艇に発見せられ、母艦機の先制攻撃を受けた算が大である。よほどの僥倖《ぎょうこう》が重なったとしても、母艦と母艦の相討ちに終わったであろう。

十一月下旬から十二月上旬にかけての北太平洋航路が、予期に反して静穏であり、加うるに薄い霧が垂れこめて、視程が極めて低かったことは、わが軍に与えられた天佑《てんゆう》であったが、真珠湾に航空母艦が在泊していなかったことは、アメリカにとって神の助けであった。

実際の場合、真珠湾に向かう途中の航路は、おおむね平穏で、補給等にも差し支えはなかったが、それでも、時には海が荒れ、赤城ほどの大艦でも艦が壊れるのではないかと思うようなこともあった。

十二月八日当日のハワイ北方海面は、相当な荒天で、平時ならば当然演習中止になるほどのものであった。私は、その海の荒れぐあいを見て、なるほどアメリカ海軍が冬期は、ハワイ列島の北方海面では演習をしないはずだと思った。

さらにハワイからの帰途、ミッドウェーの北方海面を通過した時の海の荒れ方はまた格別であった。天候は良いのであるが、海面はものすごいばかりで、それこそ文字どおり山のような怒濤が間断なく押し寄せ赤城、加賀のような四万トンを越える大艦でも、縦動《ピッチング》が七度もあった。いわゆる横揺れ《ローリング》は三十度もあったであろうか。赤城の飛行甲板を歩いて渡れないほどの揺れ方で、飛竜などでは乗員で波にさらわれたものも出たほどである。もちろん、飛行機の発着などはできない。天気は良いのであるから、もし敵側で、ミッドウェーなどの陸上基地からわが母艦群に航空攻撃をかけたならば、日本側は、戦闘機を飛ばすことはできないし、対空砲火も艦の動揺が激しいから精度も低いだろうし、全く困ったことになったのである。私は赤城の艦橋で、敵の空襲のこないことを神に祈ったほどである。

往路とか、空襲決行の当日こんな荒海であったならば、作戦を諦《あきら》めて帰るか、敵の嬲《なぶ》り殺しになるところであった。こんな状況になれば、南雲中将の心配したことが的中することになるのであって、どちらが正しかったなどといえるものではない。ただ、北方航路を採ることができなかったならば、ハワイ作戦そのものを中止すべきであったとはいえるであろう。

私が、南雲中将に仕えたのは、第一航空艦隊の参謀勤務が初めてでもあり、最後でもあったのであるが、この人は、幕僚の進言を非常によく容《い》れる人であったと思う。航空育ち以外の指揮官でも、航空専門の幕僚の意見をなかなか容れない人もあった。

南雲中将は、たとえ自分の好みには反することであっても、ひとたび自分が幕僚その他の進言によって、方針決定をしたならば、一切の経緯《いきさつ》を棄《す》ててこれに邁進する性格でもあった。武人としては当然のことであるが、なかなかむずかしいことである。この人の真骨頂は、何といっても水雷戦術である。また日本海軍航空の中で、全世界の海軍航空を、問題にならないほど引き離していたのは雷撃部門であった。後日、ミッドウェー海戦において、わが母艦群は、敵雷撃機数十機の攻撃を受けたのであるが、一本の命中魚雷もなかった。もし、わが雷撃隊が同様の立場にあったとしたならば、ミッドウェーで失った赤城、加賀、蒼竜、飛竜の四隻の母艦は、急降下爆撃機の手を借りるまでもなく、当初の攻撃だけで、海底の藻屑《もくず》となっていたことであろう。

昭和十六年度の母艦航空部隊に課せられた重要な研究項目の一つは、無制限照射中の雷撃であった。当初第一航空戦隊の母艦は加賀一隻であり、赤城は四月十日の第一航空艦隊編成時から第一航空戦隊に編入せられたのであるから、加賀の雷撃隊は、赤城その他の雷撃隊に比べて、数歩先を歩いていた。またこの加賀の艦攻隊（雷撃隊）には、いわゆる躍起者がいた。どんなに困難な目標を与えられても、逃げ口上を張らないで、まっしぐらに嚙みついていく人たちである。

竹内定一大尉、鈴木三守中尉などという命知らずの猛者が、従来の八百長的夜間雷撃から脱け出して、真に実戦において役立つ雷撃法を作り上げるべく毎夜の如く猛訓練に励んだ。宮崎県延岡市にある旭ベンベルグの工場に頼んで、各種の光芒遮蔽《こうぼうしゃへい》ガラスを用意して研究と訓練を進めた。初めは短時間の照射で中止し、光芒の数も二本か三本であったが、回数を重ねるに従い腕前を上げ、年度も後半（四月以降）になると、どんなに多くの照射も、加賀雷撃隊の集団雷撃を阻止することはできないほどに成長した。

その間において、夜間雷撃の推進力であった竹内定一分隊長が、飛行事故のため尊い犠牲となったことは痛ましい限りであったが、後に残った人々は、いささかも士気を沮《そ》喪《そう》することなく、文字通り先輩の屍《しかばね》を乗り越えて前進した。こんな状況の中に、水雷戦術の権威、南雲忠一海軍中将が、第一航空艦隊司令長官として着任したのであるから、その熱の入れ方も尋常ではなかったのである。

第一航空艦隊のうち、第一航空戦隊は長官の直率であるから、第一航空戦隊雷撃隊の訓練目標には、多くの場合、赤城、加賀の二隻が目標になった。

日付けは忘れたが、十六年九月末のある夜、加賀の雷撃隊は、母艦加賀を目標にして夜間雷撃訓練を実施した。飛行機隊の指揮官は、飛行隊長橋口少佐であり、飛行機隊は二十七機の九七式艦上攻撃機をもって編成せられていた。当時、赤城は母港横須賀にあって修理中であったので、第一航空艦隊司令長官は旗艦を変更して加賀に将旗を掲げていた。夕刻有明湾を出港（駆逐艦二隻随伴）、九州東方海面を行動して、夕刻演習を開始した。

薄暮になると、まず鹿児島基地から先遣せられた触接機が二機、視界限度付近に現われ触接を始めた。この夜間触接というのは、海軍航空訓練の中でも最も困難なものの一つである。当初は水上機部隊によって研究訓練が進められたのであるが、このころには艦上機もやっていた。現在のように、計器飛行の器材や技術が発達し、それに性能の良いレーダーがある状況では、こんなことは朝飯前の仕事である。しかし何分《なにぶん》にも三十年以上も前のことで、計器も不完全であったし、計器操縦も未熟であった。夜間視程の不良なとき、あるいは、雨でも降って水平線を把握することもできない状態で、高速で不規則な行動をする水上艦艇を、ガッチリとつかんで離さないことは、容易なものではなかった。下手をすれば、自分の機位を失するにとどまらず、操縦を誤ることもあるのである。海軍は、この重要だが極めて困難な仕事のために、ずいぶんと貴重な犠牲を払ったのである。

夜間触接機は、薄暮の視程が落ちるにつれて目標との距離を縮め、最後には、目標の艦艇がつくる艦首波と艦尾波を主たるたよりにするのである。幸いにして、これらの波は、夜光虫によってギラギラ光るから都合がよかったようだ。加賀の雷撃隊が放った触接機二機は、型通り、加賀に触接し、その行動を逐一本隊に報告していた。実戦の場合、これらの報告電報は、通信情報班がしっかりしていないと、取り逃したり、取りこぼしたりするのであるが、この場合は、同じ日本海軍でもあり、また、航空保安の見地からも、一切を旗艦で傍受していたのである。

既に鹿児島基地を出発した雷撃隊の指揮官は、触接機の敵情報告に基づいて攻撃の胸算を樹て、照明隊を分離先行せしめた。触接機は照明隊が近接するのを知ると、目標の位置を明確に照明隊に知らせるために、加賀の真上まで突入して吊光灯弾を投下し始めた。このころになると戦機ようやく熟し、目標の方でも、大角度の変針や、速力の増減によって、触接機を振り離そうとするのが常であり、この夜の加賀は、南雲長官の指示によってやった。こんな場面になると、水雷術の権威たる南雲長官の独壇場である。演習に限らず、実戦でも南雲長官自ら回避運動の指令を出していたのである。艦からは見えないが、照明隊は、触接機の投下した吊光灯弾によって、加賀の位置を知り、攻撃隊と反対側に占位しつつあるようだ。

目標をつかんで攻撃隊指揮官は、吊光灯弾によって、目標の位置、針路、速力を知り、攻撃に便利なように飛行機を誘導しているようだが、もちろん艦から機影は見えない。飛行機からも艦影は見えないし、見えるものは、時々落とされる吊光灯弾だけである。

「突撃準備隊形執れ」（トツレ連送）

の電報がはいった。攻撃隊指揮官が発したものだ。この命令は、目標からの距離が、一万メートルないし二万メートルに達すると発するものであって、雷撃隊の各機は、今までの密集隊形から疎開隊形に移り、次の命令を待ち構えるのである。目標は未だ見えないが、触接隊の発する長波と時々投下せられる吊光灯弾をたよりに、しだいに高度を下げ近接行動を続ける。艦の方では、見張り員が目を皿のようにして望遠鏡をあてがい、雷撃隊の方向を探り出そうと一生懸命のところだ。

「全軍突撃せよ」（ト連送）

雷撃隊指揮官の突撃命令である。触接機からは、機を逸せず、目標の針路、速力、隊形等が報告され、雷撃隊は、それに応じて接敵針路の修正を続ける。

突撃の下令から間もなく、目標隊の一側に天から降った花火の群れのような照明弾が、一列になって中空に輝き出した。照明隊が目標を捕捉し、指揮官の命を受けて照明を始めたのである。攻撃隊からみれば、照明弾の手前に加賀の巨体と二隻の駆逐艦が、魔物のように浮かび上がっていたはずである。

「左四〇度、飛行機、向かって来る」

見張り員の報告である。

「艦長!!　取舵《とりかじ》!!」

南雲長官の声だ。

「取舵一杯《いっぱい》!!」

艦は右舷に傾きながら左に急旋回する。

「右二〇度、飛行機二機」

「戻せ!!　宜候《ヨーソロ》」

「面舵《おもかじ》!!　一杯!!」

こんな調子で、艦は真黒な海面に、白い泡《あわ》をたてながら右に左に回避運動を続ける。重要なポイントは、すべて長官自ら指令を下し、艦長はその指示通り艦を動かす。参謀長以下各幕僚は、長官の指令を感心しながらみているだけであった。

最前から数十条の探照灯は、攻撃隊を真正面から照射しているが、飛行機隊は、そんなことはものともせず、獲物に飛びかかるタカのように肉薄して来る。光芒の中に浮かび出た機影に向かって、両舷の対空砲火は火を吹いているのだが、演習だから実弾は飛ばない。

「右前方、飛行機魚雷発射」

「左後方、魚雷発射」

見張り員の報告は、落ち着いた声であるが、明瞭でキビキビしたものである。これは、実戦においてもそうであって、私が乗った航空母艦の見張り員は、どんな敵の大群を発見したときでも、平素とちっとも変わらない声と調子で報告したものだ。

「右四〇度‼　雷跡‼」

「左後方雷跡‼　近い‼」

「面舵一杯‼　急げ‼」

夜間雷撃の場合は、魚雷の頭部に電灯がついているので、魚雷が艦底を通過する際、命中かはずれるかは、確実に区別できるのである。

この夜の演習においては、十五、六本の魚雷が、加賀の巨体を縫うようにして、右から左に、左から右に、艦底を通過した。演習ではあるが、加賀の完敗であった。

「飛行機もなかなかやるな」

満足そうな南雲長官の声が、三十年以上たった今日でも、未だに私の耳の底に焼き付いている。加賀の雷撃隊は、真珠湾攻撃で偉功をたてたのであるが、十六年度後半においては、昼間は九〇パーセントから一〇〇パーセント、夜間はおおむね七五パーセント程度の命中率を、むらなく保持することができた。

第一、第二航空戦隊の他の母艦の雷撃隊は、加賀ほどではなかったが、これらも、相当な腕をもっていたことは自信をもっていえる。少なくとも日本海軍においては、他の追随を許さないものであった。日本海軍で最優秀であるということは、世界第一ということでもあるのである。

雷撃隊の実力がこんなに上がったのは、各艦の飛行機隊指揮官やその部下に人を得ていたことにもよるが、水雷戦術の権威であった南雲中将が、第一航空艦隊の長官であったことも見逃すことのできない要素である。

翌十七年六月五日、ミッドウェー海戦にあたって、最初に機動部隊を攻撃してきたのは、敵の双発雷撃機六機であったが、これは旗艦赤城に攻撃を集中した。この時も、魚雷回避運動は南雲長官自ら指揮し、一本の命中魚雷もなかった。中の一本は、赤城の左舷側すれすれのところを通過したが、長官の指揮宜しきを得て、赤城は難を免れたのである。(もっとも、そのあとで、敵の急降下爆撃にやられたのだが……)

要するに、水雷戦術ともなれば、さすが永年にわたって鍛えあげただけあって、南雲中将の指揮振りは見事なものであった。もし、南雲中将が、数年前からでも航空部隊の指揮をとっており、航空戦術に通じていたならば、真珠湾作戦に臨む態度も違っていたであろう。

真珠湾作戦が、当初予期したものよりはるかに大きな成果をあげたればこそ、やれ、なぜ第二次攻撃をやらなかったかとか、南雲中将が消極的であったとかのぜいたくな批判も出たが、もし、結果が実際と逆であったならば、南雲中将の慎重論が買われ、山本大将の勇断は大きな批判を受けることになったであろう。「勝てば官軍、負ければ賊軍」とはこのことである。

筆者が南雲中将と同じ部隊で勤務したのは、第一航空艦隊が編成せられた昭和十六年四月十日から翌十七年十月の南太平洋海戦直前までであって、中将の全貌について語る資格はない。がしかし、永年の潮風で鍛え上げられた提督であり、精悍《せいかん》な風貌をもった武人であった。その反面に、極めて情愛がこまかく、部下に対する思いやりの深いものがあった。

昭和十六年十一月十七日佐伯湾を出港する前の二、三か月は、真珠湾作戦の準備や計画のために、私は全く目の回るような忙しさであった。朝、有明湾在泊中の母艦を出て九州南部の基地に行き、飛行機を駆って横須賀に飛び、その日、東京や横須賀において行なわれる会議に出席するが、夕刻にはもう母艦に帰っているというようなことがしばしばであった。この忙しい最中、南雲長官は別に労をねぎらうような言葉を吐いたことはなかった。

十一月十七日、山本連合艦隊司令長官の歴史的な訓示を旗艦赤城の飛行甲板で受けた後、機動部隊の各艦は夜闇にまぎれて、ばらばらに佐伯湾を出て、エトロフ島の単冠湾《ヒトカップ》に向かった。その夜、当直幕僚として艦橋に立っていた私に対して、「航空参謀、ずいぶん疲れたであろう。ご苦労であった。私が艦橋にいるから君は下に行って休み給え」

「ハアー、しかし大丈夫です……」

私は、南雲長官のこの言葉で、それまで数か月の間、夜の目も寝ずに働いた苦労がいっぺんに吹き飛んだような気がした。

ミッドウェー海戦の前半は、日本側の圧倒的勝利であった。同島の攻撃に向かった空中攻撃隊は、地上に敵機がいなかったために、基地施設を攻撃するにとどまったが、これに随伴した戦闘機隊は、空中にある敵戦闘機の大部を撃墜してしまった。

わが攻撃を回避して、いち早く飛び立ち、機動部隊の攻撃にやってきた敵の雷撃隊は、何らの戦果も得ることなくして、ほとんどが撃墜せられ、数多くやってきた水平爆撃隊や急降下爆撃隊は、一発の命中弾も得ることができなかった。

敵母艦からの雷撃隊も、ただ全滅するためにやってきたようなものである。

「激戦ではあるが、勝利はこちらのものだ」

という感じは、あながち私だけではなく、すべての人の心の中に潜んでいたことと思う。

運命のミッドウェー海戦！　その勝敗を決したものは、戦闘の末期に来襲した敵の急降下爆撃隊であった。それも当方の爆撃隊に比べて、決して優れた腕を持ったものではなかった。ただ、わが方がミッドウェー攻撃隊を収容し、二次攻撃の準備をしている最中にやってきたことが、わが方の致命傷になったわけである。

敵の母艦が発見せられた時に、ミッドウェー攻撃隊の収容を中止し、たとえ陸上攻撃の装備をしていたとしても、控置してあった爆撃隊をすぐさま発進せしめていたならば、少なくとも互角の勝負はできたであろう。いろいろ理屈はつけられるが、要するに担当参謀であった私の補佐が足りなかったのである。

群がるカラスのようにやって来た敵の艦上雷撃機隊のほとんどをやっつけた直後に、急降下爆撃隊が現われた。味方の戦闘機隊は、雷撃機邀撃のために全部低空に降りていたし、上空に断雲もあって対空砲火も効果的でなかったせいもあるが、ともかくもこれにやられたのである。いくさは最後の五分間に決するというが、まことにそのとおりである。九十九勝しても、最後の一戦に負ければそれでいい、いくさは負けになるのである。

最初に加賀がやられた。初弾ははずれたが、二弾目か三弾目が艦橋の前方に命中して、ものすごい白煙があがった。つづいて一～二発の命中弾があった。

「しまった！」

と思っているとき、上の見張りから、

「本艦上空敵機、突っ込んでくる!!」

という報告があった。耳をつんざくばかりの銃砲声とともに、敵の第一弾は艦橋左舷すれすれの海中に落ちた。弾着と炸裂《さくれつ》のために、一〇〇メートル近くも上がった黒い水柱に洗われて、私たち艦橋にいた者は、左半身を黒い泥水でなぐりつけられたように感じた。南雲長官以下顔を見合わせて思わず「ホーッ」という声を放ち、苦笑いしたものだ。

それからがいけなかった。二弾目か三弾目が中部に、続いて後部にと、三発ばかりの命中弾を食らったのである。戦艦なら、このくらいのことは何でもないのであるが、母艦はそうはいかない。おまけにこの時は、第二次攻撃に備えた飛行機が、燃料、爆弾、魚雷を満載し、格納庫にいっぱいつまっていたのであるからたまらない。猛烈な火災と共に、爆弾魚雷の誘爆が始まった。「ボーン」「ボーン」というにぶい爆発音が間断なく聞こえてくる。

そのうちに、艦橋下の舵手《だしゅ》が、

「舵故障」

と報告すると、航海長三浦義四郎中佐が、

「ああ！　ダメだ」

と腕組みしてしまった。

操舵装置がやられては、もう戦闘行動も戦闘指導もできない。

幕僚間で旗艦変更の話が行なわれ、草鹿参謀長が長官に、

「旗艦を長良《ながら》に変更いたしましょう」

と進言したところ、長官は、

「私は残ります」

とハッキリ意思表示をした。そうして口にこそ出さなかったが、

「お前たち、行きたいなら勝手に行け」

といわんばかりの態度であった。だが、まだ飛竜が残っている。在空する各艦の飛行機を飛竜に集中すれば、まだ一合戦も二合戦もできるであろう。

参謀長や幕僚たちが、

「長官、飛竜が残っています。飛竜で戦えます。旗艦を長良に移してください」

と懇願し、ようやくのことで南雲長官は意を決したのである。

よく南雲中将が、真珠湾攻撃に消極的であったことをもって、その勇気を云々するものがいるが、事実は決してそうではない。この赤城被爆に見るごとく、南雲長官は自分の一身など何とも思っていなかったのである。

余りにも大きな責任、しかもそれは四十年にも及ぶ海軍生活の中で、未だかつてやったことのない航空部隊を率いての作戦である。その作戦はまた、人類史上類例のない大遠征作戦であり、祖国の興亡をその双肩に担っての、いちかばちかの大奇襲作戦である。責任感が強ければ強いほど慎重になるのは当然のことであって、南雲中将の責任感の強さとその純心さが、第三者から見た場合に躊躇逡巡《ちゅうちょしゅんじゅん》と受け取られたのであろう。

もし、南雲中将の勇気を云々するならば、「この作戦は、自分の経歴と自信を越えたものです。国の運命をかけた大事な作戦ですから、だれか他の適任者を登用していただきたい」

と意見具申する勇気に欠けていたというべきであろう。しかし海軍の伝統精神は、「命令とあらば、自信の有無を問わず、全力を挙げてその遂行に邁進《まいしん》する」というのであるから、これも余り責むべきではない。

この点は、山本長官も同じである。山本長官は人も知るごとく、最も強硬な戦争反対論者であった。しかし、国家は長官の意志に反して戦争に踏み切った。この時において、皮肉にも第一線部隊の最高指揮官の職にあった山本大将は、戦争反対の気配などおくびにも出さなかったのみならず、それこそ最も積極的な攻撃戦略を展開していたのである。山本長官の心境は、献策が容れられないままに従容として、湊川の決戦に赴いた大楠公のそれに通ずるものがあったであろう。

憂国の名将、山本五十六元帥

艦隊決戦に先んじる航空決戦を予想

真珠湾攻撃といえば、必ず山本五十六元帥が頭に浮かぶが、山本元帥といえば、必ず真珠湾攻撃が頭に浮かぶとは限らない。それほど元帥は偉大な存在であった。もし、山本元帥が連合艦隊司令長官でなく、軍令部総長とか海軍大臣、あるいは、もっと有効なところで総理大臣であったならば、日本は戦争にはいらなくてすんだかもしれないのである。

元帥が最も強硬な戦争反対論者であったことは、今はだれ知らぬものもないくらいに有名だ。その元帥が、ひとたび、海軍作戦部隊の最高指揮官として対米作戦の指揮に当たるや、もろもろの対米強硬論者など、とうてい足もとにも及ばないほどの積極作戦を主張し、これを実行に移したのであるから、ちょっと普通の尺度をもってしては測ることのできない性格を持った人であった。

私は山本元帥の幕僚として勤務したことはない。したがって、その個人的な面について語る資格はない。ただ、私が信頼する先輩や友人には、元帥の知遇を受けた人が少なくない。これらの人から聞いた話、および私が元帥の部下として勤務して、直接元帥の話なり、やったりしたこと、こういう最も確実で脚色のないことについてのみ、私の見た山本元帥を記したいと思う。元帥については、多くの著書が出ているが、中には、必ずしも信頼のおけない記述もあるようだ。

兵術家としての山本五十六

昭和九年の艦隊は、末次大将が連合艦隊司令長官であり、山本五十六少将は、その下の部将で、第一航空戦隊司令官であった。第一航空戦隊は、赤城、竜驤の母艦二隻、それに駆逐艦四隻が付属していた。

私は当時、竜驤の戦闘機分隊長で、九〇式艦上戦闘機の一個分隊をおあずかりしていた。また私が、山本五十六提督の部下として勤務したのも、これが初めてであった。

だいたい海軍では事前の研究、事後の研究が極めて熱心に行なわれていたのであって、ちょっと大きな演習の前には、必ずといって良いほど図上演習が行なわれ、その図上演

山本五十六

習についての研究会が行なわれる。図演の成果を考慮に入れて、実動部隊をもってする演習が行なわれる。

演習が一段落すると、有明湾とか宿毛湾などの作業地（根拠地の一種）に入泊するのであるが、その間の時間はわずか数時間である。一回の出動は三、四日から一週間くらいであるが、燃料の窮屈なこともあって、出動期間中は、夜といわず昼といわず演習の連続であった。一つの演習が終わって次の演習の配備につくまで若干の時間があるが、これを遊ばせておくようなことは絶対になかった。そんな場合には、戦隊内の訓練が行なわれ、出港から入港までは作業の連続であった。入港すると間もなく、演習の研究会が行なわれる。その研究会の資料として、各艦は合戦図や襲撃行動図を提出しなければならない。これは投錨《とうびょう》後直ちに旗艦に届けるのであって、担当者などは全く目の回る忙しさであった。

研究会は、特別の制限がない限り、将校はだれでも参加できたし、だれでも発言できたのである。われわれは少尉のピイピイであった時代から、先輩によって、研究会に出席するように勧められたものだ。

こんなぐあいであったから航空部隊においても研究会が盛んであり、昭和九年度艦隊の第一航空戦隊ももちろん例外ではない。よく旗艦赤城の士官室や前甲板で、研究会が行なわれた。

この研究会の席上で、意見が対立して収拾が困難な場合に、よく山本司令官が最後に立ち上がって、明快な判断を下したものだ。私は前々から山本五十六という人は、なかなかの人物であるとは聞いていたが、本物にお目にかかったのは、この時が最初である。

その中の二、三を拾って見よう。

昭和九年の連合艦隊司令長官の下した年度教育方針の中に、

「今後、事故によって飛行機を破損したものは、厳罰に処する方針である」

というのがあった。

飛行機は、重力に逆らって空中を飛んでいるのであるから、事故が多いのは自然の勢いである。だれも進んでけがしたり死にたいと思うものはいないのだから、事故の中には、過失とはいえ、大目に見なければならないものがある。

「航空事故の調査と事故責任の追求とは、ハッキリ区別しなければならない」とは、航空事故調査の鉄則である。事故調査でいちいち責任を追求していたのでは、関係各方面に対する思惑が重なって、事故の真相は決して明らかにならないだろう。事故原因も突き止めることができなければ、同じような事故の再発を防止することはできないのである。

右のような事情があるので、連合艦隊司令長官の「事故に対しては厳罰をもって臨む」という方針に対しては、母艦搭乗員の中に、異論を持つものが少なくなかった。ちょっとした過失や、機材の故障で飛行機を破損した場合、いちいち処罰されるのでは、だれも前向きの姿勢で飛ぶものはいなくなるであろう。

ところが、この方針は、ほかならぬ連合艦隊司令長官末次大将の下したものである。内心、不服には思っていても、だれも口に出していうものがいなかった。その時に、たしか赤城飛行隊長三和義勇少佐であったと思うが、立ち上がって、

「連合艦隊長官の飛行事故に対する方針には、納得しかねるものがある」

という意味の所見を述べた。

山本少将は、普通、議論が出尽くしたあとで決断を下すのが例であったが、このときは、三和少佐の発言に直ちに応じて次のように述べた。

「この訓示は長官自身の発意か、参謀長（豊田副武少将）がいったのか、あるいは、そこにいる加来参謀（後の飛竜艦長、ミッドウェー海戦で艦と運命を共にす）が書いたのか、その出所は知らないが、およそ犠牲の上にも犠牲を重ねて前進しつつある航空界において、飛行機を壊したものは厳罰に処するなどという考え方で、航空部隊の進歩など期待できるはずがない。私はこの方針には不賛成であり、こんな考え方をするものは罷《や》めてしまえといいたい。ただ、断わっておくが、軍紀違反による事故に対しては、処置はおのずから別である」

山本司令官のこの発言の裏には「第一航空戦隊に関する限りは、事故厳罰の方針は採らないから、みんな安心して訓練に邁進せよ。連合艦隊司令長官に対する責任は自分がとる」という含みがあった。

私は「ずいぶん思い切ったことをいう司令官」だとは思ったが、同時にわれわれは安心して、思い切った訓練ができると感じた次第である。

この時の研究会は、赤城の士官室で行なわれ、問題になった項目が数件あった。その第二の問題は、敵の母艦に対する先制攻撃のやり方である。当時の攻撃手段は、第一、水平爆撃、第二、雷撃、第三、急降下爆撃である。水平爆撃は、精度に難点があった。当時は制空権なきところに戦勝なし、制空権獲得の最良の方法は、敵の母艦の先制攻撃であるという思想が定着していたのであるから、敵の母艦を発見し、これに攻撃を加える場合は、絶対にやりそこないがあってはならなかった。やりそこなうならば、こちらが母艦に帰って爆弾を積み、再び攻撃に向かうまでには、敵は必ず攻撃してくるだろう。こちらは往復しなければならないのに、敵は片道ですむのであるから、この場合、敵の方がはるかに有利となるのである。したがって命中率一〇パーセント以下の水平爆撃は、先制攻撃の方法としては不適であった。

次は雷撃である。これは命中率においても、また打撃力においても不足はなかった。敵の対空砲火に対する弱味はあるが、これは、命中率と打撃力の大きさで帳消しにすることも可能である。当時使用していた一三式艦上攻撃機とか、八九式艦上攻撃機では、雷装の場合、攻撃半径は一五〇カイリ足らずであって、どうにも作戦上の要求を満足させるわけにはいかなかった。

そこで、そのころ日本海軍でも実験研究に取りかかっていた急降下爆撃が、敵空母の先制攻撃には最適であるというのが、当時海軍航空界の定説であった。これは、爆弾こそ二五〇キロで艦上攻撃機の約半分に過ぎないが、母艦の飛行甲板を打ち壊すには、これで十分であるし、命中率も三〇〜四〇パーセントを予期し得る上に、少なくとも二〇〇カイリ以上の攻撃半径を期待し得る見込みがあった。

この急降下爆撃は、運動が激しいので、敵の防御砲火や戦闘機に対しては、水平爆撃よりも強靱《きょうじん》性を持っていると考えられていたのであるが、その後、日中戦争において、地上砲火に対しては、案外もろいことがわかった。しかし、短期一発勝負の海上戦闘では、様相はすっかり違ってくる。太平洋戦争で日米の母艦がやられたのは、急降下爆撃と雷撃であり、わが国にとって最も痛かったミッドウェー戦では、四隻の母艦すべて急降下爆撃で、戦闘行動不能に陥ったのである。敵空母攻撃の場合、最も必要なことは、若干打撃力は小さくても、確実に命中弾を浴びせて飛行甲板を破壊し、先ず敵飛行機の発着を不能にすることである。飛行機の発着できない航空母艦など、全くのでくのぼうで、あとから、雷撃なり砲撃なりで、ゆっくりと片付ければよいのである。

母艦の先制攻撃に急降下爆撃機を主用することについては、ほとんど異存はなかった(若干の反対はあった。南京爆撃で戦死した新田慎一少佐のごときは、水平爆撃論者であった)が、それならば日米共に急降下爆撃を主用する場合、どうしてわが方だけが先制攻撃の利をせしめることができるのかという疑問が起こってくるのである。

当時、日米共に急降下爆撃機としては、二座機を考えていた。同じ二座機で、わが方は二五〇キロ爆弾、向こうさんは五〇〇ポンド(二二五キロ)爆弾とすれば、飛行機の設計、製作能力が同等であるとしても、航続力において彼の上に出ることはできない。いわんや当時アメリカの方が、航空先進国であったにおいてをやだ。

そこで私たちが考えたのは、単座急降下爆撃機だ。単座ならば、乗員一人分の体重、装備品、座席回り等に費やす重量を燃料に換えることができる。それだけ、長い航続力を持ち得るというものだ。

実はこの着想は私の発案ではない。その前年、私は横須賀航空隊の戦闘機分隊にいて、戦闘機による急降下爆撃の研究をしていた。わが海軍の急降下爆撃のそもそもの元祖は、この横須賀航空隊の戦闘機分隊なのだ。横須賀航空隊の戦闘機分隊には、海軍戦闘機パイロットの中でも練達の士がそろっていたのであるが、そのなかに間瀬平一郎という勇士がいた。彼は後に、日中戦争の当初、広徳飛行場に単機で敵前着陸をしたり、その他数々の偉勲を樹てたのであるが、杭州湾上陸作戦に際し悪天候をついて偵察におもむいたまま帰ってこなかった。

その間瀬兵曹長が、急降下爆撃の研究演練をしているときに、私に語った着想が、この単座急降下爆撃機であった。

研究会の席上で、私は次のように主張した。

「制空権の帰趨《きすう》が、戦闘の勝敗を決定することが明らかなのであるから、是が非でも制空権を獲得しなければならない。わが海軍では戦闘機隊は主として艦隊の上空警戒に使われているが、もっと攻勢的な用法をなすべきだと考えます。そのためには、戦闘機隊、攻撃機隊の各半数を単座急降下爆撃機とし、敵空母の先制攻撃に当てるべきであります。単座ならば、座席の少ないだけ燃料が余計に搭載できるから、それだけ攻撃距離が延伸できます。もちろん、この飛行機は敵空母の先制攻撃が主任務なのでありますが、爆弾を投下したあとは、若干性能は劣るかもしれないが、単座なるがゆえに、戦闘機として流用し得るのであります。また単座である関係上、航法上の不安がありますが、それには二座の嚮導機《きょうどう》をつければよいし、たとえ嚮導機がなくても、捜索列を展張すれば、ある程度の航法は可能であります」

この私の主張に対しては、だれも賛成するものがいなかった。攻撃隊の人たちは、

「攻撃のことは、オレたちにまかせておけ」

という気持ちであったろうし、戦闘機隊のものは、自分たちの職分をはずれたことだ

と思っていたようだ。

だが、山本司令官の考え方は違っていた。

「源田大尉の意見について、自分はこう考える。だいたい、飛行機を防御に使うという考え方が誤っている。したがって、単座急降下爆撃機という思想は当然とも考えられる。がしかし、統帥の上から考えるならば、海軍の中央当局は、やはり二座を採用するであろう。旅順口の閉塞《へいそく》計画に、東郷長官が最後の承認を与えられたのは、やはり閉塞隊員の収容方法に、ある程度の目途がついた時であった」

山本少将の腹の中には、飛行機の用法について、他の人々が考え及ばない積極性があったのであるが、これは後に、真珠湾攻撃の企図を知らされるまでわからなかった。

この時の研究会で、最も激しい議論が交わされたのは、艦隊決戦に当たり、雷撃隊と水雷戦隊が協同すべきか否かの問題であった。当時は、まだ戦艦無用論は台頭せず、海軍の主兵は戦艦であり、海上戦闘の勝敗はこの戦艦部隊間の決戦で定まるという思想が一般であった。したがって両軍艦隊の決戦に際しては、友軍主力部隊の砲戦に策応して、各部隊が協力するというのが定則である。すなわち、水雷戦隊は、主力艦の砲戦の最盛期をねらって敵主力に殺到して魚雷攻撃を行ない、巡洋艦戦隊は水雷戦隊を援護推進すると共に、機を見て自らも魚雷攻撃を行なうのを建て前とした。潜水艦部隊はあらかじめ敵主力の前程に散開して味方主力の戦闘に策応するほか、敵の反転等を阻止する如く使用せられた。航空部隊も例外ではない。雷撃機も爆撃機もすべて、この決戦の機に投じて敵主力を攻撃しなければならない。戦闘機は普通母艦の上空直衛や攻撃隊の援護推進に使用せられていたが、この時期には、全力をもって、友軍の弾着観測機を援護し、敵の弾着観測機を掃蕩《そうとう》するという任務を与えられていた。要するに各補助部隊は、自分たちを犠牲にして主力たる戦艦部隊の戦闘が有利に運ぶように努めなければならない。いかにも戦艦部隊が特権階級で横暴なような感じを受けるが、戦艦を海上戦の主力として見る限り兵術的に当然そうあるべきである。

この一連の各部隊任務の中に、水雷戦隊と雷撃隊の協同攻撃という問題があるのである。艦隊の決戦は、両軍共に戦艦部隊を中心にして、その前後に巡洋艦戦隊、水雷戦隊を配した縦陣列で相対し、その長さは蜿蜒《えんえん》数十カイリに及ぶものである。したがって軽快部隊といえども敵陣列の裏側（非戦側）に回り込むことはできない。この艦隊決戦を空中から眺めると、数百の白蛇が各々「ボス」の統制下に全力闘争を展開しているようである。高速で走る各艦の真白い航跡は数百メートルの長さにおよび、舵を取るたびごとにうねうねと曲がりくねって空から見れば白蛇さながらである。私たちのような戦艦無用論者でも、大艦隊の白昼決戦は全く壮絶そのものに思われた。ともかく、この決戦で、水雷戦隊の駆逐艦数十隻が、敵の補助部隊の妨害を排除して、敵戦艦群に肉薄し、必中を期した魚雷数百本を発射したとしても、もし、敵戦艦群が反対側（非戦側）に回避したならば、これ等の魚雷の大部分が無効に帰してしまうおそれが多分にあった。これを確実に阻止し得るものは空中雷撃隊以外にない。雷撃隊があらかじめ戦場上空に待機して、水雷戦隊の突撃時を見はからって非戦側から敵の戦艦群に攻撃を加えるならば、敵の戦艦群の行動を掣肘《せいちゅう》し、水雷戦隊の魚雷攻撃を有効ならしむるに至大の効果があるというものである。

このため、水上部隊側は空中雷撃隊は水雷戦隊と策応して突撃すべきだと主張したし、航空部隊の一部もこれに賛意を表した。しかし、航空部隊、ことに雷撃の担当者たちは、

「航空機は航続力に大きな制限があるから、いつまでも空中待機をして水雷戦隊に策応するよう攻撃時機を遷延するのは適当でない。敵の戦闘機によって元も子もなくすることも考えられるし、また、雷撃隊は水雷部隊との協同でなくとも単独で十分効果ある攻撃をすることが可能なのだから機を失せず攻撃を敢行し、余裕があれば更に第二次第三次の攻撃を行なうべきだ」

と主張した。

「水雷戦隊の魚雷は航空魚雷に比し、炸薬《さくやく》がはるかに大であり、命中時の効果に大きな差があるのであるから、やはり水雷戦隊を主体と考えるべきだ」

という反論も出た。

甲論乙駁《ばく》、いつ果てるともなかったが、最後に司令官山本少将が立って、

「雷撃隊と水雷戦隊が協同攻撃すべきか否かは、二次的な問題である。この両者が協同攻撃できるような状況になれば、戦闘はすでに勝ちいくさの段階であって、どちらにしても大した問題ではない。真の勝敗を争う機はその以前にある」

と結論した。

まことに明快極まる所信の披瀝《ひれき》であった。研究会参加者の何人も触れず、しかも何人がいったことよりもはるかに重要で、問題の根本を突く性質のものであった。山本元帥は、いろいろな会議等において、簡明なる表現をもって自分の所信を述べたが、常に他の人々のだれよりも高い次元から物事を把握し、明快適切な方針を示した。まれに見る名将であったから、それも可能であったのであろうが、最高指揮官が常に最高の見識を維持することは、理屈からいえば、そうあるべきであるが、実際に行なうことは容易なことではない。山本司令官は、この時、胸中において、艦隊決戦に先んじて行なわるべき航空決戦のことを考えていたのである。

昭和十六年九月中旬の海軍大学校における図上演習が終わって間もなく、正確にいえば九月二十四日のことである。海軍軍令部の第一課（作戦課）の奥にある作戦室には、軍令部一課、連合艦隊司令部、第一航空艦隊司令部の主な幕僚が参集していた。作戦室の大きなテーブルを囲んで、軍令部側から福留第一部長、富岡第一課長、その他第一課部員、連合艦隊司令部からは宇垣参謀長、黒島、佐々木両参謀、第一航空艦隊司令部からは草鹿参謀長、大石参謀および航空参謀たる筆者が出席した。

この会議は、福留第一部長の司会で進められたのであるが、議題はハワイ作戦を実施すべきか否かについての検討であった。まず実施部隊たる第一航空艦隊の意見を求められたのであるが、その意見は次のようなものであった。

草鹿参謀長が、

「奇襲を行なうことができるかどうかが成否のカギであるが、日米間の国際緊張が激化している現状においては、戦略的奇襲はむずかしい。戦術的な奇襲のほかに道はない。それよりも南方作戦の兵力が足りないので、この方面に母艦兵力を転用するを有利と考える」

とおおむね否定的な意見を開陳した。

次いで大石参謀は、

「敵機の哨戒圏が四〇〇カイリ以上にもなれば、奇襲は極めて困難となる。また風速一一メートル以上ともなれば、駆逐艦に対しても補給が困難となる。まして戦艦や母艦への補給はなおさらのことである」

と述べたのであるが、敵基地大型機の哨戒が四〇〇カイリ以下などと予想するのは、甘すぎる判断であり、また北方航路をとる場合、風速一一メートルは当然予期すべきものであるので、これは間接的に否定的意見を述べたものであり、もしやるとすれば、南方航路によるべしという含みのものであった。

ここで、列席者の間に、航路選定に関する議論が若干交わされたが、連合艦隊の佐々木航空参謀が次のような発言をして航路問題は終わった。

「南方航路をとらねばならぬようなら本作戦はやめたがよい。奇襲の能否を論じていたなら切りがない。断行すべきである」

これが終わって、筆者の意見を求められた。

「私は、本作戦は何としても実行すべきであると思います。しかし、敵が待ち伏せしていたならば、成功の算はほとんどないのであるから、中央当局においては、奇襲ができるような各種の手段を講じていただきたい。第一航空艦隊飛行機隊の術力に関しては、敵がラハイナ泊地にある場合は、その戦艦、空母の大部、真珠湾内にある場合でも、戦艦、空母あわせて五～六隻に致命傷を与え得る確信を持っている。なお、母艦が内地を出発して、進撃途上にある場合、内地にある飛行機隊を使って、母艦飛行機隊が内海西部付近で訓練中であるかのごとき、カムフラージュをする必要がある」

この私の意見に対して、福留第一部長は、

「すでに時機が遅れているので、戦略的奇襲はできない。ドイツ軍のやったようなことは、もうやることはできない。戦術的奇襲以外にはないと思う」

と所見を述べた。

軍令部側では神第一課首席部員が、若干積極性のある意見を述べただけで、他は否定的な意見ないしは、態度保留的なものであった。

要するに会議全般を通じて流れるものは、明らかにハワイ作戦を否定する空気が支配的であったことは争えない。

最後に福留第一部長が、

「中央としては、諸般の関係上、できるだけ早く開戦することとしたい。十一月二十日ごろを考えている。ハワイ作戦をやるかやらないかは中央で決める」

という発言があって、会議の幕を閉じた。一同が席を立ち上がるときに、ぶぜんたる表情で連合艦隊首席参謀黒島亀人大佐がつぶやいた。

「軍議は戦わずですよ」と。

この会議が終わって、約一週間後、私が連合艦隊の佐々木参謀に会ったときに、彼は山本長官の会議に対する反応を次のように話していた。

「だいたい、お前たちは、ハワイ攻撃をやらないで、南方作戦ができると思っているのか。だれが会議などやってくれと頼んだのだ？　いくさは自分がやる。会議などやってもらわなくてよろしい」

山本長官は、こんな会議に対して大変不満で、参謀連中は大目玉を食ったそうだ。ここに、山本長官の大兵術家たる相が浮き彫りにされているような感じがある。わが国が戦争に突入したのは、多分に自画自賛的な戦争経過を頭の中に持っていたからである。第一に、三国同盟を締結しなければ、日本は生きて行けないというものではなかった。第二に、戦争突入は、国の生存のためにやむを得なかったといっているが、戦争を回避すれば、計画通りの国権拡張はできなかったであろうが、敗戦よりははるかに良い状態で、昭和の中期を迎えることができたであろう。日本が作った危機感は、日本自ら作ったのであって、国策の変更とともに、危機感は自ら消え去る状況にあった。自ら作った危機感の上に、戦争突入やむなしと断定し、その戦争の経過を、また自分に都合の良い仮想図を基にして判断していた。

およそ状況判断を行なうときに、Wishful thinking（希望的観測）ほど警戒すべきものはない。逆に敵は、わが方が最も痛手とする戦法をもって、わが方を攻撃して来ると思わなければならないのである。

相手側の力量判定にしても、すべて科学的根拠、歴史的根拠を基にして行なうべきであって、

「わが国は神国であるから、天佑は我にあり」とか、

「正義は必ず勝つ」

などという独善的判断資料を導入すべきではないのである。

老子は、

「天地不仁」

といって、自然は無心、非情なものであることを説いている。自然は、あるものに特別恩恵を垂れることもないし、あるものを特別に苦しめることもしないのである。要するに無心非情である。換言するならば、適者生存の法則を厳に守っているのである。

孫子に、

「夫未レ戦而廟算勝者、得レ算多也。未レ戦而廟算不レ勝者、得レ算少也。多レ算勝。少レ算不レ勝。而況於二無算一乎。吾以レ此観レ之、勝負見矣」（それ未だ戦わずして廟算勝つ者は算を得ること多き也。未だ戦わずして廟算勝たざる者は、算を得ること少なき也。算多きは勝ち、算少なきは勝たず。而《しか》るを況んや算無きに於てをや。吾これを以てこれを観れば、勝負見《あら》わる）

とある。これも同じく廟算（道、天、地、将、法）の内容が敵に勝っておれば勝ち、然らざるものは負けると説いているのであって、その間に怪力乱神の助けなどを塵《ちり》ほども借りていないのである。

わが方が、連合艦隊の主力を挙げて南方攻略作戦に従事し、太平洋に対する備えがないときに、わが方として最も痛いことは、アメリカ艦隊が大挙西太平洋に侵攻して、わが作戦部隊（陸軍をも含む）と本土との交通路を遮断《しゃだん》することである。もし、アメリカ艦隊の来攻に備えて、海軍作戦部隊の主力を、本土近海に控置待機せしむるならば、アメリカ艦隊に対処することはできても、南方資源地帯の攻略は不可能となり、これまた敗戦は免れ得ないであろう。

その上、当時の日本海軍将校の中で、山本連合艦隊司令長官ほど、アメリカおよびアメリカ海軍を正しく評価していたものはいなかった。真珠湾攻撃の計画と準備推進の要務によって、連合艦隊司令部に出頭するごとに、山本長官の「こんどの相手は容易な相手ではない。日本は未だかつてこれほどの強敵を相手にしたことはない」

と語る言葉を耳にした。

山本長官は、大佐時代に、アメリカ駐在帝国大使館付武官として勤務していたので、アメリカについて他の人より詳しいことは当然であるが、長官のアメリカに対する評価は、そんなことでは片付けられないものであった。私たちは当時、

「長官は、アメリカを買いかぶり過ぎているのではあるまいか」

とも疑ったほどであるが、いよいよ戦争が進むにつれて、どうして、どうして、山本長官の対米評価もなおかつ甘かったのではないかと思うようになった。なお山本長官が、作戦上ハワイ攻撃を決意した経緯については、山本長官から嶋田海軍大臣あての手紙に、長官自身の考え方が載っている。

山本司令長官から嶋田海軍大臣あての書簡

拝啓

（略）さて此度は容易ならざる政変の跡を引受けられ　御苦辛の程深察に不堪専心隊務に従事し得る小生等こそ勿体なき次第と感謝罷在候

然る処昨年来屢々図上演習並に兵棋演習等を演練せるに要するに南方作戦が如何に順当に行きても其略々完了せる時機には甲巡以下小艦艇には相当の損害を見、殊に航空機に至りては毎々三分の二を消尽し（あとの三分の一も完全のものは殆んど残らざる実況を呈すべし）所謂海軍兵力が伸び切る有様と相成る虞多分にあり　而かも航空兵力の補充能力甚しく貧弱なる現状に於ては続いて来るべき海上本作戦に即応すること至難なりと認めざるを得ざるを以て種々考慮研究の上結局開戦劈頭有力なる航空兵力を以て敵本営に斬込み彼をして物心共に当分起ち難き迄の痛撃を加ふるの外無しと考ふるに立至りたる候次第に御座候

敵将キンメルの性格及最近米海軍の思想を観察するに彼必ずしも漸進正攻法のみに依るものとは思われず　而して我南方作戦中の皇国本土の防衛実力を顧念すれば真に寒心に不堪もの有之、幸に南方作戦比較的有利に発展しつつありとも万一敵機東京大阪を急襲し一朝にして此両都府を焼尽せるが如き場合は勿論左程の損害なしとするも国論（衆愚の）は果して海軍に対し何といふべきか日露戦争を回想すれば想半ばに過

ぐるものありと存じ候
　聴く処に依れば軍令部一部等に於ては此劈頭の航空作戦の如きは結局一支作戦に過ぎず且成否半々の大賭博にして之に航空艦隊の全力を傾注するが如きは以ての外なりとの意見を有する由なるもそもそも此支那作戦四年疲弊の余を受けて米英支同時作戦に加ふるに対露をも考慮に入れ欧独作戦の数倍の地域に亘り持久作戦を以って自立自営十数年の久しきにも堪へむと企図する所に非常の無理ある次第にて之をも押切り敢行否大勢に押されて立上らざるを得ずとすれば艦隊担当者としては到底尋常一様の作戦にては見込立たず　結局桶狭間とひよどり越と川中島とを合せ行ふの已を得ざる羽目に追込まるる次第に御座候
　此辺の事は当隊先任参謀の上京説明により一応同意を得たる次第なるも一部には主将たる小生の性格並に力量等にも相当不安を抱き居る人々もあるらしく此の国家の超非常時には個人の事など考ふる余地も無之　且もともと小生自身も大艦隊長官として適任とも自任せず　従つて曩には（昨十五年十一月末）総長殿下並に及川前大臣には米内大将起用を進言せし所以に有之候へば右事情等十分に御考慮被下大局的見地より御処理の程願上候

（註）一　昨年十一月には将来聯合艦隊と第一艦隊を分ける際には自分は第一艦隊長官

で良いから米内大将を是非起用あり度（将来は総長候補としても考慮し其の準備上も）と進言せり

及川氏は一時賛成、殿下は米内を復活軍参（軍事参議官）とし又自分の後釜とするは賛成なるも聯合艦隊は山本ヤレと言はれ候

二　聯合艦隊戦策改正の際　劈頭航空作戦の件を加入せる際の小生の心境は此の作戦は非常に危険困難にて敢行には全滅を期せざるべからず（当時は一個航空戦隊に一個水雷戦隊位で飛び込む事も考へ居れり）万一航空部隊方面に敢行の意気十分ならざる場合には自ら航空艦隊長官拝受を御願ひしその直率戦隊のみにても実施せんと決意せる次第に候　その際には矢張米内大将を煩はす外無からむと考居りし次第に候

以上は結局小生の伎倆不熟の為安全堂々たる正攻的順次作戦に自信なき窮余の策に過ぎざるを以て他に適当の担任者あらば欣然退却を躊躇せざる心境に御座候

尚ほ大局より考慮すれば　日米英衝突は避けらるるものならば之を避け此際隠忍自戒、臥薪嘗胆すべきは勿論なるも夫れには非常の勇気と力とを要し今日の事態に迄追込まれたる日本が果して左様に転機し得べきか申すも畏こき事ながら唯残されたるは尊き聖断の一途のみと恐懼する次第に御座候

何卒御健在を祈り上候　敬具

十月二十四日　　　　　　　　　　　　　　山本五十六

嶋田大兄御座下

（朝雲新聞社発行「戦史叢書ハワイ作戦」付録第四から）

これを要するに、日米開戦を避けるならともかく、開戦を決意し、しかも、当初数か月間に、南方資源地帯を攻略し終わろうとするならば、ハワイ作戦の如き手段をもって、アメリカ艦隊の西太平洋進攻を少なくとも、半年間は阻止しなければならなかったのである。

統率者としての山本五十六

既述のとおり、私は山本元帥の幕僚とか、あるいは、側近に勤務をしたことはない。したがって、個人的に元帥と深く話し合ったことはない。だから、これから記述する統率者としての山本五十六元帥は、公的な立場、すなわち部隊指揮官としての山本大将が、重要な場面において、その決断や所信の披瀝を、どんな風に行なったか、私がこの目で見、またこの耳で聞いたところを、ありのままに紹介するのである。

また、重要な事項で、直接私が聞かなかったことが若干あるが、これは、私の尊敬する先輩ないしは親密な戦友から聞いたものを、そのまま書き留めたものである。

昭和十六年九月中旬に、太平洋戦争の第一段作戦、すなわち、開戦から南方資源地帯の攻略完了までの図上演習が行なわれた。その中でハワイ作戦は、他の一般演習員とは隔離して、全然別個に行なわれたわけである。ハワイ作戦の計画は、八月末約一週間、赤城の参謀長室に閉じこもった私が、一応の素案を作成し、この作戦計画案に基づいて演習を行なった。演習は二回行なったが、第一回はまず成功、第二回は失敗であった。

この図上演習がハワイ作戦の計画に関して大きな影響を及ぼしたのは、ハワイ攻撃そのものではなく、意外にも南方作戦であった。というのは、九月中旬の図上演習において、南方作戦の航空兵力が不足し、ことに母艦の不足が大きく響いているという結果が出てきたからである。

九月下旬、連合艦隊司令部において、佐々木参謀から意外な事を聞かされた。

「中央では、航続力の関係上、ハワイ攻撃には航続力の大きな加賀、翔鶴、瑞鶴の三隻に、練度の上がっている第一、第二航空戦隊の搭乗員を乗せて使用し、赤城、蒼竜、飛竜の三隻には、第五航空戦隊の搭乗員を充当して、南方作戦に使用するという案を持っているが、どう思うか」

全く寝耳に水のようなことであった。

私は、

「絶対反対だ。第一、こんな奇襲作戦に中途半端な兵力を使用するようでは、戦果は期待できないし、また、今までいっしょになって訓練してきた司令部と搭乗員を分断するようなことはできない。中央は搭乗員を将棋の駒と考えているのか」

といって、その日は旗艦の加賀に帰っていった。この話を、長官以下参謀長、先任参謀などに報告すると、この人たちは、

「中央や連合艦隊がそういうなら仕方あるまい」

という空気であって、どうもしっくりこなかった。ところが、この話を伝え聞いた第二航空戦隊司令官、山口多聞少将は承知しなかった。串木野に在泊していた旗艦飛竜から急きょ鹿児島湾に在泊中の旗艦加賀にやってきた。先ず南雲長官に会って、この処置の撤回を迫ったらしいが、どうも要領を得なかったらしい。それから参謀長室で草鹿参謀長に同様のことを申し入れたようだ。私は参謀長に呼ばれて二人の会談に加わった。

山口司令官は憤懣《ふんまん》やる方ない形相であったが、草鹿参謀長は困った顔つきをしていた。

「どうして二航戦は連れて行かないのだ」

「上級司令部でそういうからだ」

「それなら、強硬な意見具申をして、この案を撤回させれば良いではないか」

「うーん、しかし軍令部やＧＦ（連合艦隊のこと）にも、いろいろ考えがあってのことだろう」

「本気でハワイ作戦をやるつもりなら、どうしても六隻案になるはずだ。熱がないからこういうことになるのだ」

「……」

二人の問答は、いきり立った山口司令官に対し、水の中で屁《へ》をしたような参謀長の返事で、収拾の見込みはなかった。

最後に山口司令官はいった。

「二航戦の航続力が足らないというのなら、片道だけ連れて行ってくれればいいのだ。君らは攻撃が終わったら内地へ帰ってくれ。二航戦は燃料がなくなったなら、ほっておいてもらって結構だ。漂流でもなんでもするよ。だいたい、今までいっしょに訓練してきた搭乗員を、私の部下から切り離すようなことをするのなら、私は自決する以外に道はない。どうだ源田君、君はどう思う？」

「私は司令官と同じ意見です。よくも、こんなバカな案を持ち出したものだと思います」

こんなことで、第一航空艦隊司令部としては、この時機には、まだ絶対六隻案でなければならないという腹は決めていなかった。十月十二日からハワイ作戦の図上演習が、内海西部在泊中の連合艦隊旗艦長門の艦上で行なわれたが、その時までには、第一航空艦隊司令部もようやく六隻案を推進することに意見がまとまった次第である。

談判不調のまま鹿児島市内の旅館に帰った山口司令官は、怏々《おうおう》として楽しまざる様子で、筆者の僚友鈴木第二航空戦隊参謀の話によれば、

「長官も参謀長も話のわかったものではない」ともらし、

平野国臣の

「わが胸の燃ゆる思いにくらぶれば煙は薄し桜島山」

を口ずさんでいたという。

まこと、この山口多聞少将は、イギリス海軍のネルソンとか、アメリカ空軍のルメー将軍のような人であって、見敵必戦主義の典型であった。

後日、ミッドウェー海戦において、被弾沈没した飛竜と運命を共にしたが、飛竜の全乗員を退去せしめ、最後の短艇が飛竜の舷側を離れようとした際、艦長の加来止男大佐が、

「私が残りますから、司令官はどうぞ」と短艇の方を指したときに、山口司令官は、ただニヤリとしただけで、そのまま艦上に残ったという。

十月十二日、前記のごとく内海西部室積沖在泊中の長門艦上で、ハワイ作戦に関する図上演習が行なわれた。この図上演習は母艦三隻案で行なわれたのであって、山口司令官は、九日以来行なわれていた南方作戦の方に回っていた。だが第一航空艦隊関係者の宿泊艦は戦艦陸奥であったので、南雲中将、山口少将等はいっしょにいたわけであるが、

この時も、山口司令官は南雲長官に対して、

「連れて行くかどうか？」

と長官の肩につかみかかって、強談判《こわだんぱん》をしていたという。これは草鹿参謀長の話である。

九月中旬の海軍大学校における図上演習でも、その足らないところが結果として出てきたのであるが、この方向の航空作戦を担当している第十一航空艦隊では、航空兵力の不足に悩んでいた。ことに、比島方面の作戦においては、零式艦上戦闘機の航続力を考え、母艦の増勢を強く望んでいた。実際の場合は、零戦は台湾の基地から比島の米軍基地を制圧して、台湾に帰る計画で作戦をやったのであるが、この時機においては、第十一航空艦隊司令部においても、長官、参謀長の首脳者は、ハワイ作戦に対して、あまり乗り気でなかったので、九月二十九日の両司令部の会談の結果、大西、草鹿両参謀長が、連合艦隊司令部に出頭して、ハワイ作戦を中止し、全母艦を南方作戦に振り向けるように意見具申をした。ところが、両参謀長は山本長官の不動の決意を告げられ、自分たちの意見を撤回して引き下がらざるを得なかった。

ともかく、十月中旬の長門における図上演習の前は、ハワイ作戦の中止とか、充当兵力を航続力の長い母艦三隻にするとかの意見や案が出て、相当もたもたした空気がはびこっていた。こんな状況の中で、図上演習終了後の研究会において、ハワイ作戦関係者

に対する山本長官の歴史的訓示が行なわれたわけである。

演壇に立った山本長官は、全員をにらみつけるようにして宣言した。

「ハワイ作戦について、いろいろと意見があるが、私が連合艦隊司令長官である限りは、この作戦は必ず実施します。以後再び、この問題について、論議しないようにしてもらいたい。ただ、実施するに当たっては、実施するものが納得するような方法でやります」

演習参加者の末席を汚して、この訓示を聞いていた私は、圧倒するばかりの山本長官の迫力を感ずるとともに、

「名将の言行について、いろいろ聞かされてきたが、ほんとうの名将とは、こんな人のことをいうのであろうか」

と心で思い、目の前にその名将が出てきたように感じた。過去六十八年の人生の中で、この時くらい強烈な印象をうけた訓示を聞いたこともないし、この時くらい、一人の人間の底しれない迫力を感じたこともなかった。ハワイ作戦の計画を聞いた幹部の中で、飛行機の搭乗員は別として、双手《もろて》を挙げて賛成したのは、私の知る限りでは山口少将だけではなかったかと思う。他の長官、司令官、参謀長、艦長および中央当局すべて反対か、二の足を踏んだのが実情であり、また実際に計画と訓練を進めれば進めるほど、前途に横たわる困難が大きかった。

こんな場合、人間はえてしてやすきにつきたがるものである。もし、連合艦隊司令長官が山本長官の如き鋼鉄の意志を持った人でなかったならば、多数の反対に弱気を起して、作戦の着想はあったとしても、実行には至らなかったであろう。

結果は、南方作戦さえも中途で挫折し、連合艦隊は、南方地域攻略態勢から東方邀撃態勢に急転回を強要せられ、緒戦から全くの不利な戦闘を行なわなければならなかったであろう。

山本長官のこの訓示——端的にいうならば、意志の表明——の中には、指揮官として極めて重要な二つの事項がある。

第一は、作戦目的を極めて明確に、また、不退転の意志をもって表明したことである。

第二は、やる限りは必ずやるのであるが、そのやり方は、お前たちに任せる。要望があれば何でもかなえてやるから言ってこい。

ということである。目的を一つに、しかも明確に絞り、強力に推進するが、手段方法は部下に委せるということは指揮官として忘れてならないことである。山本長官は、この模範を、この重要な局面において一同に示したのである。

筆者の見た山本長官は、任務を与えるに当たって、欲ばった命令を出さないで、単一かつ明確な命令を与える人であった。「あれもやれ、それがうまくいったら、ついでにこれもやれ」というような命令を出す人ではなかった。

やはり、十六年度艦隊におけるある演習の研究会であったが、さる巡洋艦戦隊の幕僚が、その戦隊が水雷戦隊の推進＝水雷戦隊が、敵主力に魚雷攻撃を加えるにあたり、敵の巡洋艦戦隊などがこれを邪魔するので、その邪魔を排除して、水雷戦隊を発射地点まで推進すること＝をしたのちに、自分自らの魚雷もうまく発射して、戦果を挙げるべく、極めて巧妙な計画を発表した。

私たちは、「なるほど、うまい手があるものだ」と感心して聞いていたのであるが、研究会の最後に長官が自分の意見を述べるにあたって、その件に触れ、

「某戦隊は、水雷戦隊の推進のほかに、自分もうまく発射しようと考えているようであるが、そんな余計なことはしなくてよろしい。水雷戦隊だけしっかり掩護《えんご》推進すればよいのだ。自分の意図はこうなのだから間違いのないように」

と、ハッキリした意志表明を行なった。山本長官の堅確な意志によって、ハワイ作戦の使用母艦が、艦隊側の要望どおり六隻になったことは、改めていう必要もないことである。そのほか、われわれがハワイ作戦に関する準備や訓練を進めるにあたって、第一航空艦隊の要望することは、ほとんど例外なく海軍当局によって受け入れられた。こんなことは、私の二十四年間の海軍生活の中で、後にも先にも、この時だけである。飛行機が何機ほしいといえば、その飛行機、これこれの人間がほしいといえば、その人間、およそ当時の海軍の力でできることは、何でも要望を叶えてもらえたのである。

これは、「やる限りは、やるものが納得するような方法でやる」という山本長官の配慮があったからだと思う。

別記のように、真珠湾攻撃の術科面における最大の難関「浅海面の魚雷発射」が解決したのは、機動部隊の内地出撃も間近に迫った十一月十日か十一日であった。これで、ハワイ攻撃に関するいっさいの技術的な問題は解決され、残すところは、そのための特殊魚雷の不足分を受け取るだけで、これは、遅れて単冠湾《ヒトカップ》に入港する予定の加賀が持ってくることになっていた。

すべての準備を完了した機動部隊の各艦は、十一月十六日、加賀を除いてすべて佐伯湾に集合した。佐伯湾に在泊していたのは、機動部隊だけではない。連合艦隊の中でも、その主力をなす第一、第二艦隊の大部が在泊していた。

翌十七日の午後であったと思うが、機動部隊関係の主要幹部および搭乗員の将校全部は旗艦赤城に集合して、山本連合艦隊司令長官の「機動部隊出撃に際する訓示」をうけたわけである。

赤城飛行甲板で艦尾の軍艦旗に向かうようにして台の上に立った山本長官は、ここでまた印象的な訓示をした。

「機動部隊はいよいよ内地を出撃して征途に上るのであるが、こんどわれわれが相手にする敵は、わが国開闢《かいびゃく》以来の強敵である。わが国は、未だかつて、これほどの豪のものと闘ったことはない。相手にとって毛頭不足はない。

なお、敵の長官キンメル大将は、数クラスを飛び越えて、合衆国艦隊の長官に任命された人物であり、極めて有能な指揮官であることをつけ加えておく。

奇襲攻撃を計画しているが、諸君は決して相手の寝首をかくようなつもりであってはならない。特に注意しておく」

趣旨は右のようなものであって、簡単ではあるが、甚だ力強いものであった。傍点の付してある文句は、今でも私の脳裏に鮮明に焼き付けられている発言である。

この訓示を聞き、第一には山本長官のアメリカに対する評価が、私たちとはだいぶ開きがあることを再認識させられ、この点については、既述したように、戦争が第二段階にはいるまでは、わからなかった。第二は、寝首云々《うんぬん》の発言である。最後通牒《つうちょう》をいつ手交するかは、戦争指導上の重要問題であり、われわれ第一線部隊にあるものの与《あず》かり知るところではなかった。

しかし、長官が、かねがね最後通牒を渡す時機について、深く考えていることは佐々木参謀からそれとなく聞いていたので、今の訓示とあわせ考えて、あるいは強襲になるかもしれないと思った。しかし、当時最高の練度にあったわが戦闘機隊の術力に鑑み、強襲の場合、敵艦隊が真珠湾かラハイナ泊地にある限り、若干犠牲はふえるだろうけれども、だいじょうぶ作戦目的は達成し得るものと考えた。

後日、三和義勇参謀から聞いたことであるけれども、真珠湾攻撃が終わった直後、山本長官は藤井茂参謀に「攻撃が最後通牒の後であったか先であったかを確認するよう」命じたそうである。しかも、このことについては、何度も何度も繰り返し繰り返し調査を命じたということだ。

三和参謀がその理由を聞くと、

「日本のさむらいは、たとえ夜討ちをかけるときでも、ぐっすり寝こんでいるやつに切りつけることはしない。少なくとも枕だけは蹴《け》って、それから切りつけるものだ。最後通牒を手渡す前に攻撃したとあっては、日本海軍の名が廃《すた》る」

といったそうだ。

前述の訓示の中にある「……寝首をかくようなつもりであってはならない」という意味は、この辺の消息を真珠湾攻撃部隊の将士に、それとなく覚悟させるつもりであったと想像される。

山本元帥は兵術家として優れていたのみならず、統率者として比類なき人物であったことは、既述したもろもろの事実で明らかであるが、その統率のやり方がまた水際立ったものであった。次に記すことは、すべて筆者が体験したことではなく、先輩や友人に聞いた話である。

土肥一夫氏——筆者が軍令部時代、同じ課で勤務した。

第一段作戦が終了した時のある研究会において、南方作戦を担当した第三艦隊始め各部隊は、赫々《かくかく》たる戦功を樹て意気軒昂《いきけんこう》たるものがあった。ただ一つの例外として、内南洋方面の守りに任じていた第四艦隊は、苦戦の連続で犠牲も多く、戦果も大したものではなかった。ウェーキ島の攻略にしても、第一回の攻撃は敵の反撃を受けて駆逐艦を失っただけで、作戦は失敗に終わった。

後日、真珠湾攻撃を終わって帰航中の機動部隊から、第二航空戦隊、第八戦隊（巡洋艦、利根、筑摩）等を増援に出して、ようやく攻略したほどであった。

研究会においては、この第四艦隊に攻撃が集中し、同艦隊は立場がなかったらしい。最後に山本長官が立ち上がって、次のように事態を収拾した。

「いくさにはたたく役と、たたかれる役が必要である。三艦隊はたたく役、四艦隊はたたかれる役」

大岡裁きを思わせるような裁決であったそうだ。

これは、やはり三和義勇氏に聞いた話である。参謀たちが演習その他の計画を立案して、長官のもとまで持って行くと、だまって決裁するときと「これでいいのか？」というときと二つだけあって、決して「これはいけない、やり直せ」ということはいわなかったという。同氏の話によると、だまって決裁するときは同意なのだが、「これでいいのか？」というときは「全然なっていないのだから考え直せ」ということであったらしい。

参謀が「これでいいと思います」とか「これ以外に方法はありません」とかいえば、

「じゃ、それでやってみろ」

と決裁を与えるが、実行に移してみると、必ず結果は悪かったそうだ。

三和氏の話によれば、長官の腹は、実地教育のつもりであったらしい。

私がイギリス在勤中、先任補佐官に松永敬介中佐がいた。この人は、海軍大臣秘書官として山本五十六海軍次官に仕えた人だ。その人の話。

「山本次官のものの考え方は、すべて、いくさが基準であった。書類を査閲する場合でも『いくさには、これでいいのか？』と聞かれたものだ。また、この人には、口では言い表わせない迫力があった。書類などの決裁をしてもらう場合、その中に若干ごまかしがあることがある。いくらえらいといっても、それがわかるはずはないのであるが、次官がジーッと書類を見つめていると、そのごまかしが見破られそうな気がしてならない。とうとう、自分で、『実はここにごまかしがあります』と告白するようになる」

とのことであった。

これは、筆者が軍令部時代ともに勤務した山本祐二中佐（昭和二十年四月、伊藤整一中将の幕僚として、戦艦大和と運命を共にす）の語った話である。

山本中佐が要務連絡のため、トラックに在泊していた旗艦大和の連合艦隊司令部を訪れた際に、山本長官が同中佐にもらされたとのことである。

「自分は第一線部隊の指揮官をしているので、そんなことはできないが、このままずると戦争が長引けば、とうてい勝ち目はない。だれか中央にいるもので、戦争の収拾をやらなければならないのだがなあ。東条にはできないだろう」

山本五十六元帥について、いろいろ書いていけば、キリがない。しかし、以上私がここに記述したことは、正真正銘、私がこの目で見、この耳で聞いた事か、もしくは、私の信頼し尊敬する先輩友人に、私が直接聞いた話であって、いささかの誇張もない。ただ、これだけでもってしても、元帥がまれにみる憂国の士であり、優れた兵術家であり、また卓越した統率者であったことがうなずけるであろう。

機密保持と飛行機隊幹部の人選

有機的結合と新しい基地訓練方式

日中戦争における戦訓、欧州戦争におけるドイツ空軍の用法および昭和十四、十五両年度にわたる連合艦隊研究飛行の結果、航空攻撃の成果を大ならしめるためには、大編隊群の同時協同攻撃によらなければならないことは、十六年度の艦隊においてはもはや動かすことのできないものとなっていた。そのために多数の母艦から発進する多くの飛行機隊を、洋上の一点に集合せしめなければならなかったが、これに関しては結局、母艦の集中用法によって解決したことは、海軍戦略戦術思想の変遷の部において述べたとおりである。

だが、大編隊の集中用法に関し、解決しなければならない問題は、それだけではなかった。多数の飛行機をただ機械的に集合させて大編隊を作っただけでは意味をなさないのである。この種の大編隊は、単なる烏合《うごう》の衆に過ぎない。

どうしても、有能な指揮官のもとに有機的な結合を作らなければ効果は挙がらないのである。有機的結合とは何を意味するのであろうか？　この場合、各機は各編隊指揮官の意図に合するごとく各編隊指揮官はそれぞれ各編隊群指揮官の意図に合するごとく、さらに各編隊群指揮官は、全飛行機隊の統一指揮官の意図に合するごとく行動することを有機的結合というのである。海軍において強固なる団結といったのは、各艦、各飛行機、各部隊が最高指揮官の意図に合する如く行動することをいったのであって、各部隊がお互いに仲良く、喧嘩《けんか》もしないで、よろしくやることを意味してはいなかったのである。

これをたとえるならば、一定量の鉄が単に鉄粉の集合である場合には、ほとんど何らの武器とはならないであろう。これは烏合の衆であり、ちょっとした衝撃でたちまちにバラバラになるのである。同量の鉄をもって、堅く結合した鉄塊を作ったならば、これはあまり能率的ではないが、ある程度武器の役をするであろう。しかし同量の鉄をもって、日本刀とか槍《やり》先を作ったならばどうであろうか。これは一つの思想を武器としての形に表わしたものであり、すなわち指揮官の意図に沿うことを意味するのである。われわれの求めなければならず、また事実上求めていたものは、日本刀とか槍先のように、一つの兵術思想を実現し得る飛行機隊であったのだ。

これは換言するならば、第一航空艦隊司令長官の意図に、全飛行機隊の指揮官が沿い、この統一指揮官の意図に、各編隊群指揮官、各編隊指揮官、各機がそれぞれの指揮系統にしたがって沿うことを意味するのである。

従来、海軍においては、空中にある飛行機隊は、その局面における最高指揮官の直接指揮下にはいることになっていた。母艦が単独で行動するときは、その飛行機隊の指揮は、もちろん母艦艦長が執るのである。しかしこれが航空戦隊ともなれば、母艦が一隻であると二隻以上であるとを問わず、空中の飛行機隊は令なくして、航空戦隊司令官の直接指揮下にはいるのである。さらに航空艦隊ともなれば、各航空戦隊司令官、各艦長をすべて飛び越えて、空中部隊は航空艦隊司令長官が直接指揮することになっていた。

ここまでは、従来の海軍の慣習によって問題はなかった。問題は空中統一指揮官と、各航空戦隊飛行機隊指揮官との気脈の通じ方、および全飛行機隊の指揮官から列機に及ぶ全搭乗員の兵術思想の統一である。この兵術思想の統一とは、すなわち前述したように最高指揮官の意図に沿うことである。

右の目的を達成するためには、何らかの手段を講ずる必要があった。平生から別々になっているものを、いざ攻撃という場合に、その時だけ指揮下に入れたところでうまくいくはずはない。全然知らない男女を一緒にして、「今日からお前たちは夫婦だ、うまくやっていけ」というようなもので、能率的な攻撃が行なえるはずがないのである。やはり相思相愛の間柄で、打てば響くという関係になければならないのである。

この目的を達するために、第一航空艦隊司令部としてさんざん考えたあげく、実行に移したのが空中における指揮関係をそのまま基地における日常の訓練指導にも移した、一種の空地分離方式である。

基地と各航空戦隊の機種別飛行隊の組み合わせを、各空中攻撃隊指揮官がその空中指揮および平素の訓練がやりやすいように作り直したのである。

たとえば第一、第二航空戦隊の艦上爆撃機は、蒼竜飛行隊長江草隆繁少佐が統一指揮官になっているので、第一航空戦隊の艦爆隊は富高に、第二航空戦隊の艦爆隊は笠ノ原に集中し、この両者を合わせて江草少佐が指揮するようにした。また艦上攻撃機については、第一航空戦隊は鹿児島、第二航空戦隊は出水（鹿児島県）にあるが、そのうち水平爆撃隊は淵田中佐、雷撃隊は村田重治少佐が統一指揮をするようにしたのである。水平爆撃隊の爆撃嚮導《きょうどう》機は、各航空戦隊のものを全部鹿児島基地に集中し、加賀飛行隊長橋口喬少佐（爆撃のベテラン）指導のもとに、赤城分隊長布留川泉大尉を補佐とし、特別に爆撃技術の訓練を行なったわけである。

第一、第二航空戦隊の艦戦隊は、全部佐伯基地に集中し、赤城飛行隊長板谷茂少佐が統一訓練を行なったのである。（172～173、175ページの表参照）

この種の編成は、明らかに在来の概念による指揮統率の系統を無視するものである。

機隊編成区分表

<table>
<tr><th>所属母艦</th><th>機　種</th><th colspan="4">機　数</th><th>兵　装</th><th>攻撃目標</th></tr>
<tr><td>赤城</td><td>九七式艦攻</td><td>15</td><td rowspan="4">49</td><td rowspan="16">183</td><td rowspan="26">350</td><td rowspan="4">800キロ　徹甲爆弾
各　機　1</td><td rowspan="4">戦　艦</td></tr>
<tr><td>加賀</td><td>〃</td><td>14</td></tr>
<tr><td>蒼龍</td><td>〃</td><td>10</td></tr>
<tr><td>飛龍</td><td>〃</td><td>10</td></tr>
<tr><td>赤城</td><td>〃</td><td>12</td><td rowspan="4">40</td><td rowspan="4">九一式航空魚雷
各　機　1</td><td rowspan="4">戦　艦
巡洋艦</td></tr>
<tr><td>加賀</td><td>〃</td><td>12</td></tr>
<tr><td>蒼龍</td><td>〃</td><td>8</td></tr>
<tr><td>飛龍</td><td>〃</td><td>8</td></tr>
<tr><td>翔鶴</td><td>九九式艦爆</td><td>26</td><td rowspan="2">51</td><td rowspan="2">250キロ陸用爆弾
各　機　1</td><td>17機フォード島航空基地
9機ヒッカム航空基地</td></tr>
<tr><td>瑞鶴</td><td>〃</td><td>25</td><td>ホイラー航空基地</td></tr>
<tr><td>赤城</td><td>零式艦戦</td><td>9</td><td rowspan="6">43</td><td rowspan="6">20ミリ機銃×2
7.7ミリ機銃×2</td><td rowspan="2">フォード島および
ヒッカム航空基地</td></tr>
<tr><td>加賀</td><td>〃</td><td>9</td></tr>
<tr><td>蒼龍</td><td>〃</td><td>8</td><td rowspan="2">ホイラーおよびバー
バースポイント航空基地</td></tr>
<tr><td>飛龍</td><td>〃</td><td>6</td></tr>
<tr><td>瑞鶴</td><td>〃</td><td>6</td><td rowspan="2">カネオへ航空基地</td></tr>
<tr><td>翔鶴</td><td>〃</td><td>5</td></tr>
<tr><td>瑞鶴</td><td>九七式艦攻</td><td>27</td><td rowspan="2">54</td><td rowspan="10">167</td><td>9機 250キロ陸爆　各機2、
18機 250キロ陸爆×1、60キロ通爆×6</td><td>ヒッカム航空基地</td></tr>
<tr><td>翔鶴</td><td>〃</td><td>27</td><td>18機 250キロ陸爆×2、
9機250キロ陸爆×1、60キロ通爆×6</td><td>18機フォード島航空基地
9機カネオへ航空基地</td></tr>
<tr><td>蒼龍</td><td>九九式艦爆</td><td>17</td><td rowspan="4">78</td><td rowspan="4">250キロ　通常爆弾
各　機　1</td><td rowspan="4">巡洋艦
戦　艦
駆逐艦</td></tr>
<tr><td>飛龍</td><td>〃</td><td>17</td></tr>
<tr><td>赤城</td><td>〃</td><td>18</td></tr>
<tr><td>加賀</td><td>〃</td><td>26</td></tr>
<tr><td>赤城</td><td>零式艦戦</td><td>9</td><td rowspan="4">35</td><td rowspan="4">20ミリ機銃×2
7.7ミリ機銃×2</td><td rowspan="4">フォード島および
ヒッカム航空基地、
ホイラーおよび
カネオへ航空基地</td></tr>
<tr><td>加賀</td><td>〃</td><td>9</td></tr>
<tr><td>蒼龍</td><td>〃</td><td>9</td></tr>
<tr><td>飛龍</td><td>〃</td><td>8</td></tr>
</table>

真珠湾攻撃飛行

区分	総指揮官	回次	回次指揮官	集団	集団指揮官	攻撃隊	攻撃隊指揮官
真珠湾攻撃飛行機隊	中佐　淵田美津雄	第一次攻撃隊	中佐　淵田美津雄	第一集団（水平爆撃隊）	中佐　淵田美津雄	第一攻撃隊	中佐　淵田美津雄
						第二攻撃隊	少佐　橋口　喬
						第三攻撃隊	大尉　阿部平次郎
						第四攻撃隊	少佐　楠見　正
				第一集団特別攻撃隊（雷撃隊）	少佐　村田重治	特第一攻撃隊	少佐　村田重治
						特第二攻撃隊	大尉　北島一良
						特第三攻撃隊	大尉　長井　彊
						特第四攻撃隊	大尉　松村平太
				第二集団（急降下爆撃隊）	少佐　高橋赫一	第十五攻撃隊	少佐　高橋赫一
						第十六攻撃隊	大尉　坂本　明
				第三集団（制空隊）	少佐　板谷　茂	第一制空隊	少佐　板谷　茂
						第二制空隊	大尉　志賀淑雄
						第三制空隊	大尉　菅波政治
						第四制空隊	大尉　岡島清熊
						第五制空隊	大尉　佐藤正夫
						第六制空隊	大尉　兼子　正
		第二次攻撃隊	少佐　嶋崎重和	第一集団（水平爆撃隊）	少佐　嶋崎重和	第六攻撃隊	少佐　嶋崎重和
						第五攻撃隊	大尉　市原辰雄
				第二集団（急降下爆撃隊）	少佐　江草隆繁	第十三攻撃隊	少佐　江草隆繁
						第十四攻撃隊	大尉　小林道雄
						第十一攻撃隊	大尉　千早猛彦
						第十二攻撃隊	大尉　牧野三郎
				第三集団（制空隊）	大尉　進藤三郎	第一制空隊	大尉　進藤三郎
						第二制空隊	大尉　二階堂　易
						第三制空隊	大尉　飯田房太
						第四制空隊	大尉　能野澄夫

なるほど、飛行機隊が空中にある場合は、当面の最高指揮官が直接指揮する慣習であったことは前述したとおりであるが、これはあくまでも作戦場面のことであって、平常の訓練における航空戦隊司令官や母艦艦長の権限を侵害するものではない。この新しい基地訓練編成に移ったのは、十六年九月上旬であるが、このときには相当大きな反対があった。

この種の基地訓練方式を南雲長官に進言したのは私であるから、私に攻撃が集中したのは当然であろう。ある艦長は、

「君は大体、指揮官というものを何と考えているか?」

と語気も荒く私をなじった。私はこんなときには、すぐたてつく性質をもっているので、そこのところを承知していたのであろう。資性温厚な草鹿参謀長がうまくとりなしてくれた。

結果としては、あらゆる異論を排して、司令部の計画どおり進めたわけである。

九月にもはいると、ハワイ攻撃のおおむねの案はできていたので、その空中攻撃隊(前の表参照)の編成に沿って、訓練を進める必要を痛感し、赤城飛行隊長であり航空艦隊兼飛行機隊空中総指揮官に予定されている淵田中佐に艦隊司令部幕僚事務補佐を命じ、全飛行機隊の訓練を指導統制させることにした。

この統一訓練の成果は、いろいろ出てきたが、その一つは空中集合である。訓練の当

機種 / 基地	f^o	f^b	f^c	基地支援任務担当
鹿児島(鹿児島県) 64機	1Sfおよび全Sf水平爆撃嚮導機			赤城
出水(鹿児島県) 32機	2Sf			飛龍
笠ノ原(鹿児島県) 36機		2Sf		蒼龍
富高(宮崎県) 45機		1Sf		加賀
佐伯(大分県) 72機			1Sf 2Sf	赤城
大分(大分県) 54機		5Sf		翔鶴
宇佐(大分県) 48機	5Sf			瑞鶴
大村(長崎県) 36機			5Sf	翔鶴

(注) f^o　艦上攻撃機　　Sf　航空戦隊
f^b　艦上爆撃機
f^c　艦上戦闘機
当初大村にあったf^c／5Sfは着艦訓練開始時から大分に移った

初は第一、第二航空戦隊の全飛行機隊が発艦して集合し、進撃針路にはいるまでに約一時間も要したのであるが、真珠湾攻撃を模した十一月初頭の総合演習までには、約十五分で全飛行機隊が集合を完了するようになったのである。すなわち淵田機が発艦して大きく母艦の周囲を旋回して定針すれば、その間に全飛行機隊が所定の隊形で、所定の位置につき得るようになったのである。

つぎに機密保持と訓練の兼ね合いについて触れておこう。

ハワイ攻撃のような特異な奇襲作戦は、機密が保たれていることが必須の要件であり、これが洩《も》れていたならば、元も子もなくなるのである。

ところが真珠湾作戦においては、訓練に熱を入れることと、機密を保持することとの間に大きな矛盾があった。日本海軍は年に二回大きな人事異動をやり、それにつれて補充交代を行なった。その一つは年度末の十一月であり、その二は年度中期の四月である。中でも十一月の異動は大規模で、幹部の大部分が異動する性質のものであった。

したがって教育年度始めの十二月の練度は最低であり、年度末も近い十月の練度は最高であった。一般に術科的な訓練は、七月から八月にかけて総仕上げを行ない、九月、十月は総合演習の時期であり、極めて高度の術科研究や大部隊の演習を行なうのが普通であった。昭和十六年も例外ではない。ただ例年と少し違ったところは、大異動が八月下旬に行なわれたことである。しかし時局を反映して、これも最小限度に抑えられていた。第一航空艦隊の飛行幹部にしても、大部分は以前からそのまま居すわったのであって、ほんの一部の＝しかし極めて重要な＝飛行長、飛行隊長級に異動があったに過ぎない。したがって訓練は、大編隊群の空中戦闘とか、大編隊群攻撃隊による同時異方向異機種の協同攻撃であるとか、夜間雷爆撃などが訓練の主題目であったことは、例年と毫《ごう》も変わりはなかった。

ただ、ここに例年と全く違った訓練が、一枚加わっていたことである。いわずと知れたことであるが、碇泊艦《ていはく》に対する爆撃訓練、雷撃訓練である。こんなものは年度初頭にわずかの時間を割いて行なうものであって、年度末期の訓練精到な飛行隊の行なうものではない。それも小さな目標に照準を合わせるのならば話もわかるが、大目標も大目標、戦艦や航空母艦を相手にするのだからだれでも不思議に思うのは当たり前である。たとえていえば、数学を専攻して卒業間際にある大学生に、小学一年生のやる算術を試験問題として出すようなものである。それでも爆撃ならば、あるいは合点がいくであろう。雷撃に至っては、全くあほらしいの一語に尽きる。碇泊中の戦艦や航空母艦を射程一、〇〇〇メートル以内で雷撃して当たらなかったら、全くどうかしているといわなければならない。

こんな子供がやるような術科訓練に、異常な熱と時間を割いて猛訓練を行なったのである。それのみならず、いろいろの名目をつけて碇泊艦攻撃の競技を行ない、そのつど最優秀者には、山本連合艦隊司令長官から短刀その他の賞品まで出してもらったのである。

訓練が猛烈を極めることにはだれも異存はない。第一航空艦隊の搭乗員たちは、日米関係が日に日に悪化し、いずれは開戦ということになるだろうとは皆覚悟していたであろう。開戦はわかるとしても、攻撃目標である。これに不審をいだいて、搭乗員たちの間でいろいろと憶測し、外出などした場合に酒でも飲んで憶測による議論でもされたならば、壁に耳ありの譬《たと》えもあり、どこに敵のスパイがいるかわからない。加賀飛行隊長橋口少佐が十月初頭、加賀の長官室でハワイ攻撃の計画があることを知らされた数日後、私と話した。

「橋口君、搭乗員たちはどう思っているだろうか?」

「この間、浴場でのことですが」と前置きして、鹿児島基地で訓練している搭乗員の談話を知らせてくれた。

「いったい、どこをやるんだろうなあ」

「マニラかな? シンガポールかな?」

「だが、あそこには戦艦はいないぞ」

この時期には、まだプリンス・オブ・ウェールズもレパルスも極東には来ていなかった。

「まさか、ハワイではないだろうなあ」

これが橋口少佐が私に語った、そのままの言葉である。

「参謀、注意しないといけませんなあ」

搭乗員たちが冷静に推理を働かせるならば、ハワイそれも真珠湾が目標になっていることはわかったであろう。わかっていながら、自制によって余計な詮索《せんさく》をしなかったとすれば見上げたものであり、感謝にたえない。

私たち、本計画にたずさわるものは、単に他人の善意に期待することもできないし、また、むやみやたらに人を疑って、訓練にはいれる熱をさましてもいけない。

そこで考えたのが、主要な飛行機隊指揮官には、ことの次第を知らせ、その指揮官の指導のもとに、各搭乗員が強烈な熱意を燃やしながら訓練に精進するという法だったのである。別な表現をするならば、空中攻撃隊の基準単位である各飛行隊長には、その部下となるものが何らの疑いも抱かず、全幅の信頼をおき、どんな無理なことでも、またどんなにつまらなそうなことでも「あの人のいうことだから、何か深いわけがあるのだろう」と部下が誠心誠意ついて行くような人物を、飛行隊長級に選定することであった。

この考え方のほかに、もう一つの理由もあった。それは既に記述したように、第一航空艦隊は目標が基地であろうが、艦船であろうが、大兵力を集中して圧倒的な破壊力を発揮させることを、基本的な戦闘方針としていた。そのためには、各飛行機隊の指揮官に有能なる人物を充当することはもちろんであるが、空中の全軍を統轄する総指揮官に人を得なければならない。かたがた、ハワイ作戦の企図もあり、ますますその必要性を痛感するにいたったのである。

人選に当たって、私が条件として考えたことは次の諸項目である。

一、優れた統率者であると同時に、十分な戦術眼をもっていること。

これについては特に説明の要はない。

二、できる限り偵察者であること。

数百機の大編隊を指揮し、これを作戦上の要求に合するごとく動かすのであるから、操縦を自分でやりながらでは十分なことができないだろう。だから偵察者を希望したわけである。

三、できる限り筆者と兵学校の同期生であること。

こんな作戦は、南雲長官の言にもあるごとくに、同志的結合でなければうまく運ばない。作戦というものは、形式的な命令一本で行くものではない。命令を出すものと、それを受けるものとの間に、ツーといえばカーと響くような緊密な気脈が通じていなければならない。筆者が担当幕僚として、第一航空艦隊の航空作戦を起案し、それを長官に進言しているのであるから、筆者の考えていることが、別に翻訳されなくても空中攻撃隊総指揮官に、直ちにわかるような間柄が望ましいのである。命令には現われていないようなことでも、お互いの事前打ち合わせで処理することがある。このような人物は、そもそも海軍兵学校にはいった時から苦労を共にした同級生の中の親友に求めるのが一番やさしいし、確実な方法である。

右のような理由から、同級生の偵察者の中から三人の人物を選定し、長官、参謀長の許可を得た上で、海軍省人事局に出頭し、航空担当の河本局員にお願いした次第であるが、中央当局は艦隊側の意志を受け入れて、淵田中佐を赤城飛行隊長に任命してくれたわけである。

第一、第二航空戦隊の飛行隊長は、艦攻隊が淵田中佐（赤城）、村田少佐（赤城）、橋口少佐（加賀）、楠見少佐（飛竜）、艦爆隊は江草少佐（蒼竜）、艦戦隊は板谷少佐（赤城）であり、後から艦隊に編入された第五航空戦隊では、艦攻隊、嶋崎少佐（瑞鶴）、艦爆隊、高橋少佐（翔鶴）であった。

これらの人は、すべて大陸における航空戦において、十分な実戦の経験を積み、指揮官としても申し分ない識量を備えていた。この人たちのすぐ下の部下である各分隊長も、その大部分が大陸における実戦経験者であった。

これらの人の中で、第一航空艦隊司令部として、特に名指しで配員を要求したのは、淵田中佐と村田少佐であるが、他の人々は海軍当局の配慮によるものである。時局が緊迫していたためでもあろうが、よくもこれだけの飛行幹部を与えてくれたものと思う。

初めて計画を知らせる

各飛行隊長も前向きの姿勢示す

その日は、秋晴れの良い天気であったが、有明湾に碇泊《ていはく》していた旗艦加賀の長官室は、重苦しい空気に包まれていた。九州の各地に分散して訓練に励んでいた、第一航空艦隊麾下《きか》の各母艦の飛行長、飛行隊長は続々と加賀の舷梯《げんてい》を上がってきた。もちろん各母艦の艦長、各航空戦隊司令官および幕僚もいっしょである。加賀についてから士官室や参謀長室で休憩していた参集者は、定刻十時、打ちそろって長官室へはいり、長いテーブルのまわりに整列して、南雲長官の入室を待っていた。テーブルの上席側には、第二航空戦隊司令官山口多聞少将、第一航空艦隊司令部の草鹿参謀長以下の幕僚が、長官席の左右に控えていた。参集者は、何でいまごろ招集を受けたのかサッパリ見当がつかないので、だれもかれもけげんな顔をしていた。

蒼竜飛行長の楠本中佐は、長官室にはいる前に私に対して、

「いったい何の話があるのだ」

と聞いた。

「うん今にわかるよ」

私の答えであった。

第一航空艦隊司令部の幹部以外で、この日の話の内容がわかっていたのは、第二航空戦隊司令官山口少将とその幕僚だけであったろう。

十月といえば、海軍の年度教育訓練は、その総仕上げの時期で、例年ならば大演習とか小演習にはいるのである。したがって訓練は総合的なもので、とくに洋上の高速目標に対する大飛行機隊の協同攻撃などが中心であった。

ところがこの年は、これらの訓練はもちろんやっていたが、そのほかに碇泊艦に対する爆撃や雷撃の訓練も合わせてやっていた。この種の訓練は、実は最も初歩的なもので、せいぜい年度初頭に少しばかりやるのが関の山である。
(注) 当時の海軍では、十一月初めに人事の大異動が行なわれて、翌年度の人事構成が定まり、十二月一日から新年度の教育訓練が行なわれる。
三月末までに一応基礎的訓練を終了し、四月は母港に帰って補充交代、船体修理、休養を行ない、五月から応用訓練(言わばAdvanced Courseである)にはいる。

五月から八月ごろまでの間に、戦技と称して射撃、発射、運転、通信、飛行等、戦闘技術の万般にわたる訓練とその仕上げが行なわれ、それが終わってからは、主として演習を行ない、艦隊の諸部隊の総合訓練を行なって、年度末を迎えるのを常としていた。

この小学一年生がやるような課目を、大学生、それも卒業間際のものにやらせるのであるから、飛行関係の幹部はもちろん一般の搭乗員たちまで、疑問をもつのは当たり前である。加うるに、当時は日米関係が日ごとに険悪化しつつあったので、万一開戦ということになれば、第一航空艦隊に何か特殊な目標が、与えられるのではないかと思っていたようである。

長官公室の細長いテーブルの上には、黒い布で覆った方形の板が二つ置いてあったが、それが何であるかは、参集者にはおそらく想像もできなかったであろう。

全員がそろったところで、参謀長の草鹿少将は、隣室にいる南雲長官にその旨を報告した。

小柄ではあるが、ガッチリとした体軀をもった南雲中将が、例のいかめしい顔をしてはいって来ると、テーブルの中央に位置を占め、皆をみわたした上でおもむろに話し出した。

「本日みんなに参集してもらったのは余の儀ではない。万一、日米開戦ともなれば、わが第一航空艦隊はＡＩ（海軍で使っていた略語で、ハワイのこと）空襲を行なう予定である。容易ならざる作戦であるが、何とか成功までこぎつけなければならない。問題は極秘中の極秘であり、機密の漏洩は即敗北を意味する。しかし、いっさいを機密の幕の中に包んでいては訓練にも身がはいらないだろうし、また、訓練計画や実施も思うにまかせないだろう。そこで直接飛行隊の教育訓練にあたる各飛行隊長および各艦長、飛行長等に集まってもらった次第である。

計画の概要については、幕僚に説明させるから、十分に打ち合わせをしてもらいたい」

参集者は、南雲長官の話をまばたき一つしないで聞いていたが、長官の話が終わると同時に、テーブルの上の黒い布がとられた。その下から出てきたものは、専門家の作った見事なオアフ島の模型と、もう一つ、仮製の真珠湾模型であった。

オアフ島の模型は、軍令部で作られたものであり、全くよく出来ていた。後に真珠湾攻撃が終了してから、参加搭乗員たちは、

「オアフ島は全く模型と同じようにできていました」

と口をそろえていったほどである。

もう一つの真珠湾模型は、連合艦隊司令部が、旗艦長門の工作関係者に命じて作らせ

たもので、それほど上等ではなかった。でも、湾内の地理や建造物の関係は、正確にできていたので、攻撃計画の立案には十分に役立つものであった。

開戦劈頭《へきとう》、航空母艦の搭載機をもって、ハワイ方面のアメリカ艦隊を攻撃するなどという着想は、それまでの海軍にはなかった。ハワイの中でも真珠湾のあるオアフ島は、日本からは三、四〇〇カイリ以上、アメリカ西岸からは二、〇〇〇カイリの距離にある。要塞島であり、これを攻撃することは敵の内ふところに潜り込んで、心臓部に一太刀浴びせることであって、攻撃圏内に潜り込むこと自体に問題があった。それのみならずいよいよ攻撃するとなれば、厳重な敵の防御態勢をどうして突破するかに測り知れない不安があったのである。

日本海軍が、アメリカ海軍を想定目標の第一に定めてからの三十余年、ハワイ方面のアメリカ艦隊の動静を監視、偵察することには、大きな力を注いでいたが、自ら艦隊の骨幹ともなる兵力を推進し、ハワイ海域で一か八かの決戦を行なうことなどは、ほとんど夢想だにしなかった。日本海軍で行なわれたあらゆる演習、あらゆる図上演習、あらゆる兵棋演習は、すべてマリアナ列島以西の海面において、大挙進攻してきたアメリカ艦隊を邀撃し、これと決戦することであった。

南雲長官の話を聞いた一同は、ただ一人の例外を除いて、黙々としてうなずいていた。もっとも、腹の中でどう考えていたかは別物であるが、少なくとも表面は極めて冷静であり、顔色一つ変えるものもいなかった。作戦実施の場合に、空中部隊の指揮官となる各飛行隊長、および各母艦の搭乗員たちのボスである各艦の飛行長たちは、皆、大陸の航空戦に従事したその道のベテランであるから、あるいはわが意を得たりと思ったものもいたであろう。

南雲長官の話が終わると直ちに、参謀長の草鹿少将が引き取って、

「まだ攻撃計画は立案中であり、諸君の意見を徴した上で練り上げるのであるが、この作戦が成功するか否かは、一にかかって雷撃が可能であるかどうかにある。

山本長官もその点を非常に心配されている。いまから航空参謀にハワイ方面の概況と攻撃計画の素案を説明させるが、雷撃の能否について、一応の見当をつけてもらいたい」

そこで当時、航空参謀をしていた私が、テーブルの上に置いてある二つの模型を土台として、真珠湾およびオアフ島方面のアメリカ軍の配備、訓練状況、地形等について説明し、次いでわが方の攻撃計画の大要を説明した。攻撃計画そのものは、後に実際にやったものと大差はないが、その中で雷撃計画と水平爆撃の兵力配分については、当事者の意見具申に基づいて、基本的構想まで変えることになった。

それから、各専門別に分かれ、雷撃関係、水平爆撃、降下爆撃、戦闘機等、それぞれのグループで攻撃の能否、方法等に関し、模型について研究した。もちろん、焦点は雷

撃ができるかどうかについての判断であった。

それまで、約六か月にわたって、浅海面における雷撃の訓練はやってきたのであるが、それはただ、やったというだけであって、どこの何を目標にするなどという具体的なものはなかったのである。したがって実施者に当たったパイロットたちも不審に思っていたに違いない。司令部だけで承知し、実施者には知らせないで訓練するなどということは、全く能率のあがらないことであるが、それまでの段階においては、何といっても機密保持が第一であったからやむを得ない。加賀乗員の鈴木三守大尉は、目的もはっきりしない浅海面雷撃訓練について、

「必要なことですなあ」

と私にもらしていたが、あるいは真珠湾攻撃などを心の中に描いていたのかもしれない。

雷撃関係者の中心は、何といっても赤城飛行隊長村田重治少佐であった。この人のことについては、後ほどくわしく記すことにするが、当時、第一線指揮官の中で、雷撃に関する最高の権威であった。雷撃を研究した人々は、このほかに加賀飛行長・佐多直大中佐、翔鶴飛行長・和田鉄二郎中佐、飛竜飛行長・天谷孝久中佐、蒼竜飛行長・楠本幾登中佐らがおり、いずれも永年にわたって海軍の雷撃隊で訓練を積み、またその指導に当たってきた人たちであった。今は飛行長の職にあって、雷撃隊を直接指揮する立場に

はないが、雷撃能否の判定や、その訓練計画、攻撃計画の立案に関しては、まこと得がたいアドバイザーであった。

私は戦闘機パイロットであって、雷撃に関しては全くの素人である。私の見当では何とかなるとは思っていても、やはり専門家の確たる同意を得たかった。

模型と真珠湾の軍機海図を参考にして、この人たちがしばらく考えて、いろいろ相談もしていた。私が村田少佐に聞いた。

「どうだ、ぶつ、出来るか？」（村田重治少佐のことを、同僚たちはぶつと呼んでいた。由来は知らない）

「何とかいきそうですなあ」

十二月八日、海戦史上未曾有《みぞう》の遠征作戦において、決定的な戦果をもたらしたそもそもの因《もと》は、この村田少佐の返答にあったような気がする。

佐多、和田等の諸先輩もおおむね同様の見解をもっていて、これができないといったものは一人もなかった。

もちろん、当時何人《なんぴと》も百パーセントの確信をもっていたわけではない。それは、その後の訓練において、克服しなければならなかった数多くの障害に照らしても明らかである。しかし重要なことは、ここで前進の決意を固めたことである。いくら大きな困難でも、これを排除しようとする決意があってこそ、初めて打開の道を求め得るのであって、ものごとはあきらめたが最後、絶対に成就する見込みはないのである。

連合艦隊司令長官山本五十六大将は、真珠湾攻撃作戦の発案者であり、また最も強力な推進者であり、かつその決定権所有者でもあった。しかし、つねづね「もし、雷撃がどうしてもできない場合には、この作戦はやらない」ともいっていたのである。したがって、空中指揮官たちが「どうしても雷撃は不可能です」という意見を出したならば、あるいは真珠湾攻撃は闇《やみ》から闇に葬られたかもしれない。

もちろん、強力な意志の持ち主である山本大将のことであるから、簡単にあきらめることはなかったであろう。人の入れ替えとか、研究の推進とか、いろんな方法で解決を図ったであろうけれども、機動部隊が内地を出港したのが十一月十七日であるから、余裕はわずか一か月余であった。人間の入れ替えなどをやっていたならば、とうてい期日内に間に合わせることはできなかったし、開戦時機を遅らせるか、真珠湾攻撃を中止するかの重大決断を迫られたであろう。

水平爆撃や急降下爆撃等に関しては、何らの問題はない。問題はただ飛行機隊発進地点まで、隠密《おんみつ》裏に母艦群をもって行き得るかどうかにかかっていた。

ともかくこの日の集合において、各飛行隊長が前向きの姿勢を示したことは、今後の訓練を推進し、具体的な計画を立案する上に大きな刺激剤となったことは確実である。

この作戦構想を私が知ったのは、その年の一月末であるが、その後、何度となく連合艦隊の佐々木参謀が私に聞いた。

「長官が一番気にしていられるのは、司令部などの意向ではなく、搭乗員にやる気があるかどうかということである。その点は、どうであろうか」

「搭乗員に関する限り、絶対にご心配はいりません、と申し上げてくれ」

これが私の答えであった。ハワイ攻撃の意図があることを搭乗員に知らせ、その上でこんな返事をするのなら話もわかるが、機密保持の関係上そんなことはできない。搭乗員たちがどんな反応を示すかは、全く私の一存で返答をしたのであった。もっとも、私の一存とはいっても、腰だめではない。第一航空艦隊の各母艦に配乗している各搭乗員、ことにその幹部は同じ海軍航空隊で育ち、その中でも母艦育ちの連中である。いわゆる同じ釜の飯を食った間柄であった。私も海軍航空の半分は母艦で過ごしたのであって、これらの人々の性格については、十分に知っていたつもりである。

山本長官のハワイ攻撃に関する意図を知ってからは、人事についても気を配って、それとなく適材を集めつつあったのである。たとえば雷撃隊の隊長となった村田少佐である。彼は、八月末の大異動の際に、横須賀航空隊教官から第四航空戦隊竜驤の飛行隊長に転任してきたのであるが、第四航空戦隊は、ハワイ攻撃部隊には予定されていなかった。竜驤は小型の母艦であって、搭載機数も少なく、とうていこの作戦の一角を担うに足りるものではなかった。彼が竜驤着任の直後、第一航空戦隊加賀の甲板を利用して着

艦訓練を行なったときに、ちょうど加賀の艦橋で彼の着艦を見ていた私は、
「ぶつを雷撃隊長にしなければならない」
ということに考えついた。

それから人事局に交渉して、彼を赤城の飛行隊長に転任させてもらったのである。

当時、大陸においては日中戦争が継続中であり、この方面に有力な幹部を割愛せざるを得ない立場にあった上に、既に四年にもおよぶ大陸の航空戦で、多くの有為な飛行将校を失ったわが海軍は、飛行隊長級の不足に悩んでいた。

第一航空戦隊の各母艦は艦攻、艦爆、艦戦の三機種をもち、それぞれ一個飛行隊を編成していたが、飛行隊長は各艦に一人であった。艦攻の飛行隊長がいるところでは、艦爆、艦戦は、先任分隊長が飛行隊長の職務を兼務し、艦爆の飛行隊長がいるところでは、艦攻、艦戦はそれぞれ先任分隊長が職務を兼務していた。

しかるにひとり、艦隊旗艦である赤城には、飛行隊長が二人いた。艦攻の淵田中佐、艦戦の板谷少佐である。淵田中佐は既に前年、赤城飛行隊長を経験した人物であり、もう飛行長になるべき人であった。板谷少佐は、もちろん戦闘機パイロットとしてのベテランである上に、兵学校をクラスの首席で卒業したほどの秀才である。飛び抜けて優秀な飛行隊長が二人もいるところへ、同じ艦攻隊の飛行隊長として雷撃の権威、村田少佐を迎えたのであるから、注意深い観察者ならば第一航空艦隊が何か異常な任務を与えら

れ、その体制の整備に努めつつあることくらいは判断できたであろう。

「人のふり見てわがふり直せ」という諺《ことわざ》があるが、機密保持にあたるもの、情報の入手に努めるものは、ほんのちょっとしたところから重大な機密がもれ、また何でもないと思われるものから、相手側の企図をさぐり出す端緒を得るものであることに思い至るべきである。


私が山本長官の問いに対して、確信をもって答えることができたのも、これら幹部搭乗員の性格について、かねてからよく知っていたからである。

第一航空艦隊各母艦の飛行隊長や、分隊長の中には、大陸の航空戦ことにその初期に行動を共にしたものが多かった。単に平時の性格だけでなく、惨烈な戦陣の中でどんな反応を示すかということについても知っていたのである。


要するにこの日の集合において、人類が未だかつて経験したことのないほどの冒険的な作戦企図を知らされた。飛行隊長たちの受け止め方は極めて冷静であった。後ほど、その中のある一人に、

「長官の話を聞いたとたんに、どう思ったか」

と聞いたところ、

「はじめは、ちょっとギクッとしました」

といっていたが、これは真実であろう。これほどの作戦企図を聞いて、ギクッとしな

いものはよほどの偉物か、ノロマであろう。　問題は、内心の動揺を外に出すか、出さないかにある。

先ほどただ一人の例外といったが、これは集合者の中でも最高級に属するある一人の将校であった。長官の話が終わるとさっそく口を開いた。

「長官、これは大変なことですぜ」

「いや、これは容易なことではない。大変だ」

等々の言葉を連発していた。南雲長官はただ黙って聞いていたが、列席者の中でこれに受け答えしているものはいなかったと記憶している。

大変なことであることも、容易なことでないことも、すべてわかっているのだ。そんなことを論議するための集合でもなかったのである。集合の目的は、障害の排除に衆知をしぼることと、明確な目標を示して、今後の訓練に一層の身を入れることにあったのである。

列席者の中には、その人の部下も多くいたが、指揮官がとまどっている様子を見て、どう思ったであろうか。人の上に立つもの、ことに死生の間に処して多くの部下を統御しなければならぬものは、どんな困難にぶつかっても絶対に動揺してはならない。たとえ内心に若干の動揺があったとしても、決してそれを態度や言葉で表わしてはならないのである。平生いかに大言壮語したとしても、また事務的才能が優れていたとしても、重大局面や死生の関頭に立ったときに動揺するものには、部下はついていかないのである。

開戦後、重大局面に際会したとき、この人の指揮官としての評価は、はなはだ疑わしいものが多かった。海軍当局の人事行政には、非常に優れたものが多かったが、中には指揮官の選定に誤りをおかしたものもあったのである。

困難を排除したパイロットたち

浅海面雷撃に自信つける

アメリカ艦隊が洋上を行動中であるとか、ラハイナ泊地にあるような場合には、雷撃は問題でなく、日本海軍が永年にわたって研究し、演練してきた雷撃法をそのまま適用すればそれで十分である。こんな場合には、第一航空艦隊が保有していた艦上攻撃機を全部雷撃機として使用し得るので、雷撃効果はますます大きくなることが確実に予想できる。しかし、敵が真珠湾内に在泊しているときは、そんなわけにはいかない。われわれがその時までに知り得た情報＝日本海軍の真珠湾軍機海図に記載してあるもの＝では、同湾の水深は一二メートルとなっていた。だからどうしても魚雷の沈度（魚雷が発射され、調定深度につくまでは深度が深くなる。その最大深度をいう）を一二メートル以内に押えなければならない。

ところが、当時の日本海軍が常用していた発射高度は、五〇メートルないし一〇〇メートルであり、大飛行機隊の同時攻撃で空中が錯綜《さくそう》する場合には、最大二五〇メートルに及ぶこともあった。したがって沈度は、おおむね六〇メートル付近で、ときには一〇〇メートルに達することもあった。

こんなことでは、真珠湾の雷撃などできるはずがない。だから四月十日に第一航空艦隊が編成されてから、間もなく浅海面雷撃の訓練研究を始めたのであるが、何分にも極秘裏に進めなければならないので、ほんの雷撃隊幹部の一部が実験発射を行なうだけで、とても雷撃隊全員の訓練とまではいかなかった。発射の成績は、時に良く時に悪く、平均すれば沈度一二メートル以下の駛走《しそう》率（魚雷が計画どおり駛走する率）は五〇パーセント程度で、とてもこれに全面的な信頼をおいて、実際の場面に適用し得るものではなかった。

それでも、山本長官の目の前でやった発射実験が見事に行なわれたこともあって、長官としては、多くの望みをかけていたかもしれない。

たしか十六年の七月か八月、長門が柱島水道に碇泊していた時のことである。加賀の分隊長北島一良大尉が雷撃機を操縦した。私は同大尉とともに、発射の前日呉飛行場に飛び、当日は長門の甲板で発射実験を見ていた。目標艦となった長門は、右舷側に魚雷防御網を展張し、魚雷が舷側に衝突して沈没したり、傷つけたりすることのないように

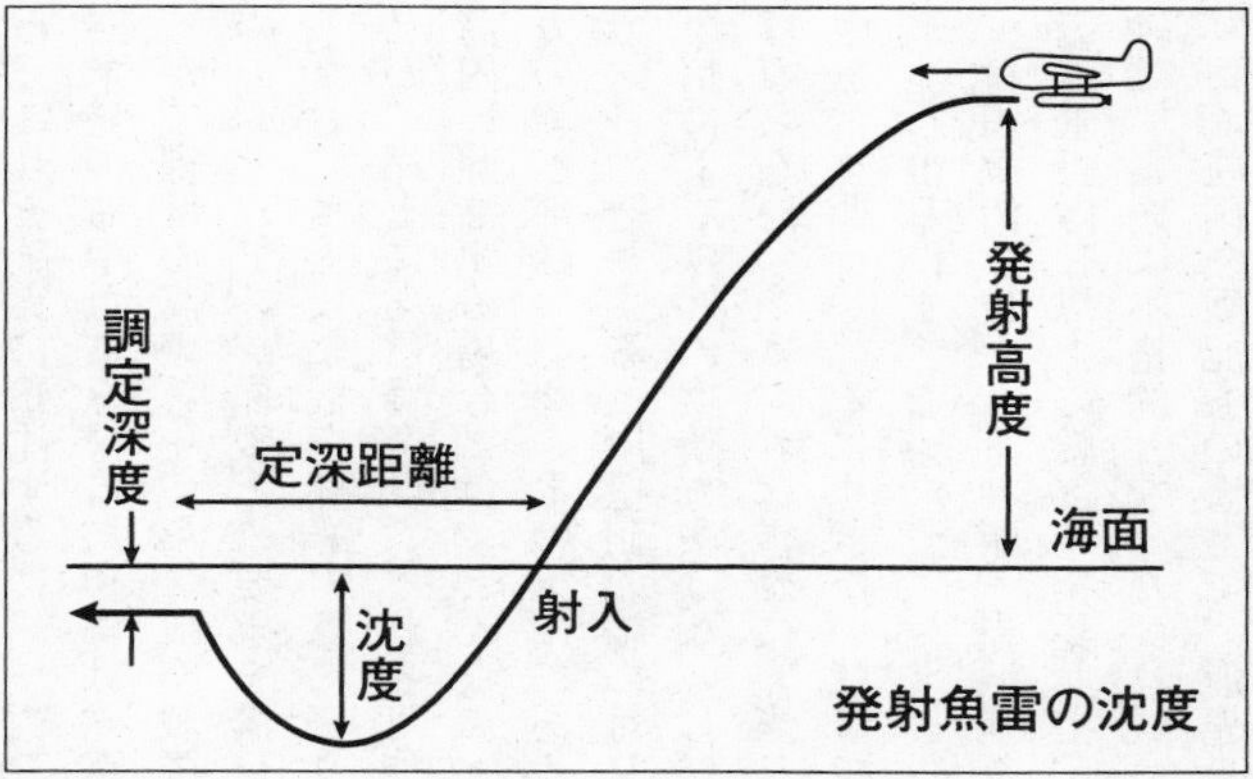

していた。

北島大尉はもちろんベテランであるから、発射運動は見事なもので、高度六メートル、距離一〇〇〇メートルで発射したが、魚雷は真っすぐに長門の後甲板下、参謀長室の真下くらいに命中した（命中は当たり前である）。見ていた山本長官が宇垣参謀長に向かって、

「参謀長、君の部屋あたりがやられたぞ！」といったくらいである。

しかし、一般的に、発射魚雷の深度記録計を調べてみると、沈度一二メートル以内におさまるものは五〇パーセント以下で、もし発射前に撃墜されたり、被弾のために発射不能になるものを考えるならば、全雷撃機の二五パーセント以下の命中魚雷を得るに過ぎない。真珠湾内のフォード島東西両岸に碇泊し、雷撃可能な戦艦、航空母艦の数は、少なくとも八隻はあるだろうから、これを確実に撃沈するに、一艦五発として四十発の命中魚雷を得なければならない。四十発の命中魚雷を得るためには、百六十機の雷撃機を用意しなければならない。ところが、練度の高い第一、第二航空戦隊の艦上攻撃機全部を合わせても九十機にすぎないので、とうてい、作戦上の要求を満足させることにはならないのである。

なお、艦上攻撃機全部を雷撃に振り向けるわけにはいかなかった。敵がラハイナ泊地とか、洋上にある場合は、それも可能であり、またその方が望ましいのであるが、真珠湾内に碇泊する場合には、どんなことをしても雷撃できない艦がいるのである。アメリカの戦艦部隊でフォードの東岸にあるものは、二隻ずつ抱き合わせて碇泊しているからである。そうすると岸壁側の艦に対しては何としても雷撃ができない。この内側の艦は爆撃による以外に攻撃方法はないし、爆撃には少なくとも五個編隊くらいは割かなければならない。そうすれば雷撃に充当し得る艦攻は三十六機となり、わずか九発程度の命中魚雷を期待し得るにすぎない状況であった。九発では戦艦、航空母艦合わせて二隻を撃沈し得るにすぎない。

村田重治少佐が九月初頭、赤城飛行隊長として着任し、それに十月初頭旗艦加賀に各艦の飛行隊長以上の幹部を招集して、ハワイ攻撃の企図を告げてから、雷撃法の研究訓練はいよいよ本格的となった。

よく映画や戦記ものなどで、鹿児島市の上空を人家の屋根すれすれに飛び、鴨池付近で左旋回して雷撃行動にはいる場面が出てくるが、あれはこの時から十一月中旬の基地引きあげまでの訓練の一面である。

村田少佐はこの年の八月、艦隊に転出するまでは横須賀海軍航空隊の分隊長であり、その以前に特修科学生として雷撃の専攻をやっていた。横空分隊長としての彼は、海軍航空における雷撃法の実験研究が主任務であった。その以前は知らず、当時においては名実共に海軍における雷撃の第一人者であった。

村田少佐によって、雷撃の訓練は激烈化するとともに、組織的にもなり、理論と実際との調節も適切に行なわれるようになったのであるが、発射魚雷の沈度制限はなかなか進まなかった。技術面においては停滞を脱することはできなかったが、用法面においては、画期的な提案がなされた。

従来から、わが海軍の攻撃隊の基本的編隊は九機編隊であった。三機をもって小隊、九機をもって中隊、二十七機をもって飛行隊とするのが基準であった。そうして爆撃は九機の密集編隊でやるのである。こういう編隊は列国も採用しているのであって、ほとんど常識ともなっており、これに変更を加えることなど考えてもいなかったのである。

十月初頭の旗艦加賀における飛行隊長以上の集合があってから数日後、私は鹿児島基地を訪れた。基地の士官室にはいるとすぐに、淵田中佐が村田少佐と連れだってやってきて、ニコニコしながら相談をもちかけた。

「ぶつと相談したんだがね、艦攻の九機を二つに割って、四機を雷撃、五機を水平爆撃ということにしたらどうかと思うんだ。四機ならば、腕のいいパイロットはすべて雷撃に回せるし、多分、碇泊艦それも二隻ずつメザシのように並んでいるやつを爆撃するんだから、五機でも十分に目標は捕捉できるんだ。

　赤城と加賀は四機編隊の雷撃隊を三隊ずつ、蒼竜と飛竜は二隊ずつということにすれば、精鋭な雷撃機四十機、水平爆撃隊は一航戦から五機編隊を六隊、二航戦から四隊とすれば、十隊五十機の攻撃隊ができる。

　この方が、九機編隊十隊よりはるかに有効だと思うんだが、どうだろうか」

　これは名案である。淵田の案か村田の案か、あるいは二人の合作かどうか知らないが、一、二航戦艦攻隊九十機の勢力を、二倍にまではいかないまでも一・五倍くらいに増勢しただけの価値がある。私は一も二もなく賛成して、

「そういうことにしよう。そのつもりで訓練を進めてくれ」

「司令部の攻撃計画も、その方向で作成する」

　ということになった。だれが考えたかは知らないが、村田重治という人物がいなかったならば、この案が日の目を見ることはなかったであろう。

　十一月四日から六日にかけて、ハワイ攻撃部隊は艦船の全力と飛行機隊の大部をもって、佐伯湾在泊中の連合艦隊および佐伯航空隊を真珠湾に擬し、最後の演習を行なった

のであるが、この時、有明湾に設置した目標に対する雷撃成績は、雷撃隊懸命の努力にもかかわらず、思わしい成績をあげることができなかった。もうこの時には、十一月十七日には機動部隊は佐伯湾を出撃することになっていたので、余裕は十日もなかった。それでいて雷撃の目鼻がついていなかったのであるから、全く困ったものである。六日、雷撃隊（赤城、加賀）の幹部が鹿児島基地において善後策を講じたのであるが、さすがの村田少佐も、この時ばかりは弱音をはいていた。

「もう、どうにも手がない。艦爆隊の健闘にまつほかはない」

と。

日本海軍の雷撃隊を代表するほどの練達者が、額を集めて真剣な協議をしているのであるが、どうも名案が出ない。あるいは雷撃をあきらめなければならないのだろうか。そうするとハワイ攻撃の胸算はずいぶんと狂ってくることになる。

みんなの話を聞きながら、私は別に胸の中で計算をしていた。雷撃が駛走率五〇パーセントとすれば、発射前に四割を失うとしても、十二本ていどの命中魚雷を期待し得るであろう。もし完全奇襲ができたならば、二十本程度の命中魚雷で、戦艦・航空母艦あわせて前者の場合二ないし三隻、後者の場合四ないし五隻に大打撃を与えることができるであろう。

雷撃を行なう場合、最も困るのは、敵が防御網を展張している場合である。この場合は、全部爆撃にたよるほかはないのであって、攻撃効果ははなはだしく低下するであろう。

雷撃に大きな期待をかけ得ないときでも、水平爆撃隊の捕捉率八〇パーセント、命中率四〇パーセントと八〇パーセントの編隊が攻撃可能とすれば、十二〜十六発の八〇〇キロ徹甲爆弾の命中を期待し得るであろうし、これは戦艦二隻くらいに致命傷を与え得るであろう。

なお、この場合、一、二航戦艦爆隊の全力は、航空母艦に攻撃を集中する。八十一機の艦爆で、命中率を控え目にみても三十発くらいの命中を期待し得るであろうし、これは航空母艦三隻に致命傷を与え得るであろう。

要するに最悪の場合でも、在泊航空母艦の全部と、戦艦二隻くらいに、当分（約半年）出撃不能の打撃を与えることができるだろうと踏んでいた。これという名案のないままに、思案投げ首が続いていた時に、赤城の若いパイロット根岸朝雄大尉が、ポツリと言い出した。

「どうです、隊長、発射時の機速をうんと下げて一〇〇ノット、高度も六メートルにし、機首角度を上四・五度ということにしてやってみたら。この方法でやって、良く走った経験があります」

「そうか、敵前で一〇〇ノットはどうかと思うが、この際、そんなことはいっておれんなあ」

「そうです、のるかそるかです。これでやらしてください」

「よし、それでやってみよう」

村田隊長は、根岸大尉の提案をその場で採用し、急いで実験してみることに決定を下した。

もう一つは、村田少佐が横空時代に実験研究した、浅海面発射法をほとんどそのままやってみようということになった。この件りは「日本海軍航空史(1)用兵篇」から引用する。

安定機の考案と発射法の完成

飛行機から投下され水面に射入した魚雷は、一旦は惰力によってある程度沈入（この量を沈度という）するが、その後は深度機の作用によって自動的に操舵して多少の波状運動を反覆した後、予め調定した一定の深度を保って安定航走に移ることになる（魚雷の射入点から調定深度を安定航走に移る点までの距離を定深距離という）。一般に定深距離は沈度に比例して増減すると考えられている。

さて、発射法の見地からすれば、沈度も定深距離も共に小であるほど有利であるから、技術的にその短縮が要求されることは当然である。それで実際に飛行機から発射された魚雷の水中雷道を精密に機械的調査を行なった結果、射入状態は良好であり、かつ射入角は同一であっても、沈度に著しく深浅の差があることが初めて発見されたので、その原因を究明し対策を講ずることが最も重要な課題となった。理論的に原因を探究することは不可能であったが、偶然の思いつきで魚雷の上面に明瞭な太い白線を画いて飛行機から投下し、着水するまでの魚雷の状態を高速写真で撮影して調査したところ、ほとんどの魚雷は空中で長軸の回りを横転し、はなはだしいのは空中で二回転くらい横転することを発見した。仮に九〇度横転して射入したとすれば魚雷の縦舵機と横舵機は反対の作動をすることになるので、射入状態は良くても水中雷道の初期は目茶目茶になり、著しく沈度が不軌となることは当然である。この難問を克服するために生まれたのが転輪を利用した安定機である。すなわち、魚雷が飛行機を離れる瞬間に安定機が発動して両側に突出した安定舵を操縦し、転動を防ぎつつ正しい姿勢で射入されるので横舵の効きはよく、したがって沈度は浅く安定し、定深距離も整一されて短くなり、水中雷道が非常に良好になる仕組みである。安定機は空中と水中の両方で作動しなければならないので、水中舵として適当な大きさ（八センチ角）の鋼製の翼を魚雷に固着し、空中舵としてはさらに幅一二センチ、長さ二〇センチの木製板をこれに継ぎ足して舵の利きをよくし、射入時の激流で木製舵は取り除かれるようになっている。

魚雷の横転という夢想もしない不可解な難問に直面して、文字通り不眠不休、寝食を忘れて遂に奇想ともいうべき安定機の完成に成功した航空廠片岡政市少佐（後大佐、病没）の功績は特筆に値するものであり、同時に、度重なる空中実験に、技術を信じ労を惜しまずこれに全力を挙げて協力した横須賀航空隊第三飛行隊の異常な熱意には敬服のほかはない。もちろん安定機を完成するまでには多数の協力者のあったことは認めねばならぬが、その中心は片岡少佐であった。

片岡少佐は淡白謙虚な武人で、航空魚雷の改良に全身全魂を捧げ、全く他を顧みなかった。従って彼に長く接したもののほかはその切磋《せっさ》琢磨《たくま》の苦心を知るものははなはだ少ない。

かくて、空中実験において安定機の効用は見事に立証され、発射法上の諸懸案は一挙に解決されたので、対艦船攻撃手段として雷撃の価値を不動のものとした。また、後節において記述する浅海面発射法も、技術上の問題としては安定機の完成によって容易に解決し得たものである。さらに、魚雷本体についていえば、当時使用中の九一式魚雷は、安定を保持する必要上頭部に空室があったが、安定機の装備によってその必要がなくなり、空室にも炸薬を充填して威力を増大し得たことは、副産物とはいえ、その利点は看過できない。

安定機が制式兵器に採用されたのは、昭和十六年六月頃のことで、その年度の教育訓練用として各部隊に供給することはできなかったが、その頃予測された非常事態に備えて三菱兵器製作所では血みどろになって生産に従事し、ようやく十一月末に至って安定機付改造魚雷百本が完成し、全母艦と一部陸上航空部隊に九一式魚雷改二として供給し得たが、これがはからずも真珠湾攻撃、マレー沖海戦の偉功となって報いられたのである。

当時、航空本部にあって雷撃兵器の生産を担当した愛甲文雄少佐（後大佐）の努力は非常なものであった。また、その頃三菱兵器製作所の工作部長であった福田由郎氏は次のように回想しているが、所員全員の熱誠溢れる奮闘にはただただ感激のほかはない。

「昭和十六年六月だったと思う。私が工作部長兼務の時で、大東亜戦争勃発の半年ばかり前のことだった。突然海軍省から、九一式航空魚雷百本を、安定機を取り付けるように改造し、いつでも直ぐ発射できるように入念に調整し、十一月十五日までに佐世保軍需部に完納せよという電報命令を受けとった。

早速協議をしたが結果は、いかなる手段をとっても当時の生産能力では十二月十五日でないと完成しないので、その旨返電したところ、折り返し〝本命令は絶対なり。万難を排して遂行せよ〟という指令に接した。これは只事ではないと予感がして思わず身震いを感じた。一体安定機を取り付けるということは、飛行機からの落下射入に対して姿勢を乱さず水中に潜り、したがって射入深度が浅くなる、すなわち浅い海で使用する場合に絶対必要な装置であることを知っていただけに、さて浦塩は浅いと聞いているが浦塩で何か起こるのかなと考えたが、そんなことはどうでもよい、かくなる上は致し方ない、今日あるがためのわが兵器である、唯々黙々としてこの要請に副うだけである。ヨーシ来た、やるぞ。しかし尋常一様の方法では到底間に合わない。

当時は、法規によって就業時間に窮屈な制限があり勝手に超過時間の就業は許されなかったのであるが、私は最後の非常手段として従業員一同に対し〝官庁への責任は己が負うから十一月十五日に完納するまでは三十六時間連続作業（二日に十二時間休養）を決行する外はない。是非協力して貰いたい〟と大変な意気込みで長時間勤務を申し渡したのである。幸い全従業員も以心伝心何事かを深く感得して、誰一人不服を言う者もなく、それこそ真剣に一生懸命取り組んでくれた。遂に最後の一本を命令された納期の前日十一月十四日に完納することができた。この日納入から帰ってきた納入掛の者は〝大変です。佐世保軍需部に運搬したところ間に合わぬ故向こうの母艦に納入せよと言われ艦に持ち込んできました。急に何か起こりそうです〟と報告した。

自分で作り自分で調整し、軍ではほとんど手をつけないで発射し得る魚雷を送り込んだ全従業員は、固唾を呑んで不安な日を過ごした。果たせるかな、翌月十二月八日宣戦布告に引き続き真珠湾、次いでマレー沖の戦果が報告され、南雲閣下初め海軍の皆様から魚雷攻撃成功の感謝の祝電をたくさん頂いた。全従業員を集め岸本鹿子治所長が〝この大戦果を収めた魚雷には当所の標識が刻まれている。すなわち諸君が心血を注いで作りかつ調整したあの魚雷である〟と発表したところ、全従業員はただ抱き合って泣くばかりだった。泣けて泣けて仕方がなかったと言うのが当時の真実の感激だった。従業員は各自で調整した魚雷の首尾を案じ、毎日神社に参拝し祈願していたとのことであるが、これまた感慨深いものがある。（後略）」

この実験の結果を私たちが知ったのは、出撃準備のために佐世保に入泊していた十一月十日のことである。鹿児島基地にある赤城飛行長増田中佐から、

「本日発射実験の結果、第一法、第二法ともに駛走率八三パーセント」

という意味の電報を受け取った。ここに第一法、第二法というのは次のとおりである。

射法＼諸元	発射高度	発射時機速	機首角度
第一法	一〇～二〇メートル	一六〇ノット	〇度
第二法	七メートル	一〇〇ノット	上四・五度

単冠湾で空母に積まれた浅海両用の魚雷

この電報を佐世保在泊中に受け取ったとき、南雲長官以下司令部の幕僚は、いずれも救われた感じがした。少なくとも攻撃に関する重大な障害の一つは乗り越えた気がしたのである。

浅海面発射のために特別な装置（水平安定板）を施した魚雷は、一部は佐世保入港中に受け取ったが、残りはエトロフ島単冠湾に、後ほど加賀が持ってくることに手はずしたのである。

雷撃に関するもう一つの難問は、敵がその舷側に魚雷防御網を張っていた場合と、もう一つは、真珠湾内に阻塞気球を揚げていた場合である。阻塞気球は、戦闘機の銃撃によって撃墜し、しかる後攻撃することもできるが、防御網を展張されていたならば、まず手はない。網切器については、航空技術廠や横須賀航空隊に依頼して、いろいろと実験研究をしてもらったのであるが、どうしても沈度が大きくなり、真珠湾攻撃には間に合わなかったのである。

飛行機隊としては、前衛機が防御網に穴をあけ、後続機がその穴を通して魚雷を走らせることまで考えたのであるが、もし実際に防御網が展張されていたとすれば、雷撃の成功は望み得なかったであろう。

真珠湾のような狭隘《きょうあい》な海面で、しかも水深が一二メートルなどというところで、雷撃を行なうなどということは、ちょっと従来の海軍の常識では考え得られないことであった。これを見事に成功させたのは、雷撃隊長村田重治少佐以下、雷撃隊員の異常な努力と勇気に負うところが多いのはもちろんであるが、その背後に航空技術廠の片岡政市少佐、航空本部の愛甲文雄少佐（何れも後大佐）ほか、海軍技術当局、長崎の三菱兵器製作所従業員等の懸命な努力があったことを忘れるわけにはいかない。

これらの人々は、わが海軍が真珠湾攻撃を企図しているとは考えていなかったであろう。あるいは浅海面雷撃を強調したので、どこかの湾内を想像したかもしれないが、まさか真珠湾とは考えなかったであろう。しかし、こういうことを、あまり詮索《せんさく》しないで仕事に励んでくれたことは、作戦成功の大きな原因の一つである。たとえ憶測であろうとも、うわさが広がればそれだけ相手に警戒させることになるからである。

その点は、雷撃隊搭乗員百二十名（うちパイロット四十名）について、ことに然りである。将校を除く搭乗員（大部分の搭乗員はこれである）が、ハワイ攻撃の企図を知らされたのは、単冠湾在泊中、十一月二十四日であった。赤城にあるオアフ島と真珠湾の模型を一般搭乗員が見たのも二十四、二十五日の両日だけである。

にもかかわらず、最も困難な任務を割り当てられた雷撃隊が、驚くべき戦果を挙げたのは、指揮官村田重治少佐の指揮統率そのよろしきを得たことによるところ極めて大きい。

彼は、日露戦争で勇名を馳せた軍神橘中佐と同じ、島原半島の出身である。一見豪胆な存在であるが、その実なかなか細心であり、人の見ているところでは遊んでいるが、だれもいないところではよく勉強するという性格であった。

航海中、赤城の艦橋甲板は、飛行将校たちのたむろする場所であり、雑談の花を咲かせていたのであるが、その中心はいつも「ぶつ」（村田少佐）であった。どんなに皆が沈痛な気持ちでいるときでも、彼があらわれると座が明るくなるのであるから、全く大した存在であった。

十六年十一月末、アリューシャン群島の南方海面を、粛々として機動部隊が東進を続けていたときのことである。攻撃計画の中で最大の期待をもたれているのが雷撃隊で、その雷撃隊が一番槍《やり》を承っていたのであるから、雷撃隊の指揮官村田少佐は一番槍のそのまた一番槍でもあったのだ。その「ぶつ」に私が注文をつけた。

「おい、ぶつ、君は真っ先に攻撃するのだから、敵の旗艦をねらわなければならん。それも、長官室の真下に魚雷をぶち込んでもらいたいんだ」

「そうだ、そうだ」

とまわりにいた淵田とか千早などという連中も同意した。

「えっ！　じゃキンメルがですね、朝食のコーヒー・カップを、こういうふうに半分持ち上げたところに、どかんとやらなければならんのですね。こりゃ困った、参謀、楽じゃないですよ」

昭和十七年一月末、機動部隊がラバウル方面に作戦中のことである。当時、アメリカ側では、真珠湾攻撃に関する軍法会議が問題になっていた。このうわさを聞いたからであろう。

「航空参謀、アメリカの軍法会議の話を知っていますか？」

「いや、知らんよ、どうしたのだ」

「はあ、そうですか、では教えましょう。なんでも、キンメルが法廷に呼び出されたそうです」

「ほう、それで？」

「ところが、あんまりあわてていたもので、前をよくしめていなかったらしいんです」

「……」

「そこで裁判長が注意しました。キン見ゆるぞと」

「なに！」

「キンメルも負けていなかったようです。さっそく、でも帯が解けている（ルーズベルト）のより良いでしょうと」

「馬鹿野郎！」

　ざっとこんな風である。

　彼は上官には信頼され、同僚には好かれ、部下には尊敬された。真珠湾攻撃があれほどの戦果を挙げることができたのは、この名飛行隊長の統率と計画に負うところ極めて大であった。

　それほどの彼も、十七年十月二十六日、南太平洋海戦で、敵空母雷撃に出て行ったたまま帰ってこなかった。名雷撃隊長、村田重治大佐の墓は、長崎県島原市の菩提寺にある。

パイロットの名リーダー

水平爆撃の精度著しく上がる

敵艦隊が洋上にある時に、艦上攻撃機が水平爆撃を行なうことは極めてまれである。それというのも、艦上攻撃機には雷撃というもっと有効な攻撃法があるからである。しかしわが海軍では、異種異方向同時攻撃が敵の対空砲火を分散せしむるのみならず、多数機の同時集中攻撃を容易ならしめるので、水平爆撃の訓練は毎年行なわれていたのである。

ところが何分にも動的に対する水平爆撃の命中率が、最高のときでも一〇パーセントを上回ることはなく、多くはそれ以下であったことは、一撃必中を本旨とする洋上航空戦にはピンとこないものがあった。

一方において、五〇パーセント前後の命中率を期待し得る急降下爆撃と、七〇パーセントから八〇パーセント、時には一〇〇パーセントの命中率をも期待し得る雷撃という攻撃法をもっているときに、公算爆撃を建て前とする水平爆撃は、艦隊戦闘に関する限り年々その影を薄くしつつあったのである。

昭和十五年九月二十七日、日独伊三国同盟が締結せられてから、わが国をめぐる国際情勢は急激に悪化の一途をたどり、われわれ第一線にあって中央の情勢に暗いものでも、いずれは一戦を交えなければならないことになるだろうとひそかに考えていたほどであった。だから、訓練も激しさを加えたのは当然であるが、同時に、実戦に臨んではどうするかについて、真剣に考えさせられる状況にあったのである。

昭和十六年三月に行なわれた連合艦隊甲種戦闘飛行においては、第一航空戦隊加賀の雷撃隊は、ほとんど一〇〇パーセントの命中成績をあげ、急降下爆撃も六〇パーセント以上の命中率であったのに対し、水平爆撃は相も変わらず一〇パーセント以下を低迷していた。もし一〇パーセント以下の命中率ならば、赤城・加賀・蒼竜・飛竜の四隻に搭載する艦上攻撃機の全力を集中しても、長門型戦艦の一隻すら撃沈することができない。これは過去の戦訓により、戦艦一隻を撃沈するに要する命中弾は、同型艦の主砲十二ないし十六発の直撃弾を必要とするという計算から出てきたものである。もし、これを雷撃に換えるならば、うまく奇襲すれば十隻、強襲の場合でも五ないし六隻は撃沈することが可能である。

こんな計算から、戦闘飛行の研究会においては、第一航空戦隊司令部の意見として、「航空母艦の攻撃隊は、雷撃隊と急降下爆撃隊の二種類にしぼり、水平爆撃は全廃すべし」

という意見具申を戸塚司令官が行なったのである。

この提案を行なうにあたって、ただ一つの気がかりなことがあったのは、真珠湾攻撃である。もし雷撃ができない場合、戦艦に致命傷を与える手段は、水平爆撃以外になかったからである。だが、当時はハワイ攻撃計画は公式には提案されていなかったので、艦隊の洋上決戦を想定して、この種の提案を行なったのである。ところが理由は明らかでなかったが、GF（連合艦隊）司令部も中央当局もこの提案には賛意を示さなかった。同年四月十日、第一、第二、第四航空戦隊を合わせて、第一航空艦隊が編成せられ、第一航空戦隊には新たに赤城が加えられ、これが司令長官南雲中将の旗艦になった。

この赤城の艦攻隊分隊長として、白面の一大尉が乗り込んできた。その名を布留川泉といった。彼はそれまで、横須賀海軍航空隊の特修科練習生（爆撃専攻）の教官をやっていたのである。彼とともに、赤城に乗り込んできた爆撃専修員に操縦一飛曹渡辺晃、偵察一飛曹阿曾弥之助というコンビがいた。布留川大尉の指導の下に、この二人がコンビで行なった爆撃成績が、われわれの水平爆撃に対する評価を、根底から改めさせることになったのである。

空母赤城

四月二十二日、補充交代と休養、修理を終えた母艦赤城は、横須賀を出港して鹿児島湾に向かった。翌二十三日、本州南方海面を行動中の赤城は、標的艦摂津《せっつ》に対して爆撃演習を行なったのであるが、その第一回目の爆撃が終わって、飛行機隊が着艦した時に、隊長の常陸武少佐(後に第五航空戦隊参謀となる)が、私に向かって、

「おい、四発当たったぞ!!」

と声をはずませて知らせてくれた。三、〇〇〇メートルの高度から自由な回避運動をする標的に対して、九機編隊の爆撃で、四発命中させれば、四五パーセントの命中率である。水平爆撃としては、ちょっと考えられない成績であるが、標的艦からの報告もあるので間違いはない。第一回目は「まぐれ当たり」と私は思ったのであるが、その日のうちに第二、第三回と連続行

なわれた爆撃が、いずれも三発ないし五発の命中弾を得たので、もう「まぐれ当たり」は通用しなくなった。

この日、横須賀航空隊の爆撃権威による爆弾投下も行なわれたのであるが、この方の成績は赤城を上回るものであった。この爆撃成績を見て、最初に私の頭に浮かんだことは、「これは、万一雷撃ができないときでも、水平爆撃で真珠湾攻撃ができるぞ」ということであった。

この日の水平爆撃の命中率は、急降下爆撃に勝るとも劣らないものであり、もし、この命中率を持続し得るならば、急降下爆撃よりもはるかに効果的な攻撃法であることは明瞭である。急降下爆撃の場合、使用爆弾は二五〇キロ通常爆弾で、これでは戦艦の水平装甲を貫徹して、その心臓部で炸裂《さくれつ》、致命的打撃を与えることはできない。航空母艦も旧型ならば致命傷を与えることができるが、水平装甲を強化した新型に対しては無理かもしれない。ところが水平爆撃となれば、事情はすっかり違ってくる。八〇〇キロ徹甲爆弾は、長門、陸奥の主砲四〇センチ砲の砲弾を爆弾に改造したものであって、当時就役していたアメリカの艦艇で、高度三、〇〇〇メートル以上から投下するこの爆弾に堪え得るものはなかった。わが長門級に匹敵するコロラド型戦艦の水平装甲を全部打ち破り、幸運な場合にはその火薬庫にも飛び込んで一発で轟沈《ごうちん》せしめる可能性をもつものである。

今まで希望を捨てていた水平爆撃に、大きな期待を抱かせたこの爆撃演習が終わってから、布留川大尉に聞いてみた。

「従来の爆撃法とどこが違っているんだ」

「水平爆撃で、最も重要なのは操縦者です。従来は、爆撃は爆撃照準手がやるもので、操縦者は単に車引きの範囲を出てないという観念でした。これではほんとに良い爆撃はできないのです。操縦者の爆撃操縦法が精密爆撃のカギであることが、横空の研究でわかったのです」

布留川大尉は、次いで横空における爆撃専修員の教育、爆撃法の研究に触れたが、この内容は「日本海軍航空史(1)用兵篇」(時事通信社発行)の爆撃精度向上に関する実験とその成果および爆撃専修員の養成に詳述してあるとおりである。

爆撃精度向上に関する実験とその成果

昭和十三年十一月、爆撃精度向上に関する大規模な訓令実験が実施されることになった。これは爆撃精度向上についてこれまで強い要望があったにかかわらず、なんら有効な施策もなく十年一日の如く同一兵器をもって同一方法の爆撃を反覆し、しかも特筆すべき成果も得られなかったことに対する反省とも見られる。

本実験は爆撃精度向上のための諸要素を総合的かつ組織的に究明し、その成果を強力に推進し具体化する点において有益な実験であると関係方面の期待も大きかった。反面その成果如何によっては、艦船攻撃における水平爆撃の廃止すら、ひそかに考えられたほど重大視されていたのである。そのようなことがかえって禍《わざわ》いし、実験の進捗につれて実験項目が次第に追加膨張し、いわゆる大風呂敷を拡げ過ぎて、焦点が不明瞭に陥った弊害も生じた。したがって本実験は期待されたほどの成果は得られなかったが、爆撃精度向上の第一要件は高性能照準器の開発にありとの従来の意見を確認し、これを一層強硬に主張してその研究促進に拍車をかけたこと、および爆撃関係諸計器および爆弾投下に関連する諸装置の研究試作に着手したことなど、技術的方面の効果が認められた。

一方爆撃法に関する実験はきわめて稀薄であったが、幸いにも昭和十四年から開始した爆撃特練教育のために新設された特練教育飛行隊の研究成果を、そのまま爆撃精度向上実験の成果に採り入れ、これがその後の実施部隊の訓練基準となった。特に爆撃法に関する特練隊の研究成果の顕著な特長は、爆撃における操縦法の重要性を強調した点にある。すなわち弾着偏差の原因とその偏差量を理論的に究明すると、操縦の適否によって生ずる偏差量は予想外に大であって、爆撃精度の良否は爆撃操縦の適否によって左右される率がきわめて大なることを強調、認識させたのである。同時に特練隊においては操縦法について、主として小角度の左右修正法を研究し、艦隊における爆撃嚮導機操縦員を講習指導して大いにその効果を発揮した。

昭和十五年末横須賀航空隊における本実験主務者の異動があった機会に、本実験の主眼点を爆撃法の研究に絞って、継続実験の要ありとの意見が採択され、昭和十六年一月三十一日附官房機密第八四一五号訓令をもって、第二次爆撃精度向上に関する実験が発令された。その主要研究項目は次の通りで、実情に即した内容であった。

㈠高度と命中精度の関係

㈡適当とする編隊機数および隊形

㈢爆撃操縦法および照準投下法

㈣海上高々度測風法

㈤爆撃照準器および関係兵器

これら研究項目に対する成果が続々と発表されるに伴い、これが爆撃計画の立案の参考となり、また爆撃実施上の指針としても精度向上に有力な資料を提供することとなり、実験目的をおおむね達成したものと考えられた。

爆撃専修員の養成

爆撃精度向上の根本的な要件は、精度の特に優れた照準器を開発するにありとする意見は不動のものである。命中率向上のためには爆撃高度を低下すべしとする誤った指導方針に歪められた思想も、爆弾威力実験、爆弾貫徹力実験における成果が刺激剤となり、加うるに陸上航空戦とはいえ、支那事変の戦訓もあって、水平爆撃はその特質を重視した本来の姿に復帰し、混沌としていた爆撃思想が統一され、指導方針も確立したのである。

その反面、爆撃精度は高性能照準器の出現までは向上の見込みなしとする諦観論を生じ、教育訓練の指導的立場にある横須賀航空隊においてすら無為無策の感がなかったとはいえない。高性能照準器の出現の可能性、ならびにその研究試作に要する所要時間など予見困難の状況にあって、いたずらに拱手傍観《きょうしゅぼうかん》することは許されないところであり、現用兵器をもってするもなお精度向上の余地ありとの観念から、その施策実現を要望する声が強かった。

この要望を反映して新設されたのが、特修科練習生の教育制度である。すなわち本教育によっていわゆる爆撃の名人を教育せんとするものであり、また本教育修了者は爆撃手として終始同一配置に配員し、従来の如く爆撃の技倆も経験も考慮することなく、編隊一番機偵察員に配置された者が爆撃照準に当たるという永続性のない配員方法の弊を一掃した。

かくて昭和十四年末に第一期練習生が卒業し、第一線部隊に配属され、昭和十五年度の戦技訓練に従事したのであるが、その年度における成果は予期に達したとは称し得なかった。その原因の主なるものは、各部隊における飛行幹部の特練出身者に対する認識不足と、爆撃操縦の重要性認識の不徹底にあったと思われる。この欠陥を是正するために艦攻隊にあっては、編隊嚮導機とは別個に爆撃嚮導機を設け、爆撃時のみ編隊の先頭に立って照準投下に任ずる方式をとり、その操縦員には爆撃操縦技倆の最も優れた適任者を充てた。また陸攻にあっては編隊指揮官機の副操縦者に爆撃適任者を置き、爆撃時主副交代する建て前をとった。しかも爆撃を担当する操縦者と照準手とは常にペアを組み、異動転勤を共にする人事措置がとられた。

連合艦隊司令部は、航空本部および横須賀航空隊と密接な連繋の下に、艦隊作業に支障なき限り、爆撃嚮導機搭乗員を横須賀に派遣集中して、横須賀航空隊の指導する爆撃講習をしばしば実施し、さらに連合艦隊または航空艦隊の主宰する爆撃競技を実施して練度向上に努め、成績優等者には長官賞を授与し、関係員を激励した。

かくて開戦前における水平爆撃の精度は、洋上回避動的に対し、高度四〇〇〇米の九機編隊爆撃において、目標捕捉率七〇％以上の成績を得るに至り、在来兵器をもってする成績としては最高の域に達した。これによって作戦指導部においても爆撃に対する用兵的観念に変化があったことも推察され、また部隊における飛行幹部の特練出身爆撃手に対する認識も好転した。これらのことが総合累積されて、叙上の成果が生まれたことに疑念の余地はないと思われる。

さらに特練教育に付随して特練飛行隊では爆撃操縦法と編隊爆撃の研究に顕著な実

績を挙げた。

特練教育制度が創設された当初の横須賀航空隊の飛行隊長薗川亀郎少佐は、その体験に基づき、爆弾の命中するや否やは一に操縦の適否にありと極言し、爆撃操縦法の重要性を強調し、同時にその具体的実施方法について江島友一航空少尉（後少佐）をして専心研究に当たらせた。江島少尉は一般操縦練習生の出身であったが、艦攻操縦の第一人者と称せられた卓越した技倆の持ち主で、この研究の最適任者であった。

また操縦法の最重点を小角度の針路修正法に置いたことには次の理由があった。すなわち在来の爆撃操縦法では、小角度の変針には方向舵のみによって操作する如く指導されていた。しかしこの方法では針路は修正されても機体の横滑りを伴うことは必至である。しかも当時の艦攻、陸攻共に単葉機であり、また飛行中は脚を収納するので、横滑りの傾向は一層顕著である。一方九〇式爆撃照準器の如く気泡式水平器によって水平を保持する方式の照準器にあっては飛行機の微細な横滑りといえども絶対禁物であるから、小角度の変針も補助翼を併用し、しかもなお頻繁に修正を必要とする回避動的爆撃であることを考慮すれば、修正所要時を極力短縮することに操縦の至難さがあった。江島少尉の熱心な研究が結実して難問を解決し、全爆撃嚮導機操縦員にその方法を会得慣熟させることができた。

真珠湾上空の瑞鶴水平爆撃隊

布留川大尉が連れて、いっしょに赤城に乗り込んできた爆撃嚮導機の操縦者渡辺一飛曹は、自分の飛行機の整備は、決して整備員に委《まか》さなかった。操縦装置の調整においてことに然りである。操縦索の張りぐあいなど自分で自分の気に入るように調整し、一度その調整が終わったならば、他人がこれに触れることを厳禁した。各燃料タンクの燃料残額が、爆撃操縦にどう響くか等についても、微に入り細をうがって研究を積んでいたようである。

由来名人と称せられるほどの人は、ある程度の天分は持っていたであろう。しかし筆者は、天分に頼って努力を怠るものは、絶対に名人の域に達することはできないと固く信じている。たとえ人並み以下の天分しか恵まれていないとしても、その人が足らざる天分を努力の積み重ねによって補うならば、その人はやがて名人の域に達するであろう。

よく「あれほど勉強するんだから成績が良いのは当たり前だ」とか、「わずかゼロ時間でソロ（Solo Flight＝単独飛行のこと）になった。えらいものだ」とかいう話を聞くが、この種の考え方には、絶対に賛意を表する訳にはいかない。評価の対象は最後に到達する水準の高さにあるのであって、それまでの努力の大小を評価しているのではない。努力はむしろ大きい方を高く評価すべきであろう。なぜならば、大きい努力は、小さい努力に比べてはるかに多くの経験を内蔵している。一見むだな努力とも思われるが決してそうではない。豊富で困難な人生体験は、のるかそるかの重大段階に臨んでは、必ず本人にとってプラスとなって働くものである。その後、渡辺一飛曹のことをいろいろと調査してみたが、彼こそまさに、私のいう努力の人であった。

渡辺一飛曹に限らず、日中戦争や太平洋戦争を通じ、航空のエースとして活躍した人には、天才型よりも凡才型で努力型の人が多いように思われる。

四月末の赤城艦攻隊の爆撃成績を契機として、第一航空艦隊の水平爆撃に対する考え方は根本的に変わった。

「まさかの場合、雷撃がだめであっても水平爆撃で何とかハワイ作戦を遂行し得るであろう」という大きな期待が出てきた。そのためには、爆撃嚮導機の操縦者、爆撃手のコンビを一基地に集めて特別訓練を施すことが必要である。実際問題としては、十六年の後半、真珠湾攻撃に備えての基地訓練に当たって、第一、第五航空戦隊の各母艦からは、嚮導機搭乗員各三組、第二航空戦隊の母艦からは各二組を鹿児島基地に集中し、加賀飛行隊長橋口喬少佐を指揮官とし、布留川泉大尉を補佐官として、特別な爆撃訓練を実施することにしたのである。

これら爆撃嚮導機の搭乗員は、他の搭乗員が雷撃や偵察等の訓練に従事しているときでも、ひたすら鹿児島湾内に設定された標的、標的艦摂津、あるいは有明湾の大崎海岸海軍爆撃場の砂地に描いた、アメリカ戦艦コロラド型の標的に対して、連日の訓練を行なったのである。

また嚮導機の搭乗員は、横空において爆撃の特別教育を受けた練達者であり、これを十八組もそろえることは、容易なことではなかった。人選は布留川大尉がやり、交渉は私がやった。だが抵抗も強かった。

「第一航空艦隊ばかり、そんなに重視していたのでは、他の部隊はどうなるのか？」

「一航艦だけがいくさをやるのではない」こんな反論がどこででも出てきた。

もし一言でも、

「実は、ハワイ攻撃の計画があるのだ」

といえば、二つ返事で承知してくれたに違いないが、それがいえないところに苦しさがあった。

「そこのところを何とかひとつ‼」

と拝み倒して、要求を容れてもらうほかはなかったのであるが、最後的には、全部われわれの要求をかなえてもらった。あるいは、連合艦隊司令部から中央当局に、中央当局から各部隊に、「一航艦の要求を優先させるように」という要求が出ていたのかもしれない。

結果として訓練の成果は大いにあがり、真珠湾攻撃で碇泊艦爆撃に従事した第一、第二航空戦隊の水平爆撃隊は、投下弾数四十九発、命中弾十三発、命中率二六・五パーセントという驚くべき成績を収めたのである。

この陰には、横須賀海軍航空隊における爆撃法の研究およびその研究成果を実地に移すに当たって、よく搭乗員をリードした布留川大尉の功績を見逃すことはできない。

ハワイに向かって進撃の途中、彼と赤城艦橋の夜間当直をしていたとき、爆撃効果の予想についてなかば冗談まじりの話をした。

「どうだ、布留川大尉、爆撃の予想は?」

「大丈夫、自信があります。何分にも碇泊艦ですし、また二隻ずつメザシのように並んでいるのですから」

「そうか、だが、水深は一二メートルだ。たとえ大きな損害を与えても、また浮かび上

水平爆撃隊の攻撃を受ける戦艦群

がらせることができる」

「それは仕方ありません、港の中なので」

「そうではない、砲塔のすぐ横をねらって、火薬庫の中で爆発させれば、艦は木端微塵《こつぱみじん》になる」

「そんな器用なことができるものですか」

「精神力でやるのだ」

「参謀!!　そんな無理なことをいわないでください」

　弾薬庫の中で八〇〇キロ徹甲爆弾を爆発させろといったのは、たしかに無理な注文である。私も本心からそんなことを期待していたわけではない。しかし、攻撃の結果はどうであったか。戦艦アリゾナに命中した八〇〇キロ徹甲爆弾四発のうち一発は火薬庫を誘爆せしめ、この艦を完全に破壊した。誘爆による火炎は天に冲し、およそ一、〇〇〇メートルも昇ったであろうか。淵田中佐のいったところによれば、大爆発の瞬間は、さしもに激しかった敵の対空砲火が、一時全部止まったという。

布留川大尉は、この攻撃に一六ミリ・カメラを携行し、発進から攻撃隊の集合、進撃、真珠湾突入に至るまでフィルムに収めてきた。よく映画に出てくる実写場面は、この人が撮ったものである。ところがその中に、このアリゾナが大爆発を起こしたところがはいっていない。

私が、

「なぜ、あの場面を撮らなかったのだ?」

と聞いたところ、

「いや、何分にも下から激しく射ってくるので……」

と答えていた。

後日、南東方面の戦勢が不利となり、この頽勢挽回《たいせいばんかい》を目的として、十八年七月、第一航空艦隊（基地機動部隊と称した）が編成せられ、その一番手として、一式陸上攻撃機をもって編成した第七六一海軍航空隊が誕生した。この航空隊の飛行隊長となったのが布留川大尉である。第七六一海軍航空隊のことを竜部隊とも称した。

この竜部隊における、彼の訓練振りには異色があった。通常、自分の部隊に対する配員には、ベテラン搭乗員を望むのであるが、彼のは違っていた。一部の指導搭乗員はべテランであるが、その他は台湾の新竹航空隊（陸上攻撃機乗員の教育部隊）出たてのホヤホヤで十分だとしていた。この若い搭乗員をわずか半年足らずの間に、夜間雷撃までできるように仕上げたのだから驚くほかはない。

着陸の訓練にしても、朝、弁当をもって教官と学生たちが空中に上がる。普通は五回や六回で終わるものを、何十回となく連続やった。昼食は交代でとりながら、一日じゅうこれを続けた。従来の常識からすれば、こんなことは、極めて非能率とされていたのであるが、この場合はそうでなかった。夕刻ヘトヘトになった教官と学生が飛行機から降りてくるのであるが、そのヘトヘトの中から彼らは何ものかを会得していたのである。

この布留川大尉も、十九年二月二十二日、敵の機動部隊がサイパン、テニアン方面に来襲した際、陸攻十四機を率いて夜間攻撃に出かけたまま、ついに還《かえ》ってこなかった。しかし、目的に向かって邁進する彼の映像は、私の脳裏にとうていぬぐい去ることのできない強烈なものを残している。

急降下爆撃と制空隊

真珠湾攻撃の計画、準備、訓練のすべてを通じ、最初から終わりまで、ほとんど何らの心配もなかったものは、艦爆隊と艦戦隊であろう。当の飛行隊長や分隊長にすれば、もちろんいろいろな不満はあったであろう。しかし、その実行に幾多の技術的障害を乗り越えなければならなかった雷撃隊や水平爆撃隊に比較するならば、これらはほとんど問題にならなかった。

真珠湾攻撃の中核をなしたのは、第一、第二航空戦隊の飛行機隊であるが、この中で戦闘機隊は、赤城飛行隊長板谷茂少佐が、艦爆隊は蒼竜飛行隊長江草隆繁少佐が一手にあずかって、統一訓練を行なった。二人ともそれぞれその機種に関しては代表的なパイロットであり、また大陸の航空戦における歴戦の勇士でもあった。

艦戦隊、艦爆隊ともに絶対信頼のおける術力をもっていたが、もし、奇襲変じて強襲となる場合を考えると、攻撃ができるかできないかは、一にかかって戦闘機隊の術力いかんにある。筆者は、昭和十四、十五の二年にわたってイギリスに在勤し、英独の航空戦をつぶさに観戦した。彼らの空中戦闘を地上から見て、わが海軍戦闘機隊の敵に非ずとひそかに思っていたのである。攻撃隊についても同様な判断をしていたのであるが、自分が戦闘機パイロットであるだけに、戦闘機に関する判断には、絶対の自信をもっていた。

筆者はそれまでの航空部隊勤務の中で、米、英、独、仏四か国の戦闘機を操縦し、射撃や空中戦闘の実験をやった経験がある。その経験から得た教訓は、日本海軍の戦闘機設計試作の上に十分生かされていたように思う。この見地から見た場合、日本海軍の戦闘機隊は、パイロットの術力において勝っているのみに非ず、敵の戦闘機に対する空戦性能においても、わが方の機材がはるかに勝っていると思っていた。筆者のこの判断は、大陸の航空戦における空中戦闘で、その正当性を立証されたのである。特に真珠湾攻撃に当たっては、前年から大陸の空で、その無敵振りを遺憾なく発揮した零式艦上戦闘機の最新型を搭載していたのであるから、自信をもたない方がおかしいのである。

板谷少佐は「自分の胸算としては、わが一機をもって、敵の三機に対抗し得る」と語っていたが、開戦当初の実績は、彼の予言が間違っていなかったことを示している。

艦爆隊の指揮官江草少佐の人柄と腕については、拙著『海軍航空隊始末記』（文春文庫刊）の一節を引用したい。

江草少佐、未曾有の戦果

彼は広島県の出身で、兵学校五八期、真珠湾雷撃の立役者、村田重治とは同期でもあり、親友でもあった。

私が初めて彼を知ったのは、日中戦争の初期、我々が周水子、公太基地等に転戦していた時であった。彼は第十二航空隊の艦爆隊分隊長を務めていたが、機種が旧式の九四式艦爆であったため、南京空襲等の華々しい場面には僅かばかり顔を出しただけで、もっぱら地味な上海方面の陸戦協力に当っていた。しかし、その当時から彼の兵術判断、爆撃技量の精密さ等には定評があった。

十月のある日、揚子江中流の安慶に敵機が移動して待機中の情報が入った。距離は相当遠いので、艦攻、艦爆では困難である。已むを得ず、僅か二機しか無かった九七式艦上偵察機を使用し、掩護隊として有名な南郷大尉が九六戦三機を率いてこれに随伴することになった。

大編隊ならばとも角、この少数機をもって大陸の奥地深く侵入することは、甚だ危険性に充ちた仕事で、無事に帰って来る算は少かった。しかも基地帰投は夜間になる。公太のように運動場をちょっと広くしたような基地に対する夜間着陸が極めて困難な上に、夜間帰って来れば彼我識別が容易でないために、味方の対空砲火に曝されることは、まずまず覚悟しなければならない。搭乗員達は敵の砲火によって命を落すことは武人の本領で腹も定まっているが、味方の砲火でやられることは耐え難いことであった。

しかしながら、江草、南郷の両君は、

「味方に射たれても構いません」

と言って、機上の人となった。

江草大尉がエンジンの試運転をしているとき、翼の上にあがった私は彼の肩を叩いて、最新の情報と注意事項を与えた。その時彼は、

「安慶の標高はいくらでしたか」

とポツリ私に聞いた。この時私は、

「この男は使えるなあ」

としみじみ感じた。

十六年八月、それまで横空にいた江草少佐は、第二航空戦隊母艦蒼竜の飛行隊長としてやってきた。彼とか村田君のような一流中の一流たる飛行指揮官を航空艦隊に迎えたことは、我々の前途に真珠湾作戦という未曾有の大作戦が控えていただけに、極めて意義深く且《かつ》喜ぶべきことであった。

第一、第二航空戦隊の艦爆隊はそれぞれ宮崎県の富高、及び鹿児島県の笠の原に基地を設営して訓練を進めていたが、それはすべて江草少佐の一元的指導の下に行われた。従って同年末の開戦時までには、一、二航戦の艦爆隊八一機は彼の意図の通り行動し、隊の全員が指揮官としての彼に全幅の信頼を置いていた。

〈昭和十七年四月、機動部隊がコロンボ空襲を行なった際、セイロン島の西南方に発見した英大巡二隻に対し、第一、第二航空戦隊の艦爆隊を率いて攻撃に向かったのが江草少佐である。〉

江草隊長は進撃の途中、風向、風力等適切な爆撃諸元を与えつつ一六五〇頃、ほぼ予想地点に敵を発見したが、迂回して高度四、〇〇〇メートルに上昇し、太陽を背にしながら敵の二艦に対し、急降下爆撃を開始した。真先に降下した江草機の二五〇キロ通常弾が一番艦の後尾に命中したのを始め、後続機の投下弾は吸込まれるように敵艦に集中していた。

江草少佐は自分の爆撃が終了すると、直ちに上昇して全軍の指揮に便利な位置を占めながら、

「飛竜は二番艦をやれ」

「赤城は一番艦をやれ」

等、敵の二艦に対する命中弾の状況を観測しながら適切な指揮をとっているのが、赤城の艦橋においても充分に聞きとれた。

この頃、母艦の方では、五航戦の雷撃隊が発進準備を整えて待機していた。初め巡洋艦という報告で雷装としたが、次に駆逐艦というので待機を中止し、更に「ケント型」という報告で再び発進準備をした訳である。この雷撃隊の一番機がまさに発艦のための滑走を開始しようとした瞬間、江草少佐から、

「敵大巡二隻沈没」

との報告が入った。ほんの数分前に攻撃開始の電があったばかりである。赤城の艦橋にいた人々はすべて、

「ほう―、もう沈んだのか」

と、ちょっと虚を衝かれたような感じでもあった。何ぴとも数分間で二隻の大巡が葬られてしまうとは予想もしなかったのである。急いで翔鶴の方を見れば、まだ艦攻は発艦を開始していない。

「雷撃隊発進待て」

の信号は即座に発せられた。

江草機からの電報は、ほんとに適時に届いた。若し一瞬遅れて雷撃隊が発進していたならば、その後の処理は甚だ厄介であった。実装頭部を搭載したならば、持ったまま着艦すれば万一の場合、艦や人員に大損害を与えるであろう。そうかと言って目標もないのに貴重な魚雷を捨てるのも惜しい。魚雷は爆弾のように簡単ではない。製作費も高い上に、これが発射を可能にするまでには多くの調整員の精魂込めた努力が入っているのである。

艦爆隊のこの攻撃は、江草隊長の見事な誘導と指揮によって完全な奇襲をもって開始され、命中弾は五三発中、四五発直撃という前古未曾有のものであった。しかも我が方はただの一機も敵弾を受けていない。恐らく太平洋戦争中行われた最良の攻撃であったであろう。

敵艦は、後に一万トン級巡洋艦ドーセットシャア、コンウォールの二隻であったことが判明した。一隻は横倒しとなって十三分で沈み、他の一隻は艦首を上にし、垂直状態となりながら、十分間で波間に姿を没した。

帰艦後、艦爆隊の搭乗員たちに感想を聞いてみた。

「いや、今日の攻撃ぐらい気持の良い攻撃はありませんでした。『もう風が来るな』と思っていると風のデータが知らされ、『もう突撃下令の時だな』と思っていると、すかさず、突撃命令が出るという工合に江草隊長と私達の呼吸が完全に一致していました」

「攻撃は江草隊長の巧妙なリードで全くの奇襲でした。恐らく敵は弾を射つ暇も無かったのではないでしょうか」

江草少佐の人柄や戦闘の指揮振りには、筆者と兵学校の同期であり、最も相許した戦友でもあった入佐俊家中佐と相通ずるものがある。あまりよく似ているので、ある時、江草少佐に聞いてみたところ、何でも飛行学生を出た直後、入佐中佐の偵察員を勤めていたそうである。

「ずいぶん鍛えられました」

と江草少佐は語っていたが、入佐中佐はいわゆる渡洋爆撃の立て役者であり、大陸の航空戦から太平洋戦争の航空戦にかけ、陸上攻撃隊を指揮させて、彼の右に出るものはいないと言われたほどのいくさ上手であった。その入佐先輩に手をとって鍛えられたのであるから、江草少佐がいくさ上手になるのは当たり前というべきであろう。

これらの名指揮官、名パイロットも、戦争が厳しさを加えるにつれ、相次いで世を去っていった。

江草少佐は、昭和十九年のマリアナ海戦において、双発爆撃機銀河の飛行隊長として勇戦奮闘の末、帰らざる人の数に加わったし、入佐中佐は、同じくマリアナ海戦の際、第六〇一海軍航空隊司令兼母艦大鳳の飛行長をしていたが、大鳳が敵潜水艦の魚雷攻撃を受け、誘爆沈没した際に艦と運命を共にした。

板谷少佐は、北東方面艦隊参謀として勤務していたが、これまた北千島の空でその人生を終わったのである。

真珠湾進撃と決戦

単冠湾における詳細な打ち合わせ

十一月も末になると千島列島の山々は、一面雪に覆われて、寒々とした光景である。その寒々とした南千島のエトロフ島、単冠湾《ヒトカップ》に十一月二十二日から二十四日の間に、機動部隊の各艦は、途中個別の行動をとりながらも集結を終わった。最後に入港した加賀から、安定板の装備された浅海面用魚雷（合計百本）も受け取ったし、航続力の少ない赤城や二航戦の各艦などは、艦内の諸通路にまでドラム罐入りの重油を積み込み、準備万端ととのったというところである。私だけかもしれないが、赤穂浪士が討ち入りの前夜、そば屋の二階に集まったとき、同じような感情を抱いたのではあるまいかと思った。

二十二日の入港直後、最近オアフ島方面の状況視察を終わって帰って来た鈴木英少佐からの報告も聞いた。大きな参考資料とはなったが、機動部隊の作戦命令に変更を加えるほどのものはなかった。要するに、われわれの判断に裏付けを与えてくれたものであった。残された問題は、機動部隊の各級指揮官と飛行機隊幹部に、作戦命令と攻撃計画を説明し、飛行機隊指揮官はそれぞれの攻撃計画を部下幹部に説明するとともに、微に入り細にわたった打ち合わせを完了することであった。作戦命令と攻撃計画（原文は筆者ミッドウェーで喪失したので、一応戦史叢書所載のものを掲載するが、実際は奇襲と強襲の場合に分けてあった）はこの章の終わりに示すとおりであるが、作戦命令作成に当たって最も気をもんだ点は、進撃途上で、中立国船やアメリカ艦船に出会った場合の処置であった。そのために進撃隊形を縦長なものとし、前方視界限度付近に三隻の潜水艦を配置して本隊の被発見を阻止する構想であった。せいぜい発見されるのは潜水艦だけにし、本隊は迂回《うかい》航路をとるように考えていたのである。もし途中でアメリカ海軍の艦艇に遭遇し、回避も間に合わず発見されたときには、素知らぬ顔をして引き返すことになっていた。もちろん先方から攻撃でも受けた場合には、直ちに応戦し、徹底撃滅を図る計画であった。

この種の命令の中に書き入れるには、あまり適当でないが、しかし、麾下《きか》部隊に十分に理解しておいてもらわなければならないことは、参謀長依命中進事項として、正式命令とともに麾下部隊に下達されるようになっていた。海軍で採用していたはなはだ都合のいい方法でもあった。

だいたい命令というものは、各部隊に対して、単一明確な任務を簡潔な表現によって与え、将来のことを予想して「こういうときには、こうやれ、ああいうときにはどうやれ」ということはやらないものである。命令の尊厳性を保つためにも必要なことであった。

作戦命令作成にあたって、進撃の途上「母艦の飛行機を飛ばして、周辺を警戒すべし」という提案もあった。二航戦の山口司令官は、この案を支持していたが、これには私が強く反対して実施するには至らなかった。もし、周辺警戒機を出すならば、その警戒機が敵艦なり中立国船を発見すると同時に、先方もこちらの飛行機を発見するであろう。ことに相手が練度の高い艦船の見張り員である場合には、こちらが発見する前に、先方が先にこちらを発見する可能性も少なくない。そんな場合には、わざわざわが部隊の正面幅を拡げて被発見の機会を多くするようなものである。

飛行機を飛ばしたときに、最も心配になることは、電波の放射であった。もし警戒機が機位を失して帰投方位を求めたり、エンジン故障等で不時着水を余儀なくされて、厳重な無線封止を破るならば、それこそ「九仞《きゆうじん》の功を一簣《いっき》に欠く」ことになるからである。

空中攻撃の計画を作成するにあたって、最も注意した点は、奇襲と強襲との使い分けであった。攻撃の中核になるものは、何といっても村田少佐の率いる雷撃隊である。雷撃が成功するかしないかが、本作戦の成否を左右するものであった。

空中攻撃の命令においては、ある部隊は敵の戦闘機を目的とし、ある部隊は地上の敵

単冠湾に停泊する空母赤城甲板上の零戦

機を目標とし、またある部隊は敵の艦船を攻撃するように任務を与えられているが、すべては雷撃隊の攻撃を容易ならしめるか、あるいはその戦果を拡充するように仕組まれていたのである。

したがって、奇襲の場合には、他の何ものよりも先に雷撃隊が突入しなければならないし、他の部隊は雷撃隊の行動を邪魔しないように、しかも間髪を入れず、雷撃隊に続いて攻撃を行なわなければならない。

強襲の場合には、先ず板谷少佐の指揮する戦闘機隊が突進して、空中の敵戦闘機を制圧し、雷撃隊はじめ他の攻撃隊の進路を啓開しなければならない。このことについては、機動部隊戦闘機隊の練度、零式艦上戦闘機の性能から推して、われわれは安心してみておれるだけの自信をもっていた。

問題は敵の対空砲火である。フォード島の東西両岸に繋留《けいりゅう》する敵艦の列に対して、その真横から縦陣列をもって攻撃を加える雷撃隊は、敵にもし準備があるならば、それこそ集中砲火を浴びることになるであろう。そうでなくても低空で直進行動をする雷撃隊は、敵の対空砲火に対して甚だ脆弱《ぜいじゃく》であるので、制空隊の突進に引き続いて、水平爆撃隊は高々度爆撃により敵の艦船群を、また艦爆隊は急降下爆撃によって、フォード島の基地を攻撃して敵の対空砲火を牽制《けんせい》、制圧する。この行動によって生ずる敵対空砲火の混乱に乗じて、待ちかまえた雷撃隊が突進するということになっていた。

これらのことは、総指揮官の淵田中佐とは十分に打ち合わせし、また同中佐からは、板谷、高橋、村田の各指揮官に対して、ことこまかな指令が出されていたのである。

命令を起案した筆者としては、強襲の場合、もし風が西寄りならば、フォード島爆撃によって燃える飛行機等の黒煙が、空母群や戦艦群に覆いかぶさることを心配した。そうなれば、雷撃隊には目標が見えなくなるだろうからである。といって、これを解決する名案も浮いてこなかったのが実情だった。

二十四日午前、機動部隊各級指揮官、幕僚および飛行機隊幹部は赤城に参集し、南雲長官の訓示を受けるとともに、作戦命令の下達および参謀長依命申進あり、各担当幕僚からそれぞれ担当事項の説明を行なった。

布哇《ハワイ》作戦ノ首途ニ当リ飛行機搭乗員ニ訓示

暴慢不遜《フソン》ナル宿敵米国ニ対シ愈々十二月八日ヲ期シテ開戦セラレントシ茲ニ第一航空艦隊ヲ基幹トスル機動部隊ハ開戦劈頭敵艦隊ヲ布哇ニ急襲シ一挙ニ之ヲ撃滅シ転瞬ニシテ米海軍ノ死命ヲ制セントス

之実ニ有史以来未曾有《ミゾウ》ノ大航空作戦ニシテ皇国ノ興廃ハ正ニ此ノ一挙ニ存ス

本壮挙ニ参加シ護国ノ重責ヲ双肩ニ担フ諸子ニ於テハ誠ニ一世ノ光栄ニシテ武人ノ本懐何モノカ之ニ過グルモノアランヤ　正ニ勇躍挺身君国ニ奉ズル絶好ノ機会ニシテ此ノ感激今日ヲ措《オ》キテ又何レノ日ニカ求メム

サハアレ本作戦ハ前途多難、寒風凜冽《リンレツ》、怒濤狂乱スル北太平洋ヲ突破シ長駆敵ノ牙城《ガジョウ》ニ迫リテ乾坤《ケンコン》一擲《テキ》ノ決戦ヲ敢行スルモノニシテ其ノ辛酸労苦固《モト》ヨリ尋常ノ業《ワザ》ニ非ズ　之ヲ克服シ克ク勝利ノ栄冠ヲ得ルモノ一ニ死中ニ活ヲ求ムル強靱敢為《キョウジンカンイ》ノ精神ニ外《ホカ》ナラズ　顧《カエリミ》レバ諸子多年ノ演練ニ依リ必勝ノ実力ハ既ニ練成セラレタリ　今ヤ君国ノ大事ニ際会ス　諸子十年兵ヲ養フハ只一日之ヲ用ヒンガ為ナルヲ想起シ此ノ重責ニ応ヘザルベカラズ

茲ニ征戦ノ首途ニ当リ戦陣一日ノ長ヲモッテ些カ寸言ヲ呈セン

一　戦捷ノ道ハ未ダ闘ハズシテ気魄《キハク》先ヅ敵ヲ圧シ勇猛果敢ナル攻撃ヲ敢行シテ速カニ敵ノ戦意ヲ挫折セシムルニアリ
二　如何ナル難局ニ際会スルモ常ニ必勝ヲ確信シ冷静沈着事ニ処シ不撓不屈ノ意気ヲ益々振起スベシ
三　準備ハ飽《ア》ク迄周到ニシテ事ニ当リ些カノ遺漏《イロウ》ナキヲ期スベシ
今ヤ国家存亡ノ関頭ニ立ツ　夫レ身命ハ軽ク責務ハ重シ　如何ナル難関モ之ヲ貫クニ尽忠報国ノ赤誠ト果断決行ノ勇猛心ヲモッテセバ天下何事カ成ラザラン
希ハクバ忠勇ノ士同心協力以テ君恩ノ万分ノ一ニ報ヒ奉ランコトヲ期スベシ

この日の午後は、各飛行機隊の指揮官が、それぞれ自分の命令を説明し、相互の打ち合わせ等に費したのであるが、午後から湾内は荒れて、各艦の交通が不能となり、機動部隊各艦の幹部搭乗員は、全部赤城で一夜を明かすこととなった。

何分にも世紀の大遠征作戦を控え、生還を期するものはなく、一同心ゆくまで飲みかつ語って、一夜を過ごした次第である。あるいは天が、ことさらにこの機会を与えてくれたのかもしれない。

永年にわたって、同じ海軍航空で同じ釜《かま》の飯《めし》を食った間柄である。しかもこの数か月間は、同一機種、同一基地で、ともに訓練した特に親密な友人関係をもっている。きたるべきハワイ攻撃には、この同じ人たちが、空中の同じ編隊のもとで乾坤一擲《けんこんいってき》の勝負をやるのである。明日、天候が静まって、各艦の搭乗員がそれぞれの艦に帰って行ったならば、空中では同じ編隊を組むかもしれないが、地上で顔と顔を見合わせ、口から耳に語ることは、今夜がこの世で最後の機会であるかもしれない。腹の中では、名残を惜しむ情は抑え切れぬものがあったであろうが、それを表情や態度で表わしたものは一人もいなかったし、悲壮感を抱いていると思われるものもいなかった。

南雲長官始めわれわれも、遅くまで搭乗員たちといっしょになって飲んだ。ほんとに心ゆくまで語りかつ飲んだというのは、この時のことであろう。赤城の方でもよくサービスし、この航海のために仕入れていた生鮮食料のほとんどを提供してしまった。お陰で、司令部員や赤城乗組員は、二十六日から始まった一か月余りの航海中、毎日毎日缶詰めばかり御馳走《ごちそう》になった次第である。

ここで、山本長官が最も心配していた搭乗員の気構えについて、その代表的なものを若干披露することとしたい。

第一次攻撃隊の指揮官は、人も知る淵田中佐であるが、第一次攻撃隊の挙げた戦果を拡充し、また敵基地飛行機の反撃を封ずる役を与えられた第二次攻撃隊の指揮官は、瑞鶴飛行隊長嶋崎重和少佐であった。彼は、兵学校の五十七期であるが、第一次攻撃隊に第一、第二航空戦隊の主力が充当された結果、橋口喬、高橋赫一少佐等の先輩があるにかかわらず、第二次攻撃隊を指揮する幸運に恵まれたのである。

だが、その幸運を辱《はずか》しめないだけの器量をもった空中指揮官でもあった。十一月初頭の機動部隊の模擬《もぎ》演習が終わった夜、各飛行機隊指揮官は鹿児島市内のさる料亭において一席の宴を張った。その時の話である。

得意の浪曲をうなっていた嶋崎少佐が、突如として口演を止め、つかつかと私のところへやってきた。

「参謀、この着想は、もともとだれが始めたのですか?」

「もちろん、山本長官だ。それ以外のだれでもない」

「偉いものですなあ！　こんな思い切ったことをやる人がいるとは思わなかった。私も飛行機乗りになったかいがあるというものです。今まで、維新の志士などの伝記を読み、この人たちは張り合いのある時代に生まれ合わせたものだとうらやんでいましたが、もうちっともうらやましくありません」

こういう指揮官であるから、未だ練度の十分あがっていない第五航空戦隊の飛行機隊を率いて、一、二航戦にも伍するほどの戦果を挙げることができたのである。

珊瑚《さんご》海《かい》海戦で、第五航空戦隊の雷撃隊を率い、敵空母レキシントンを葬《ほうむ》り去ったのは、この嶋崎少佐であった。

赤城の艦爆隊の分隊長は千早猛彦大尉である。彼は昭和十五年、零式艦上戦闘機が横山保大尉指揮のもとに、重慶始め大陸の奥地を攻撃し、戦闘機による空中戦闘と地上銃撃が制空権獲得のための最良の戦法であることを立証したときに、事前の敵情偵察、あるいは戦闘機隊を誘導するために、無武装の九八式陸偵（訪英飛行に使った神風型を陸偵に衣替えしたもの）を駆使し、大胆不敵な行動をやったのである。当時、漢口方面の海軍航空部隊を指揮していた大西瀧治郎少将は、この千早大尉を極めて高く買っていた。

単冠湾で作戦命令の説明をやっている中で、通信計画については小野通信参謀がやった。有名な「トラ・トラ・トラ」という隠語（我奇襲に成功せりの意味）は、この小野参謀が作り、他の隠語なども、いっしょに説明したものである。その小野参謀の説明の中に、

「攻撃隊が発艦した後も、いよいよ攻撃行動に移るまでは厳重な無線封止を実施するのであるが、万一エンジンでも故障して洋上に不時着水などするような場合には、救助行動の関係もあるので、位置通報をやってさしつかえない」

という一くだりがあった。普通の場合ならば、たとえ作戦行動中でも位置報告や僚機が残って、監視を続ける等のことはやるのである。この発言が終わると、千早大尉がすっくと立ち上がった。

「この日本が乗るかそるかの大決戦に、どんな理由があろうとも攻撃前に電波を輻射《ふくしゃ》することには反対であります」

ついで並み居る搭乗員にも呼び掛けた。

「どうだ。われわれはエンジンが止まったらだまって死んで行こうじゃないか」

と——。

彼の発言によって、攻撃前に電波輻射を行なうことは絶対にやらないことに決定したのである。

これは、攻撃が終わってからのことであるが、高橋赫一少佐の率いる翔鶴艦爆隊の一列機（操縦員一等飛行兵岩槻国夫、偵察員一等飛行兵熊倉哲三郎）は帰路を失した。司令部としては、ここまで電波の輻射や母艦に帰投方位を要求することを禁じていたわけではないのであるが、搭乗員の独自の判断で、この艦爆は母艦に帰投方位を要求することを断念し「われ不時着す」と報告した後、自己の失敗で飛行機を失うことを陳謝し〝天皇陛下万歳〟を最後に行方不明となった。帰投方位を要求すれば、それによって母艦の位置が敵によって探知されることを恐れたためである。

　このような飛行機がほかにもあったかもしれないが、無線帰投を母艦に要求した飛行機はただの一機もなかった。従って、単冠湾でいろいろ心配して打ち合わせたことは取り越し苦労に過ぎなかった。（戦史叢書ハワイ作戦）

千早大尉の性格を表わすエピソードには、こんなのもある。

暗夜の北太平洋を、それこそ鞭声《べんせい》粛粛《しゆくしゆく》と進んでいた機動部隊の旗艦赤城の艦橋には、当直将校として千早大尉、副直将校として千早大尉の部下の大淵中尉が立っていた。空襲計画の中には、攻撃後、戦闘機を誘導して母艦に連れて帰る任務を千早大尉の指揮する艦爆隊に与えてあった。命令を起案した私としては、千早大尉の性格を考えに入れ、

「この男なら、相当な無理をしても、戦闘機隊を収容し、無事母艦に連れて帰ってくれる」

という計算であったのであるが、大淵中尉は不審を抱いていたらしい。

「分隊長、航空参謀はどうして、航続力の少ない艦爆に戦闘機を誘導させ、航続力の長い艦攻を先に帰るようにしたのでしょう」

と聞いたところ、

「まあそういうな。参謀も年をとって頭が古いんだよ。燃料が少なくなったら、機体をちょっと傾けて飛べば、片方の翼の燃料が反対側の翼に移るから、またしばらくは飛べるよ」

と答えたという。

加賀の艦攻隊に鈴木三守という大尉がいた。彼こそは、戸塚司令官が求めていた躍起者の一人であった。無制限照射中の雷撃始め、当時最も困難とし危険とされていた難作業には、いつも真っ先に取り組んでいた男であった。

単冠湾で打ち合わせが終了したあと、各艦の搭乗員が赤城に泊まり込み、夜遅くまで

飲みかつ語っていたことは、既に述べたとおりであるが、それも一応収まって、私は自分の個室に帰って書類に目を通していた。そこへこの鈴木三守大尉がやってきた。

「航空参謀、今度はどんなことがあっても、必中を期して発射しなければなりません。いくらの距離で魚雷を投下すればよいと思われますか?」

「それは君の専門部門だろう。自分で定めるべきだよ。だが、いくら近いといっても、魚雷が調定深度に安定するだけの距離はとらなければならないと思うがね」

「わかりました。私は六〇〇メートルで発射します」

と言って帰って行った。

好漢鈴木三守、私はこの男に期待もし、かわいがってもいたのであるが、どうやら彼は、六〇〇メートルまで肉薄して発射したらしい。その後、敵弾を受けて自爆したため帰ってこなかった。

南雲中将の章で述べたように、加賀の雷撃隊は全く天下無敵であったが、その無敵雷撃隊の一角を担ったものは、この鈴木三守大尉であった。

真珠湾攻撃に参加した航空母艦翔鶴の艦攻隊の中に、管野兼蔵一飛曹の指揮する一機がある。操縦員は後藤継男（乙六期）、電信員は岸田清次郎（三甲飛）である。

真珠湾作戦においては、翔鶴艦攻隊の中の一小隊長機として、敵基地の爆撃をやったのであるから、特に単独行動で云々《うんぬん》すべきものはない。しかし後日、十七年五月八日、第五航空戦隊が敵の機動部隊と珊瑚海で戦ったときに、壮烈極まることをやった。

この珊瑚海海戦は、日米両海軍の最新型母艦が初めて、真正面から四つに組んで戦ったものであり、近代海戦のあり方を如実に示したものである。

八日早朝、索敵のために発進した菅野機は、敵の機動部隊を発見するや、直ちにこれに触接し、適時適切な敵情報告を十二通も発信して、わが部隊の作戦指導に大きな寄与をした。時間も経過し、燃料も少なくなったので帰路についたが、途中で、敵の機動部隊攻撃の目的をもって進撃中のわが飛行機隊に出会った。普通ならば指揮官機のすぐ側まできて、手で合図して敵情を知らせ、自分は帰途につくのであるが、彼はそうしなかった。

突然、一八〇度の針路転換をやって、高橋赫一少佐の率いる攻撃隊の先頭に占位した。「攻撃隊が敵を逸することがないように」自ら誘導しようという腹である。ここで反転すれば、もはや母艦に帰る燃料がないことはわかり切っていたのであるが、彼は既に死を決していたのである。この誘導によって、攻撃隊は極めて有効な攻撃を加え、大きな戦果を挙げることができたのである。

この種のエピソードは数限りなくあるが、これを要するに、当時の機動部隊飛行機隊の搭乗員が、いかに高い心境にあり、いかに高度の練度を保っていたかを示すものである。自分のいた部隊なので、手《て》賞《ほ》めはどうかと思うが、これほど精鋭な航空部隊は、当時世界中を捜してもなかったのではあるまいか。

十一月二十六日、単冠湾を出撃したのであるが、機動部隊が単冠湾に集合してから、十二月八日の開戦までの間、エトロフ島から本土北海道方面への交通および郵便物の送り出しは、差し止められたと聞いている。計画的に選んだわけではないのであるが、エトロフが島であったことは、われわれに幸いしたと思われる。

機動部隊が内地出港後もなおかつ、その飛行機隊は内海西部方面で訓練中であるかのごとき状況を与えるために、西日本方面の海軍航空隊によって機動部隊の母艦や飛行機隊の呼び出し符号を使って通信訓練を行なった。これらは機動部隊の要請によって、連合艦隊司令部、海軍中央当局で手配してくれたのである。

その効果がどうであったかは明らかでないが、アメリカでは十二月一日には日本の航空母艦の大部が、本国水域にあると判断していたようである。

北太平洋の海面が予想したよりも静かで、加うるに海霧がしばしば訪れて視程を低くしてくれたことは、われわれにとって何よりの幸せであった。心配していた洋上補給にも全然心配はいらなかった。このことを天佑《てんゆう》と受けとった。

「天佑は、全力を挙げて努力するものの上にのみ降《くだ》るのであって、努力もせず漫然とこれを期待するものには、絶対に降ることはない」

というのが、当時のわれわれのいつわらざる心境でもあった。

すべての準備は完了し、この上、何も付け加えるものはないと思っていたが、十二日間の航海中、作戦命令の変更や、追加事項が絶えたことは一日もなかった。航空母艦の集中配備は、こんなとき絶対必要であると考えた次第である。

自分自身のことになるのではなはだ恐縮であるが、この十日余りの航海中に私の心の中が、どんなふうに変化していったかを記してみたいと思う。

われわれが作戦遂行上必要であると思い、海軍当局や連合艦隊に要求してかなえられなかったものはない。私が海軍に奉職していた二十四年間を通じて、こんなに要望が容れられたことはなかった。それだけに任務達成に重責を感じた次第である。一幕僚に過ぎない私でさえそう思ったのであるから、機動部隊の最高指揮官たる南雲中将が、重責の圧迫感を受けたのは当然であろう。

最早これ以上何もすることはない。運を天に委すだけだと思いながらも、そう簡単に割り切るわけにもいかなかったのが実情である。

夜もふけて、艦橋の下の作戦室でゴロンと横になって仮眠していると、ときどき舷側を打つ波の音で目が覚める。そのときふと心に浮かぶものがあった。

「お前は何をしようとしているのだ？　お前たちがやろうとしていることは大変なことなのだぞ、よくよく考えてみるがよい」

一人の私がこういうと、もう一人の私は、それに反抗した。

「今さら、何を迷っているんだ。お前に残された道は前進あるのみだ。断じて行なえば鬼神もこれを避くというではないか」

こんなことが、初めの数日間続いた。これ以上計画に付け加えることはないと思いながらも、まだ何か重要なものを落としているのではないかと思った。また、アメリカ側の動静があまり穏やかなので、彼らは、われわれがすぐそばにくるまでだまって手ぐすね引いて待っているのではあるまいか、とまで妄想《もうそう》をたくましくしたことさえあったのである。

人事を尽くして天命を待つというが、こんな重大な問題に直面して、そう簡単には行かない。何となれば、日本海軍虎の子の主力航空母艦六隻を投入しているのであるから、もし星のまわり合わせが悪く、この母艦の大部を失うようなことにでもなれば、それで戦争の勝敗は決まってしまうのであり、南方作戦も何もあったものではない。

何としても作戦を成功させなければならない。人間でできることはすべてやったので、これ以上は神に祈る以外にはなかった。出撃してから約一週間後に、長官室のそばにある赤城神社に朝夕お参りして作戦の成功を祈った。

軍艦はすべて、艦名ゆかりの神社から御神体を分けてもらい、分社をもっていたのである。

「どうか、この作戦を成功させてください。お願いいたします」

これが最初の祈り言葉であったが、二、三日後には、

「私の命はどうなっても構いません。どうかこの作戦を成功させてください」

というふうに変わった。

それが、いよいよ突撃する一～二日くらい前になると、

「私を殺して、この作戦を成功させてください。お願いいたします」

というつきつめた願いになったのである。

「われ、敵主力を攻撃す、効果甚大」

十二月八日、〇一三〇に第一次攻撃隊が発艦したのであるが、私はその前夜、午後六時から八時までの間、艦橋下の作戦室でぐっすりと眠った。気持ちのよい眠りを終わってそとに出て見ると、飛行甲板の上には、既に第一次攻撃隊に参加する飛行機は整然とならべられ、暗黒の中にエンジン試運転のゴーッという音が聞こえ、排気管からは青白いほのおが出ていた。

私はそれを見ながら階段をのぼって艦橋に立ったのであるが、ふと気がついてみると、不思議な心の状態を感じた。数時間前まで心の中にわだかまっていたもろもろの不安や妄想が、跡形もなくきれいに消え去って、全くすがすがしい気持ちであった。もう作戦

成功に対する欲望も、失敗に対する心配もなかった。自分で明鏡止水とはこんな心境を指すのではないかと思った。無我の境というのであろうか。それまで三十六年の生涯に、こんな気持ちになったのはこの時が初めてである。それだけではない。その後今日までの三十二年の生涯にも、こんなに澄んだ心をもったことはない。

戦争中の四年間、私の飛行生活四十年間、この長い間には、「これで自分の一生も終わった」と観念した事が何十回とある。「どんなことをしても助かる見込みがない」と観念したときには、案外と平静になるものである。しかし、それはすべて個人の生命を対象とした場合であって、真珠湾作戦のような、自分一個の生命をなげうっても、それによって責任の重圧をはらいのけることができない場合の諦観《ていかん》とは違うのではあるまいか。

なにはともあれ、この時の心境を、その後再現したいと努力してみたが、恥ずかしいながら未だにできないでいる。

十二月七日、最後の補給を終わって、補給部隊には次の会合点を与えて帰路につかせ、機動部隊は明朝突撃すべく第四戦闘速力（二四ノット）で南下をしている時、南雲長官が私に言った。

「ともかくも、ここまではもってきてやった。あとは飛行機がやるかやらないかだ。航空参謀頼んだぞ」

真珠湾に向け出撃する零戦

「長官、飛行機に関する限り大丈夫です」

この時には、もう夜陰にはいっていた。敵の哨戒機に発見されるおそれもない。成功についてはほとんど確信に近いものをもっていた。

それというのも、われわれが単冠湾をあとにして以来、大本営からはそれこそかゆいところに手の届くような情報が送られていたからである。

ことに最後の、

「ホノルル市街は平静にして、灯火管制を為し居らず、大本営海軍部は必成を確信す」(283ページ参照)

は、大いにわれわれの士気を高からしめた。

機動部隊は八日〇〇三〇、第六警戒航行序列（航空機の立場からいえば、これは戦闘隊形である。263ページの図参照）に占位し、攻撃隊を発進する準備隊形を整え、〇一〇〇には巡洋艦利根、筑摩の零式水上偵察機各一機が、夜闇の空に飛び立った。直前偵察のためであり、ラハイナ泊地と真珠湾を偵察し、その後適切な情報を送ってくれた。八日の午前零時ごろには、飛行服に身を固め、準備を整えた搭乗員が、続々と飛行甲板下の搭乗員室に集まってきていた。ここで敵情やわが方の位置、今後の行動予定などを聞いて、搭乗員としての航法計画を立てるのである。（265ページの図参照）

私はそのころ搭乗員室にはいって行ったのであるが、どの搭乗員もこれほどの大事を控えている人たちとは思えないほど静かな顔つきをしていたし、ニコニコしながら話し合っていた。

ちょうど総指揮官の淵田隊長がはいってきた。もちろん彼は平素とちっとも変わっていない。

彼を見つけた私が、

「おい、淵！　頼むぜ」

と呼びかけたところ、

「お、じゃ！　ちょっと行ってくるよ」

まるで、隣にタバコか酒でも買いに行くような格好であった。

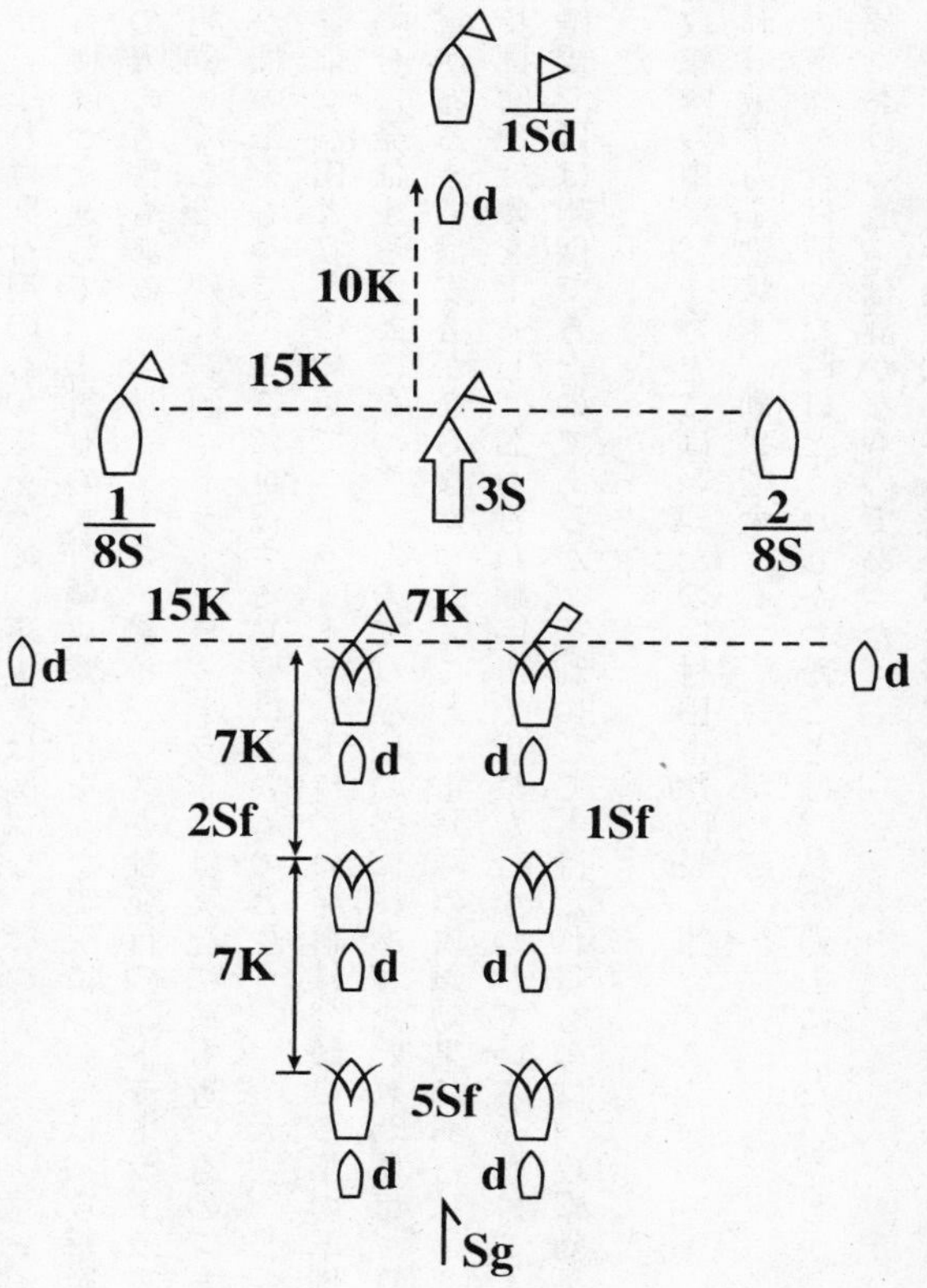

第六警戒航行序列

よみものとか映画などでは、ここで真剣な顔つきをして握手したりしたことになっているが、それは興行用のものであって、事実とは関係ない。

飛行機隊が発進して、未曾有《みぞう》の大奇襲攻撃を行なった実況については、攻撃隊の生き残りの人の著書もあるし、リーダーズ・ダイジェスト社発行の『トラトラトラ』にも詳しく記載してある。殊に映画「トラ・トラ・トラ！」は実況に最も近いものであろう。筆者が拙い筆をもって、ここに重復する必要はないものと思う。

出発前、淵田と私との約束で「トラ・トラ・トラ」の発信は、敵に邀撃の準備がなかった場合に発信することになっていたので、赤城の艦橋にあったわれわれは、攻撃効果の入電があるまでは安心がならなかった。ことに雷撃隊の攻撃効果である。総指揮官が突撃を下命し、おおむね順序よく攻撃が行なわれているらしいことは、赤城の艦橋でほぼ想像できたのであるが、それにしても待たれるものは、攻撃効果の報告であった。

全攻撃隊の中で、一番先にはいったのは村田雷撃隊長の報告である。

「われ、敵主力を雷撃す、効果甚大」

この電報を受け取った時ほどうれしかったことは、私の過去にはない。しかし、赤城の艦橋における表情は静かなものであった。

南雲長官、草鹿参謀長以下各幕僚がいたが、みんな顔を見合わせてニッコリとした。

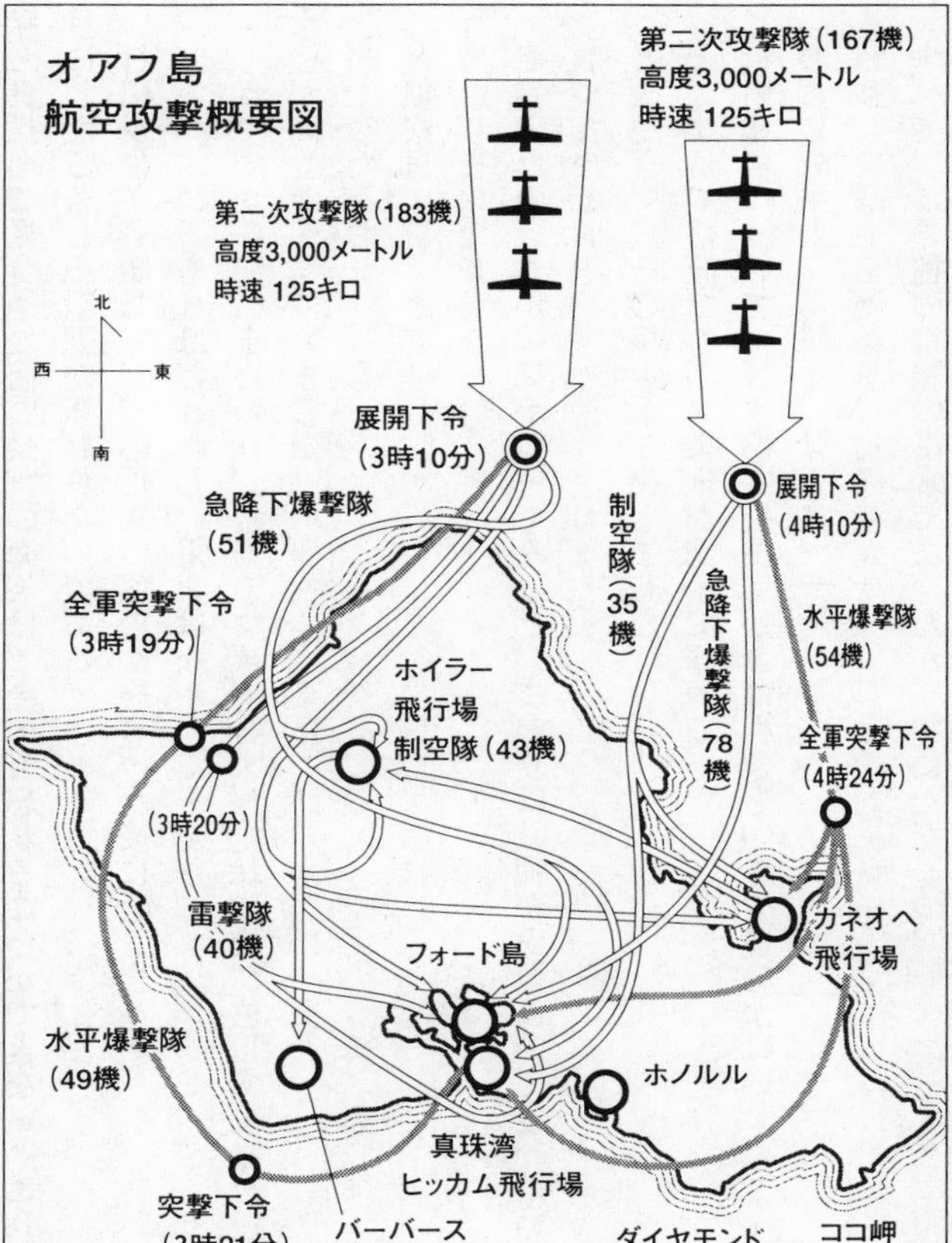

オアフ島
航空攻撃概要図
第二次攻撃隊（167機）
高度3,000メートル
時速 125キロ
第一次攻撃隊（183機）
高度3,000メートル
時速 125キロ
北
西
東
南
展開下令
（3時10分）
展開下令
（4時10分）
急降下爆撃隊
（51機）
制空隊（35機）
急降下爆撃隊（78機）
水平爆撃隊
（54機）
全軍突撃下令
（3時19分）
ホイラー
飛行場
制空隊（43機）
全軍突撃下令
（4時24分）
（3時20分）
カネオへ
飛行場
雷撃隊
（40機）
フォード島
水平爆撃隊
（49機）
ホノルル
真珠湾
ヒッカム飛行場
突撃下令
（3時21分）
バーバース
ポイント
飛行場
ダイヤモンド
ヘッド
ココ岬

私と真正面で見合った南雲長官の微笑は、今でも忘れることができない。これで長い年月にわたる苦しい鍛練が報われたのである。

村田少佐が着艦して、一応正式の報告が終わった後に話し合った。

「おい、ぶつ、あれほどうれしい電報はなかったぞ」

「そうですか、発射を終わり、敵艦のマストをすれすれに飛び越して後ろを振り向くと、水柱が高く上がっていました。

当たっ、たぞお‼

と偵察員に言うと、彼も、

い、い、い、

当たりました‼

と答えたのですが、気がついてみると、まわりは敵弾が火をひいて走っているのです。

おっとっとお！

と大急ぎで、その場を飛び出しました」

と、まるで落語でも話すような調子で語っていた。

村田報告に続いて、各攻撃隊指揮官からは引きも切らず電報がはいった。

「われ、敵主力を爆撃す、効果甚大」

「われ、敵基地を爆撃す、効果甚大」

すべて、この種の電報の洪水であったが、中にただ一つ、

「われ、敵基地を爆撃す、効果小」

というのがあっただけである。

報告が終わったところで淵田に、

「おい、淵！　ご苦労だったなあ」

と労をねぎらったところ、

「うん、ざまあ見やがれと言いたいところだ。出てきやがったら、またひねってやるよ」

と、これまた草野球でもやった後のようなことをいっていた。

われわれが海軍にはいってから今日まで、ただただ今日このことをなさんがために、苦しい訓練を続けてきたのだ。

「十年兵を養う、只一日之を用いんが為なり」

という古語に、この時ほど実感をもったことはない。

真珠湾攻撃における戦果の判定については、290ページの表を参照されたい。この戦果はおおむね所期のとおりであるが、かえすがえすも惜しまれるのは、レキシントン、エンタープライズ二隻の航空母艦を撃ちもらしたことである。事後の作戦経過を考えるならば、これは戦艦の三隻や四隻には替えられないものがある。

この攻撃において、飛行機搭乗員が、生還を期していなかったことは、次のような事例でも明らかであろう。

㈠　第二次攻撃隊制空隊の蒼竜分隊長飯田房太大尉は、母艦発艦前部下に対し、被弾等のため帰投が不能であると判断した場合には、自爆して捕虜となるのを避けるように訓示していた。同大尉はカネオへ基地攻撃後、自機のガソリンが被弾のために漏れているのを発見したが、列機を率いて母艦の方向にしばらく飛び、列機にその方向を明瞭に理解させた後、手を振って列機に別れを告げ、従容としてカネオへ基地に突入し、壮烈な戦死をとげた。

㈡　第二次攻撃隊の制空隊でヒッカム飛行場を銃撃したのは、赤城および加賀の戦闘機である。その中で未帰還は、加賀の五島一平飛曹長と稲永富雄一飛曹である。だからこの話は、この二人の中の一人であるが、五島飛曹長の算が大である。それは、彼を最後に見た加賀搭乗員の報告では、彼は銃撃後、もうもうたる煙の中を降下していったという。

戦後、私がホノルルを訪問したとき、在留日系人から聞いた話である。

一人のパイロットは、ヒッカム飛行場に着陸し、まだ燃えていない飛行機をピストルで射って歩いていたという。日系の基地勤務員を見つけたとき、

「君たちに危害を加えるつもりはない。早く安全なところに避難しろ」

第一次攻撃隊の魚雷が炸裂した瞬間

といっていたという。

どうも、射っても射っても火がつかないので、着陸して火をつけるつもりだったらしい。五島飛曹長は、小柄でガッチリした体軀をもった柔道の達人であり、その人柄からしてこんなことをやりそうな人であった。

その他、これに類することは多々あるが、ここには代表的なものだけを掲載することにした次第である。

機密機動部隊命令作第一号

一　作戦方針

機動部隊竝ニ先遣部隊ハ極力其ノ行動ヲ秘匿シツツ布哇方面ニ進出　開戦劈頭機動部隊ヲ以テ在ハワイ敵艦隊ニ対シ奇襲ヲ決行シ之ニ致命的打撃ヲ与フルト共ニ先遣部隊ヲ以テ敵ノ出路ヲ扼《ヤク》シ極力之ヲ捕捉攻撃セントス

空襲第一撃ヲX日〇三三〇ト予定ス

空襲終ラバ機動部隊ハ速ニ敵ヨリ離脱シ一旦内地ニ帰還整備補給ノ上第二段作戦部署ニ就ク

敵艦隊我ヲ邀撃セントスル場合又ハ敵有力部隊ト遭遇シ先制攻撃ヲ受クル虞レ大ナル場合ハX日以前ト雖モ之ヲ反撃撃滅ス

二　兵力部署

三　各部隊の行動

(一)　1　機動部隊

主隊

区分			指揮官	兵力	主要任務
機動部隊	空襲部隊		第一航空艦隊司令長官	1AF（4sf dg欠）	敵主力艦及空母撃滅
	警戒隊		第一水雷戦隊司令官	1sd（dg×3欠） 18 秋雲	航路警戒、空襲部隊支援、飛行警戒（補助部隊護衛）
	支援部隊		第三戦隊司令官	（D欠）8s	空襲部隊支援
	哨戒隊		第二潜水隊司令	伊十九、伊二十一、伊二十三潜	前方又ハ後方警戒
	「ミッドウエー」破壊隊		第七駆逐隊司令	7dg（第二小隊欠） 尻矢	「ミッドウエー」航空機及主要施設破壊
	補給隊	第一補給隊	極東丸特務艦長 極東丸特務艦長	極東丸 健洋丸 国洋丸 神国丸	補給
		第二補給隊	東邦丸特務艦長	東邦丸 東栄丸 日本丸	
先遣部隊			第六艦隊司令長官	6F（s×3欠）	監視、攻撃、要地偵察

X－12X－16日迄ニA点（単冠湾）ニ集合補給ス

日〇六〇〇全軍単冠湾出撃、対空対潜警戒ヲ厳ニスルト共ニ我行動所在ノ陰蔽ニ努メツツ概ネ一二乃至一四節ヲ以テ集団ノ儘進撃　途中機会アル毎ニ極力燃料補給ヲ実施ノ上B（筆者注　目的不明）、C点（待機地点　北緯四二度、西経一七〇度）ヲ経テD点（接敵地点、敵泊地ノ零度七〇〇浬）ニ向フ

　途中天候竝ニ海上模様著シク不良ノ場合ハ北緯四〇度線附近迄南下スルコトアリ

X－1日〇七〇〇頃D点附近ヨリ高速南下ス（概ネ二四節）

X日〇一〇〇E点（敵泊地ノ北二〇〇浬）附近ニ進出シ全飛行機隊ヲ発進シ敵艦隊及「オアフ」島主要航空基地ヲ空襲ス

　空襲終ラバ飛行機ヲ収容シ全軍結束ヲ固クシテ敵ノ反撃ニ備ヘツツ高速避退シG点（北緯三八度、西経一七〇度）、H点（北緯四〇度、東経一八〇度）、L点（北緯三五度、東経一六〇度）ヲ経テ概ネX＋15日頃内海西部（情況ニ依リ東京湾）ニ帰還シ第二段作戦ノ準備ヲ行フ

　情況ニ依リ進撃途上作戦ヲ中止シ一旦単冠湾、北海道、陸奥湾ニ帰還スルコトアリ又空襲ノ戦果大ニ揚リ敵ノ反撃ニ対シ大ナル考慮ヲ要セザル場合又ハ補給上必要ナル場合ハ復路「ミッドウェー」ニ近接航過スルコトアリ　此ノ場合ハ第五航空戦隊及第三戦隊二番艦ヲX日夜又ハX＋1日早朝分離シX＋2日早朝「ミッドウェー」ヲ空襲セシムル予定

機動部隊の行動計画

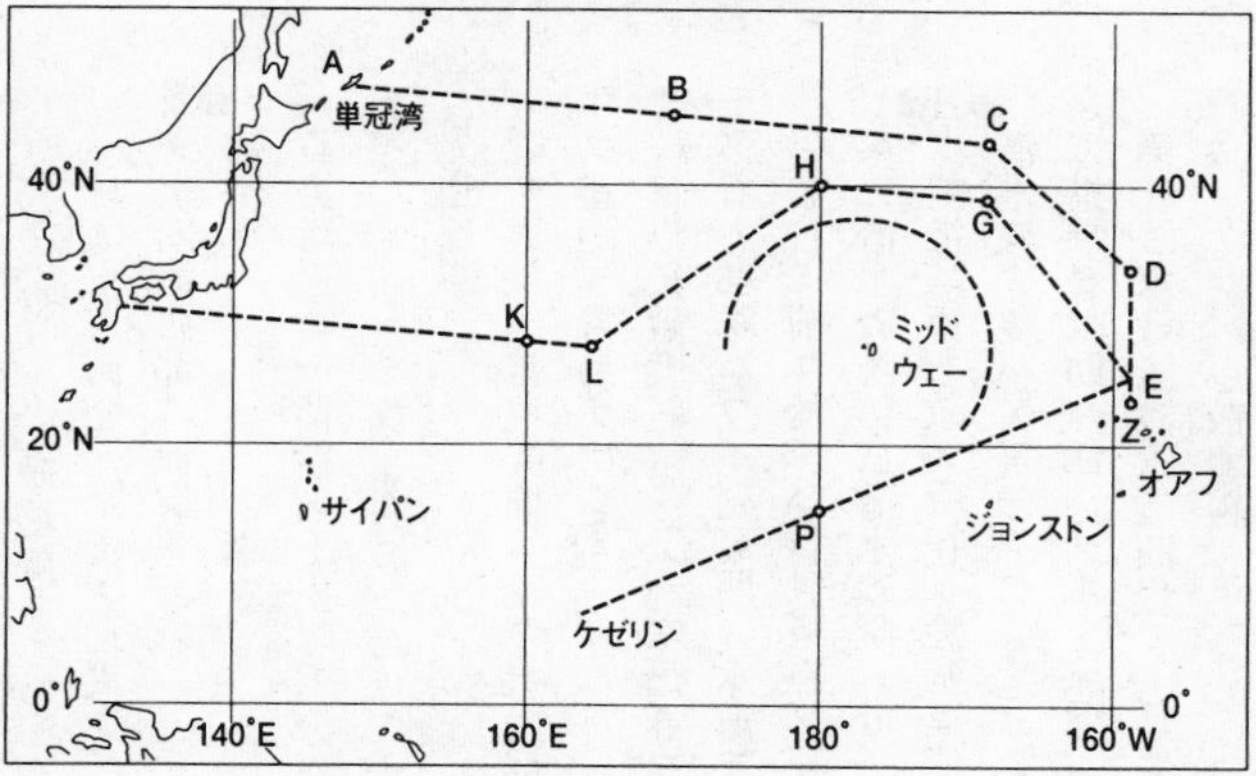

万一敵有力部隊我帰路ヲ遮断シ已ムヲ得ザル場合ハハワイ諸島間ヲ南方ニ突破シ要スレバP点（北緯一五度、東経一八〇度）附近ニテ補給ノ上「マーシャル」方面ニ帰還ス

往路C点附近迄ニ燃料補給ノ見込ミ立タザル場合ハ警戒隊ヲ分離行動セシム　又補給部隊ハ概ネD点附近ニ於テ分離シ別ニ定ムル如ク行動セシム

警戒隊及補給隊主隊ヨリ分離別動ノ際行動ヲ共ニスル部隊ノ先任指揮官ハ之ヲ指揮ス

(二)　哨戒隊

主隊ニ随伴ス

警戒隊分離ノ場合ハ主隊ノ前路警戒ニ任ジ飛行機発着時ハ飛行警戒ニ当ル

空襲後ハ主隊ノ敵側ニアリテ警戒シ敵出撃セバ極力之ヲ捕捉攻撃ノ上追躡ス

特令ナケレバX+1日一二〇〇原隊ニ復帰セシム

㈢　「ミッドウェー」破壊隊

X-6日頃東京湾発　隠密ニ近接シX日夜間「ミッドウェー」ニ達シ所在航空基地ヲ砲撃ノ上内海西部ニ帰投ス

㈣　補給隊

D点附近ニテ補給ノ上主隊ト分離シG、H、L点ヲ経テX+6日〇六〇〇迄ニK点（収容地点、北緯三〇度、東経一六〇度）ニ至リ待機ス

2　先遣部隊

隠密進撃、監視配備ニ就キ機動部隊ノ空襲決行後ハ極力敵艦隊ヲ捕捉攻撃シ機動部隊ノ避退ヲ容易ナラシム

X-1日以後敵戦艦戦隊又ハ空母群ヲ基幹トスル大部隊出撃セル場合又ハ巡洋艦戦隊以上ノ有力部隊ハワイ列島間ノ水道ヲ北上スル場合ハ空襲前ト雖モ之ヲ攻撃ス

尚X日以前ニ於テハ行動所在ノ秘匿ニ関シ特ニ意ヲ用フルモノトス

㈠　第二潜水戦隊第三潜水戦隊（潜水艦一隻欠）ハX-1日黎明迄ニ敵艦隊監視配備ニ就キ同日夕刻迄ニ極力敵ノ所在ヲ隠密ニ偵知報告ス

潜水艦一隻ハX日〇三〇〇迄ニ「ニイハウ」島ノ風下側ニ占位シ不時着機アル場合之ガ搭乗員救助ニ任ジタル上原隊ニ復帰ス

㈡　第一潜水戦隊潜水艦四隻（X+1日一二〇〇以後哨戒隊潜水艦三隻ヲ加フ）ハX日黎明迄ニ特令ナケレバG散開線（筆者注　オアフ島の北方約一〇〇浬、東西線、線長約一二〇浬）ニ

就キ敵ノ出撃ニ備フルト共ニ機動部隊ノ対空哨戒竝ニ飛行機警戒ニ任ズ
敵出撃セバ其ノ進路ヲ扼スル如ク行動シ極力之ヲ攻撃ス
㈢　第一潜水戦隊潜水艦六隻、第二潜水戦隊潜水艦一隻要地偵察、敵艦隊監視、奇襲ニ任ズ

筆者注　機動部隊命令中、行動計画は単冠湾における打ち合わせや出撃後にかなり訂正された。そのため次に掲げた命令作第三号と食い違うところがある。次に掲げた命令作第三号は実施後作成された戦闘詳報に基づいたものと、単冠湾における打ち合わせの結果とを総合したものである。

機密機動部隊命令第三号要旨（各種資料から筆者が総合作成した）

ハワイ作戦空襲計画

一　空襲部隊の行動
X-1日〇六〇〇接敵地点発、針路一八〇度速力二六節にて進撃する。

X日〇一三〇真珠湾の零度二三〇浬において第一次攻撃隊、〇三〇〇同二〇〇浬において第二次攻撃隊を発進させ空襲を決行する。

第二次攻撃隊発艦終了後約一時間南下したのち反転して偏北航路を二四節で北上する。

第一次攻撃隊を〇五三〇から〇六一五の間、第二次攻撃隊を〇六四五から〇七一五の

間に収容の予定。

攻撃隊を収容せば直ちに次回攻撃準備を完成するものとする。兵装はその都度下令する。

敵の有力部隊出撃の場合は攻撃をこれに指向するものとする。

二　飛行機隊の編制

1攻撃隊　イ　第一次攻撃隊

区分		指揮官	機種	機数	兵装	主攻撃目標
第一集団	第一攻撃隊	赤城　淵田中佐	九七艦攻	一五	九九式八〇番五号爆弾各一	主力艦
	第二攻撃隊	加賀飛行隊長		一五		
	第三攻撃隊	蒼龍分隊長		一〇		
	第四攻撃隊	飛龍飛行隊長		一〇		
	特第一攻撃隊	赤城飛行隊長		一二	九一式航空魚雷改二各一	航空母艦
	特第二攻撃隊	加賀分隊長		一二		甲巡
	特第三攻撃隊	蒼龍分隊長		八		
	特第四攻撃隊	飛龍分隊長		八		
第二集団	第十五攻撃隊	翔鶴飛行隊長	九九艦爆	二七	九八式二五番陸用爆弾各一	フォード、ヒッカム、ホイラー格納庫および地上飛行機
	第十六攻撃隊	瑞鶴分隊長		二七		

区分		指揮官	機種	機数	兵装	主攻撃目標
第三集団	第一制空隊	赤城飛行隊長	零戦	九		攻撃隊掩護 制空 地上敵飛行機攻撃
	第二制空隊	加賀分隊長		九		
	第三制空隊	蒼龍分隊長		九		
	第四制空隊	飛龍分隊長		六		
	第五制空隊	瑞鶴分隊長		六		
	第六制空隊	翔鶴分隊長		六		

ロ　第二次攻撃隊

区分		指揮官	機種	機数	兵装	主攻撃目標
第一集団	第六攻撃隊	瑞鶴　嶋崎少佐	九七艦攻	二七	九八式二五番九七式六番陸用爆弾各一	フォード、ヒッカム、ホイラー、カネオへ格納庫並びに地上飛行機
	第五攻撃隊	翔鶴飛行隊長		二七		
第二集団	第十三攻撃隊	蒼龍飛行隊長	九九艦爆	一八	九九式二五番通常爆弾各一	航空母艦 甲巡 主力艦
	第十四攻撃隊	飛龍分隊長		一八		
	第十一攻撃隊	赤城分隊長		一八		
	第十二攻撃隊	加賀分隊長		二七		
第三集団	第一制空隊	赤城分隊長	零戦	九		攻撃隊掩護 制空 地上敵飛行機攻撃
	第二制空隊	加賀分隊長		九		
	第三制空隊	蒼龍分隊長		九		
	第四制空隊	飛龍分隊長		九		

2　偵察隊の編成

区分	機種	機数	派出艦
直前偵察機	零式水上偵察機	二	第八戦隊各艦一機
索敵哨戒機	九五式水上偵察機	四	第三、第八戦隊　各艦二機

三　攻撃目標

1　第一次攻撃隊

第一集団の攻撃目標を戦艦四隻、空母四隻以内とし、目標選定順序を第一戦艦、第二空母とする。

第二集団は左の分担により敵基地航空兵力を攻撃する。

第十五攻撃隊　フォード島、ヒッカム格納庫、地上飛行機

第十六攻撃隊　ホイラー飛行場格納庫、地上飛行機

制空隊の攻撃目標を空中、地上の敵機とする。

2　第二次攻撃隊

第一集団は左の分担により敵基地航空兵力を攻撃する。

第五攻撃隊　カネオヘ、フォード、バーバースポイント格納庫、地上飛行機

第六攻撃隊　ヒッカム、フォード格納庫、地上飛行機

第二集団は敵空母四隻ないし五隻を目標とし、目標不足の場合は巡洋艦、戦艦の順に目標を選定する。

制空隊は空中、地上の敵機を攻撃する。

四　攻撃実施要領

1　第一次攻撃隊

イ　攻撃は奇襲を建前とし、第一集団雷撃隊、同爆撃隊、第二集団の順序とする。

ロ　制空隊は当初全軍結束のまま第一集団とほぼ同時に敵の上空に進入し、主として敵阻止戦闘機を捕捉殲滅する。

空中に敵機なき場合は直ちに左記区分により地上飛行機銃撃に転ずる。

第一、第二制空隊　フォード、ヒッカム、バーバースポイント

第三、第四制空隊　ホイラー、バーバースポイント

第五、第六制空隊　カネオへ、ベロース

ハ　敵の警戒厳にして強襲による場合は、制空隊、艦爆隊、水平爆撃隊、雷撃隊の順序に進入し、時間間隔の少ない順撃を行なうものとする。

2　第二次攻撃隊

全軍ほぼ同時に敵上空に殺到し攻撃を開始す。

制空隊の行動要領は第一次攻撃に準ずるも、空中に敵機なき場合の銃撃区分は左による。

第一、第二制空隊　フォード、ヒッカム、バーバースポイント
第三、第四制空隊　ホイラー、カネオへ、ベロース

3　敵空母および主力の大部真珠湾以外の泊地にある場合の攻撃要領
イ　編制、攻撃目標等前段におおむね同じ。ただし第一次攻撃隊第一集団は極力雷撃機を増加する。
ロ　敵艦隊攻撃隊は艦隊泊地に殺到し、敵飛行場攻撃隊は同時に攻撃を開始する。艦隊泊地の攻撃が順調に進捗すれば、該攻撃に参加しない部隊は、すみやかに真珠湾に目標を転換する。制空隊は両攻撃隊に随伴し、攻撃隊掩護、空中、地上の敵機を攻撃する。

4　集合帰投
イ　オアフ島空襲後の集合点をオアフ島の西端カエナ岬の三四〇度二〇浬とする。
　集合高度一、〇〇〇米（付近に雲ある場合は雲下とする）
ロ　攻撃隊は集合点において約三〇分待ち合わせ、制空隊を合同のうえ帰投する。
ハ　制空隊は帰投時全軍の後衛となり、敵の追躡を阻止する。

五　偵察
1　事前偵察
　特に行なわないのを建て前とする。
2　直前偵察

第八戦隊の水上偵察機二機は〇〇四五発進、真珠湾およびラハイナ泊地を隠密偵察し、敵艦隊（主として空母および戦艦）の在否を報告する。

3　索敵哨戒

第三、第八戦隊の水上偵察機四機は〇二〇〇頃発進、彼我中間海面およびオアフ島東西両水道付近の海面を、なるべく広範囲にわたり捜索し、敵出撃部隊の有無、動静、敵反撃飛行機の有無、動静を報告する。

4　制空隊指揮官の指定する一部戦闘機は、攻撃後状況の許す限り低空高速偵察により、敵飛行機および艦船の被害状況を偵察のうえ帰投する。

六　警　戒

1　上空警戒

空襲当日、日出の一時間前から日没後四五分まで上空警戒第一配備B法とする。

2　前路警戒

第二次攻撃隊収容後から日没後一五分まで、第二航空戦隊

3　対空哨戒（赤城を基点とし六〇キロ圏内）、第五航空戦隊各艦艦爆三機

期間	派出隊	各艦派出数
第一次発進(〇一三〇)から三時間(〇四三〇)	第二航空戦隊	零戦　三
	第五航空戦隊	零戦　一二
第一次攻撃隊収容直前(〇五三〇)から第二次攻撃隊収容開始まで(〇六四五)	第一航空戦隊	零戦　五
	第二航空戦隊	零戦　六
	第五航空戦隊	零戦　一二

期間	派出隊	各艦派出数
第二次攻撃隊収容開始(〇六四五)から〇八三〇まで	第二航空戦隊	零戦　三
	第五航空戦隊	零戦　一二
〇八三〇頃から日没後一五分(一三〇〇)まで一直二時間	第一航空戦隊	第一次零戦六　第二次零戦三
	第二航空戦隊	第一次零戦六　第二次零戦三
	第五航空戦隊	第一次零戦六　第二次零戦三

要旨

一　十二月六日ハワイ諸島以西の飛行状況

二　六日〇一〇〇の「オアフ」島の天気予報

七日一二〇〇受信　六日二二〇〇発信

A情報

一　五日「オクラホマ」「ネバダ」入港（出動期間八日間）

同日「レキシントン」及甲巡五隻出港ス

二　右ニ依リ　五日一八〇〇碇泊艦船左ノ通リ

戦艦八隻　軽巡三隻　駆逐艦一六隻

入渠中「ホノルル」型四隻及駆逐艦四隻

七日二一三〇受信　同日一七〇〇発信

一　七日「ホノルル」方面飛行阻塞気球ヲ使用シ居ラズ
二　ハワイ諸島方面飛行哨戒ヲ行ヒ居ラズ
三　「レキシントン」「エンタープライズ」出動中

七日二二四〇受信　同日一八〇〇発信

一　A情報
1　地方時五日夕刻「ユタ」及水上機母艦一入港　六日ノ在泊艦ハ戦艦九隻、軽巡三隻、潜母三隻、駆逐艦一七隻、入渠中ノモノ軽巡四隻、駆逐艦二隻
重巡及航空母艦ハ全部出動シアリ
艦隊ニ異状ノ空気ヲ認メズ
2　「ホノルル」市街ハ平静ニシテ灯火管制ヲ為シ居ラズ
二　大本営海軍部ハ必成ヲ確信ス

この最後の情報電報に、大本営は「必成ヲ確信ス」と激励の言葉を加えた。
機動部隊は待望していたハワイ方面の詳細な情報を〇一七（発信二日二二〇〇）軍令部から知らされた。

A情報　十二月二日午後十時発信
十一月二十八日午前八時（ハワイ時間）真珠湾ノ情況左ノ如シ　戦艦二（オクラホマ、ネバダ）、空母一（エンタープライズ）、甲巡二、駆逐艦一二　以上出港　戦艦五、甲巡三、乙巡三、駆逐艦一二、水上機母艦一、以上入港　但シ入港セルハ十一月二十二日出港セル部隊

ナリ
十一月二十八日午後ニ於ケル真珠湾在泊艦ヲ左ノ通リ推定ス
戦艦六（メリーランド型二、カリフォルニヤ型二、ペンシルバニヤ型二）
空母一（レキシントン）
甲巡九（サンフランシスコ型五、シカゴ型三、ソルトレーキシテイ型一）
乙巡五（ホノルル型四、オマハ型一）

A情報　十二月三日二三〇〇発信
十一月二十九日午後（ハワイ時間）真珠湾在泊艦左ノ如シ
A区（筆者注　海軍工廠　フォード島間）
KT（筆者注　海軍工廠北西岸壁）
ペンシルバニヤ、アリゾナ
FV（筆者注　繋留泊地）
カリフォルニヤ、テネシー、メリーランド、ウエストバージニヤ
KS（筆者注　海軍工廠修理岸壁）
ポートランド
入渠中　甲巡二、駆逐艦一
其ノ他　潜水艦四、駆逐母艦一、哨戒艇二、重油船二、工作船二、掃海艇一
B区（筆者注　フォード島北西方、同島付近海面）

ＦＶ（筆者注　繫留泊地）
　レキシントン
其ノ他　ユタ、甲巡一（サンフランシスコ型）、乙巡二（オマハ型）、砲艦三
Ｃ区（筆者注　東入江）
甲巡三、乙巡二（ホノルル型）、駆逐艦一七、駆逐母艦二
Ｄ区（筆者注　中央入江）
　掃海艇一二
Ｅ区　ナシ
十二月二日午後（ハワイ時間）迄変化ナシ
未ダ待機ノ情勢ニアリトハ見エズ　乗員ノ上陸モ平常通リナリ

A情報　十二月四日二〇三〇分発信
一　二日ホノルル報
二　無線情報による艦船飛行機の動静
三　四日ホノルル報
その内容の一部は次のとおりである。
　真珠湾の飛行哨戒は不明なるも洋上哨戒の徴候は今のところ認められず
　時々パルミラ、ジョンストン、ミッドウェー等の点綴哨戒飛行をなすが如し

真珠湾攻撃の戦果判定

1　ネバダ型（戦艦）（A）
魚雷一、二五〇キロ爆弾八以上、中破
米側資料（ネバダ）魚雷一、二五〇キロ爆弾六以上、炎上擱座、昭和十七年二月十三日浮揚、ピューゼットサウンドに回航

2　アリゾナ型（戦艦）（B）
八〇〇キロ爆弾四、大爆発、大破
米側資料（アリゾナ）魚雷数本、八〇〇キロ爆弾四、不明四、完全損失、戦隊司令官および艦長戦死

3　ウエストバージニヤ型（戦艦）（D）
魚雷九、八〇〇キロ爆弾三、二五〇キロ爆弾一、轟沈
米側資料（ウエストバージニヤ）魚雷六ないし七、八〇〇キロ爆弾二、後に艦隊復帰（浮揚時期不明）

4　カリフォルニヤ型（戦艦）（C）
八〇〇キロ爆弾二、大破
米側資料（テネシー）八〇〇キロ爆弾二、炎上、昭和十七年十二月二十一日ピーゼットサウンドに回航

5　アリゾナ型（戦艦）（F）

魚雷一二、轟沈
米側資料（オクラホマ）魚雷五、八〇〇キロ爆弾多数、転覆大破、後に完全損失、廃棄

6　ウエストバージニヤ型（戦艦）（E）
八〇〇キロ爆弾二、二五〇キロ爆弾七、大破大火災
米側資料（メリーランド）八〇〇キロ爆弾一、二五〇キロ爆弾一（ほかに至近弾）小破、昭和十七年二月艦隊復帰

7　ウエストバージニヤ型（戦艦）（G）
魚雷三、二五〇キロ爆弾五、大破沈没
米側資料（カリフォルニヤ）魚雷三、八〇〇キロ爆弾一、二五〇キロ至近弾四、沈没、昭和十七年三月二十五日浮揚、ピーゼットサウンドに回航

8　オクラホマ、ネバダ型（戦艦）（H）
二五〇キロ爆弾一、中破
米側資料（ペンシルバニヤ）同様、損害軽微

9　甲巡または乙巡（二）
魚雷五、二五〇キロ爆弾六、沈没
米側資料（乙巡ヘレナ）魚雷一、二五〇キロ爆弾一（ほかに至近弾四）機械室、缶室浸水、小破

10　オマハ型（乙巡）（ヌ）

二五〇キロ爆弾一、小破
米側資料（軽巡ローリー）八〇〇キロ爆弾一、二五〇キロ爆弾一、第二缶室、前部機械室浸水、大破
11　駆逐艦二隻（ホ）
二五〇キロ爆弾二、大破
米側資料（駆逐艦カッシン、ダウンズ）二五〇キロ爆弾一、ダウンズ搭載の魚雷頭部に命中、両艦共大火災、大破
12　駆逐艦（ヘ）
二五〇キロ爆弾一、大破
米側資料（駆逐艦ショー）二五〇キロ爆弾一、爆発艦首吹き飛び、浮きドックとともに大破
13　ユタ（標的艦、旧戦艦）（ヲ）
魚雷六、轟沈
米側資料（ユタ）魚雷五、転覆、完全損失
14　給油艦（ワ）
八〇〇キロ爆弾一、沈没
米側資料（工作艦ベスタル）不明二、被弾後独力にてフォード島北東側に移動、浸水擱座
15　給油艦（ル）
二五〇キロ爆弾一、沈没

米側資料（給油艦ネオショー）命中弾なし
16　オグララ（機雷敷設艦）
攻撃せず
米側資料　魚雷一、艦底通過、ヘレナ側にて命中爆発、艦底損傷、移動沈没
17　カーチス（水上機母艦）
命中弾なし
米側資料　急降下爆撃機一機右舷側に体当たり、火災、中破
18　甲巡または乙巡（㋑㋷）オマハ型（㋺）二五〇キロ爆弾㋷二、㋑一、㋺一、命中
米側資料　㋺サンフランシスコ（重巡）、㋷フェニックス（乙巡）、㋑セントルイス（乙巡）、いずれも命中弾なし、ホノルル（乙巡）至近弾一、左舷側損傷、小破
注　セントルイスはホノルルと同型、隣あって繋留中

結局次ページの表のとおりである。

撃沈破	艦種	日本側戦果判定	米側資料
撃沈	戦艦	Cカリフォルニヤ型 Dウエストバージニヤ型 Fアリゾナ型	Bアリゾナ Dウエストバージニヤ Gカリフォルニヤ Fオクラホマ
	標的艦	㋾ユタ	㋾ユタ オグララ（敷設艦）
	甲巡	㋥甲巡または乙巡 ㋻（艦全長一四九米）	
	給油艦	㋸給油艦	
大破	戦艦	Bアリゾナ型 Eウエストバージニヤ型	Aネバダ
	駆逐艦	㋩（艦全長一四〇米） ㋭（艦全長九八米二隻） ㋬（艦全長一四〇米）	㋭カッシン ㋬ショー ダウンズ
	軽巡		㋥ヘレナ ㋦ローリー
	工作艦		㋻ベスタル
中破	戦艦	Aネバダ型 Gウエストバージニヤ型	Eメリーランド Hペンシルバニヤ Cテネシー
	甲巡または乙巡	㋷甲巡または乙巡 ㋠乙巡	㋺ホノルル カーチス（水母）

飛行機撃墜破の戦果判定

	日本側判定	米側判定
フォード	二四	哨 二七
ヒッカム	三七	爆 三四
ホイラー	七八	戦 八八
バーバース（エヴァ）	六二	戦艦爆 四三
カネオヘ	四〇	哨 三二
ベロース	六	偵 六
計	二四七	二三一
記事	ほかに十七撃墜	

旧海軍使用軍隊符号一覧表

符号	説　明	符号	説　明	符号	説　明	符号	説　明
GF	連合艦隊	A()	空　母		連合艦隊司令長官		飛行機
F	艦　隊	B	戦　艦				陸上航空基地
AF	航空艦隊	C	巡洋艦		司令長官	fc	艦上戦闘機
KF	南遣艦隊	d	駆逐艦		司令官	fb	艦上爆撃機
CSF	支那方面艦隊	G	砲　艦		司令	fo	艦上攻撃機
CF	遣支艦隊	M	敷設艦			fd	飛行艇
KdB	機動部隊	p	哨戒艇			fℓo	陸上攻撃機
S	戦　隊	T	輸送船			fs	水上偵察機
Sf	航空戦隊	CD	海防艦				
Sd	水雷戦隊	ch	駆潜艇				
Ss	潜水戦隊	s()	潜水艦				
		w	掃海艇				
Bg	根拠地隊						
aBg	特別根拠地隊						
dg	駆逐隊						
sg	潜水隊						
fg	航空隊						
kg	警備隊						
Gcg	連合通信隊						
cg	通信隊						
chg	駆潜隊						
wg	掃海隊						

ハワイ作戦の評価と教訓

二次攻撃の意見具申はなかった

一般的に真珠湾攻撃は、戦術的には大成功であったが、政治的、戦略的にはむしろ大きな失敗であったという評価がなされている。結果から直線的な、単次元的な批判を行なうとすれば、そういうこともいえるであろう。まず政治的な評価であるが、最後通牒が攻撃後に手渡されたことは、何としても大きな失敗であった。しかもこれが、わが方の暗号翻訳に手間取ったためとあっては、何をか言わんやというところである。ともかくも、あの切迫した時局を迎え、いかなる暗号も一分一秒を争って、翻訳を完了するだけの態勢を整えておかなければならない。そうでなくても、アメリカ側で意地悪く取り計らうならば、開戦後に最後通牒を受け取るような手はずは十分にできたはずである。日本側の機械暗号が既に解読されていて、こちらはそれを知らなかったのであるから、これらはまことにうかつ千万であったといわなければならない。

暗号解読のみならず、諜報組織やその技術において、日本はアメリカよりはるかに遅れていた。ワシントン会議においても、わが方は煮え湯を飲まされたし、山本連合艦隊司令長官が、十八年四月十八日、ソロモン群島上空で敵戦闘機の待伏《まちぶ》せをくって戦死したのも、暗号をいち早く解読されたからである。この時、筆者は軍令部第一課に勤務していたが、敵がP－38戦闘機二十四機も使用し、しかもそれが、山本長官搭乗機の予定航路上に占位していたことから、暗号が破れているのではないかという疑問をもち海軍の関係当局にただしたのであるが、

「絶対に破れていない」

という返事であった。

ともかく、暗号が既に破られているのを気付かないでいるくらい危険なことはない。

日本の最後通牒の手交が遅れたことは、アメリカの国論をルーズベルトの戦争指導方針に合致させるために、大いに役立ったことは事実であろう。しかし、最後通牒の手交が遅れなかったならば、アメリカの国論が統一されなかったかというと、決してそうはいくまい。若干の時間的ずれはあったかもしれないが、いずれは統一されて、膨大な国力を総動員するに至ったであろうことは、少しも疑う余地はない。

既に記した如く、山本長官の企図は、当初の痛撃によってアメリカ軍隊のみならず、

その国民の戦意を喪失せしむるにあったことは、山本長官から嶋田海軍大臣あての手紙にもそれとうかがわれることが記載してある。しかしこの点に関する限り、山本元帥ほどの人も、アメリカの底力を下算していたのではないかと思われる。四年間の戦争を通じて、アメリカが発揮した力には驚くべきものがあった。アメリカの戦力を最も高く評価した山本元帥にして然りである。そのほかの人々の評価は推して知るべしである。

要するに政治的には、真珠湾攻撃の効果は、戦局の大勢を支配するほどのものではなかったということができるであろう。

日本海軍軍令部の作戦当事者、第一航空艦隊司令長官その他幕僚の大部は、ハワイ作戦に反対であったことは既述したとおりである。その他、この作戦企図に双手《もろて》を挙げて賛意を表わした人は、幕僚級には数人いたと思うが、将官級では山口多聞少将くらいのものではなかったであろうか。

では、もしこの作戦をやらなかったとして、南方資源地帯の攻略作戦が順当に運んだかどうか、これは非常に疑問である。あれほどの打撃をこうむりながら、昭和十七年二月一日には、アメリカの機動部隊はマーシャル、ギルバート群島に来襲し、同月二十四日にはウェーキ島に来襲している。アメリカ艦隊の主力がハワイ方面に位置することは、戦略的には立ち上がりの姿勢にあることである。猛獣にたとえるならば、跳躍直前の姿勢である。

もし、ハワイ攻撃をやらなかったならば、アメリカは当時国論が分裂していたのであるから、その統一に時間を要し、作戦行動もてまどったであろうという論もあるが、たとえハワイ攻撃はやらなくても、フィリピンやグアム島の攻略作戦をやらないわけにはいかないであろう。アメリカやイギリスの門前を素通りして、宝庫たる蘭印だけを手に入れるなどという虫のいい戦争はできないのである。フィリピンやグアム島の攻撃は、やはりアメリカ国民を結束させることになるのである。

そうすれば、二月一日に南洋群島の東端に来襲した敵機動部隊とは比較にならない強力な艦隊が、十二月中、おそくも一月中旬までには、わが南洋群島はもちろん本土に対する空襲を行なったであろう。このことはわが連合艦隊の大部は、南方作戦の支援を打ち切り、アメリカ艦隊の邀撃配備につかなければならないことを意味するのであって、南方資源地帯を占領することすらできなかったであろう。

やはりハワイ作戦は、戦略的には不可欠のものであったということができよう。

この作戦は、戦術的には一応成功であった。ただ、航空母艦二隻（エンタープライズ、レキシントン）を討ちもらしたことは、アメリカにとっては幸運であったが、わが方にとっては全くの不運であった。死児の齢《よわい》を数えるようなものであるが、この二隻が在泊していたか、そうでなくてもわが索敵圏内にいたならば、防御力の薄弱な空母であるから、再起できないほどの打撃を与えることができたであろう。その後の戦局には大きく影響し、ミッドウェー攻略も成功したかもしれない。

では戦争の勝敗に影響したかというと、そうはいかなかったであろう。戦争の中期以降、出現した敵の大兵力は、ここで空母の一隻や二隻を失ったところで、どうにもなるものではなかった。

第二撃をやらなかった件について、アメリカ側でも日本側でも大きな批判がある。あれほどの戦果を挙げたのであるから、第二撃を行なって戦果を拡充するのは、兵術家ならばだれでも考えるところである。では、果たして第二撃はできたであろうか。

当日、第二次攻撃隊の最後の飛行機が着艦したのは、午前十時近くであって、日没前三時間である。第一次、第二次攻撃隊は、着艦する順序に対艦船攻撃に備え、攻撃機は全機雷装、爆撃機は通常爆弾を装備していた。これらを陸上攻撃用に兵装を転換し、集団攻撃を行なうとすれば、発艦時刻は早くて十二時ごろになり、夜間攻撃、夜間収容となることは必定であった。作戦海面の天候は、風速一三〜一五メートル、うねりは大きく、雲量は五〜七、母艦は最大一五度のローリングをしていた。この天候は平時ならば、演習中止になるところである。

この状況で、十分な成果を期待し得る攻撃を行なうためには、大攻撃隊を使用しなけ

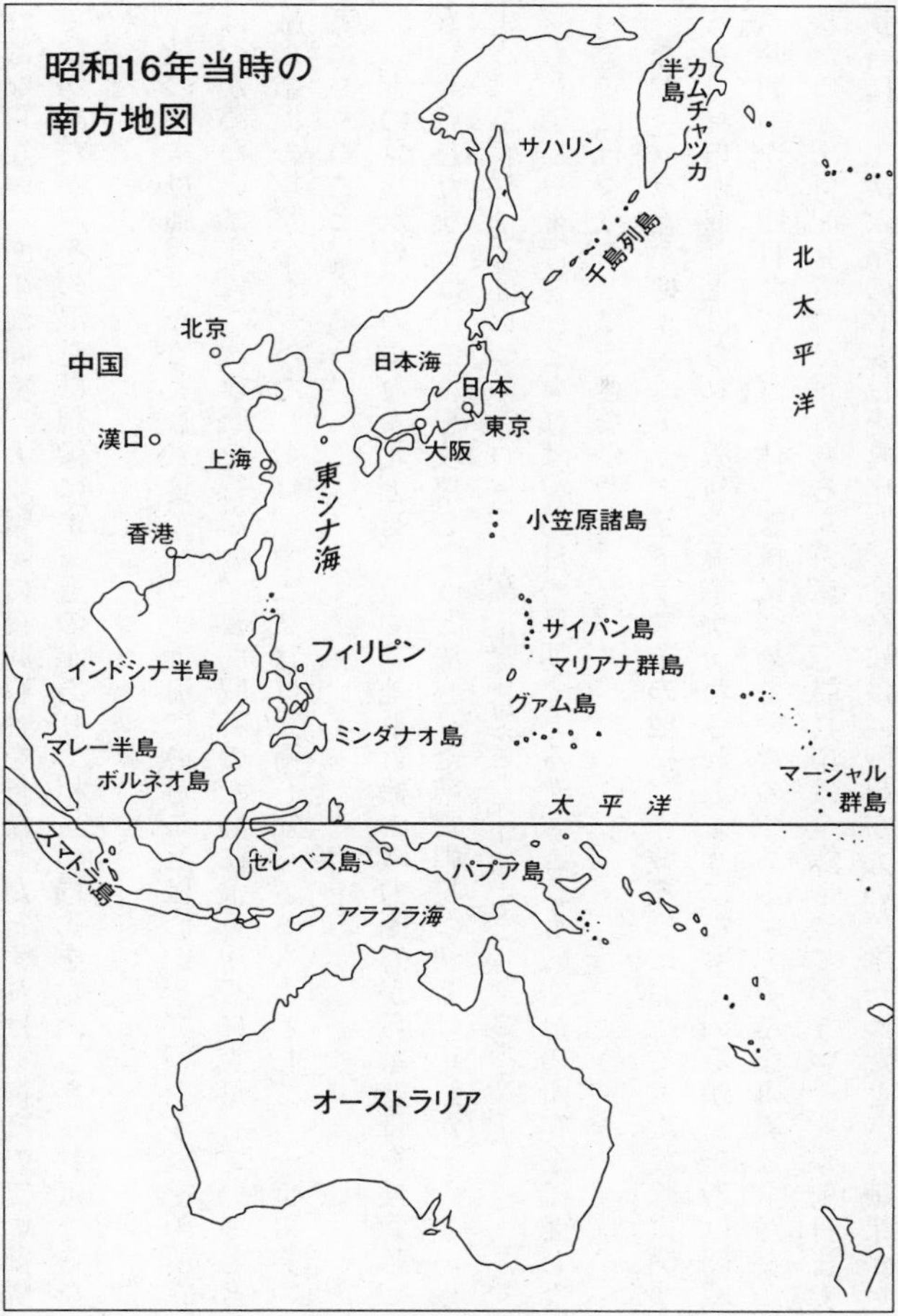
昭和16年当時の
南方地図
カムチャツカ半島
サハリン
千島列島
北太平洋
北京
中国
日本海
日本
東京
大阪
漢口
上海
東シナ海
香港
小笠原諸島
サイパン島
フィリピン
インドシナ半島
マリアナ群島
グァム島
ミンダナオ島
マレー半島
ボルネオ島
マーシャル
群島
太平洋
スマトラ島
セレベス島
パプア島
アラフラ海
オーストラリア

ればならない。あの海面で、大攻撃隊の夜間収容を行なったとすれば、練度の高い部隊ではあったが、その混乱は想像に余るものがあり、相当の損失を覚悟しなければならなかった。

敵の航空母艦が少なくとも二隻、ハワイ近海にいることはわかっていたが、その所在はつかめないままに二次攻撃を行ない、夜間収容のために飛行甲板に点灯しているとき、敵母艦機の攻撃でも受けたならば、南雲長官は兵術を知らざるものとして、一世の笑い者にされたことであろう。

以上の見地から、いったん北上し、敵の基地飛行機の威力圏外から敵空母を捜索し、もし発見したならば、これを攻撃しようと決心した南雲中将の判断は正しかったといえよう。（翌日、広範囲の索敵を行なったが、敵空母を発見することはできなかった）

もし第二撃を行なうとなれば、九日の早朝であるが、これも敵空母の所在を確認しないままに行なうことはできなかった。

なお、プランゲ博士著『トラトラトラ』その他に、赤城艦橋における二次攻撃に関する意見具申が取り上げられ、激烈な論議が交わされたようになっているが、筆者は開戦八時間前から四日間、不眠不休で艦橋につめていたのであるが、そんな事実は全然なかったことを付記しておく。もちろん筆者は意見具申は全然やっていない。攻撃前日まで長官に、二次攻撃の必要性を具申し、命令には「戦果が大いに挙がったとき、戦果が足らないとき」ともに二次攻撃を行なうようになっていたが、それはただそれだけのことで、長官には二次攻撃の意志はなかったようである。

後日、草鹿参謀長から聞いたところでは、長官と参謀長は、初めから「二次攻撃はやらない」と決めていたとのことである。

総合大学方式の横須賀海軍航空隊

真珠湾攻撃に限らず、海軍航空隊が大きな戦果を挙げた裏には、必ずといっていいほど横須賀海軍航空隊における研究と実験が貢献している。

横須賀海軍航空隊と海軍航空技術廠は、横須賀の追浜地区に隣合わせに位置していた。横須賀航空隊の研究と実験が、海軍航空の進歩に大きな貢献をしているといったが、実は、空技廠と横空の協同努力が成果を挙げたといった方がより正しいであろう。

横須賀海軍航空隊は、航空用兵上の諸研究、新機材の実用実験、そのほか若干の航空幹部に対する教育をやっていたが、その最も重要なものは前二者であった。

海軍航空技術廠は、航空関係技術面の一切に関し、その基礎研究と基礎実験を担当していた。廠という名がついているので、もちろん相当な工作力はもっていたのであるが、生産をしていたわけではない。これは極めて重要なことであって、研究と実験、現代的な表現を使うならば、技術開発に専念する有力な機関が早くから設立され、それを海軍が十分に活用したからこそ、太平洋戦争の緒戦にあれだけの戦果を挙げることができたのである。事実、戦争当初における航空機材および搭乗員の技術レベルは、若干の例外はあるけれども、まず世界第一流の水準にあったことは間違いのないところである。

戦争の後半において、わが方の技術レベルが敵方よりずいぶん低下してきたが、これはわが国の政治のあり方、戦争指導方針および国の工業力、経済力に原因があるのであって、海軍航空の技術関係だけに責任があるわけではない。

当時、わが陸軍はじめ世界の主要国空軍で、わが海軍のような実験、研究組織をもっていたところはなかったように思われる。陸軍では航空関係の実験、研究機関は、その専門別に各所に分散していた。航空実験部は立川、戦闘機や射撃関係は明野に、爆撃関係は浜松に、偵察関係は下志津において実験研究をやり、その関係の教育もやっていた。これらを総合した航空用兵の研究がどこで行なわれていたか詳《つまびら》かにしないが、陸軍大学校あたりでやっていたのではあるまいか。

海軍においては右と異なり、戦闘機、攻撃機、爆撃機、偵察機およびこれに関係する諸兵器の基礎実験は空技廠において、実用実験は横空において担当し、両者ともに同じ横須賀航空隊の飛行場を使用していたのである。なお横空においては、各術科を総合した航空関係の戦略戦術をも研究していたのである。

これに関し昭和十年度の横空においては、大西瀧治郎教頭指導のもとに、その制度から運用方法に至るまで徹底した研究が行なわれた。結論的にいうならば「陸軍式のものは単科大学の分立であり、いわばCollege、海軍式のものは，総合大学でUniversityである。各機種の緊密なる協力によってはじめて、航空兵力の威力を発揮し得るのであるから、海軍は現制度を持続するを可とす」ということであった。

真珠湾攻撃において、第一航空艦隊が採用した雷撃法が二つあり、実際に適用したものはその第一法であったが、これは横須賀航空隊において研究された発射法であり、その発射法ができるまでには、航空技術廠の技術的協力に並々ならぬものがあった。もし仮に、横空とか空技廠の緊密な協力がなかったならば、真珠湾攻撃の雷撃は実施できなかったか、実施したとしても莫大《ばくだい》な犠牲の上に、小さな戦果しか挙げることができなかったであろう。

水平爆撃が八〇〇キロ徹甲爆弾を使用して、巨大な戦果を挙げたことについては、今さら繰り返す要はない。水平爆撃の威力向上に最も効果があったのは、空威研究会の実験成果と横須賀航空隊における爆撃専修員の特別教育である。空威研究会には、海軍当局のほかに横空と空技廠が、主要な実験メンバーとして参加していることを付記しておく。

急降下爆撃が真珠湾のみならず、インド洋作戦その他において他に比類なき命中率を得たことについて、今さらいう必要はあるまい。急降下爆撃は、わが国はアメリカよりも数年も遅れてスタートした。遅れてスタートした急降下爆撃が、開戦時アメリカよりも優秀であった（珊瑚海海戦、ミッドウェー海戦の結果から立証される）ということの裏には、横須賀海軍航空隊が総合大学方式であったこと、および航空技術廠が横空における実験研究に緊密なる協力をなし得る態勢になっていたことが、あずかって大いに力がある。

すなわち、海軍が急降下爆撃法を採用したいと考えた時には、もちろんその機材はなかった。したがってこの研究を行なったのは、横空の戦闘機隊であり、昭和七年から十年にかけて小林淑人大尉、岡村基春大尉および筆者等が爆撃法を概成し、昭和十年に九四式爆撃機が出現するまでには、その照準器の構想も、実験用照準器もでき上がっていたのである。もちろん、艦爆の用法や精度の向上は当の艦爆関係者であるが、それがかくも短時間に完成したことは、横空の制度と空技廠との協力関係を無視しては考えられないのである。

横須賀海軍航空隊は、航空用兵の研究と機材の実験、航空戦技術の研究を行なっていたのであるが、その最大の特徴は、机上の理論を実験によって確かめ得るような実兵力をもち、また所要の工作力の支援をいつでも求めることができる態勢にあったことである。

この種の制度は、陸軍にもなかったし、現在の自衛隊にもないのである。

（増補一）真珠湾奇襲と三人の提督

〝わが想い出の海軍将星たち〟――とくに真珠湾攻撃からミッドウェー海戦にかけて、これに関連した人物群像について書きとめておきたいと思う。

本誌（注・月刊「文藝春秋」のこと）四十二年十二月号に掲載された草柳大蔵氏の「中将・大西瀧治郎自刃す」を、私はある種の感慨をこめて読んだ。大西さんとは公私ともにおつきあいをいただいた。ずいぶん薫陶もうけたし、尊敬もしている。未亡人とはいまでも往き来がある。大西さんの想い出話から、この稿を始めたい。

特攻作戦は大慈悲なんだ

大西さんが腹を切ったのは、阿南（惟幾）陸軍大臣が自決した次の日だった。前から、大西さんが腹を切りそうだというので、若い将校たちが大西さんのところにつめかけていた。その連中にむかって大西さんはいった。

「おい、阿南の奴バカだね。いまごろ腹切ってなんになる。案外バカじゃね」

将校たちはコロリとダマされた。

(これは大西さん、大丈夫だ。帰ろう)

ということで、連中が帰っていった。そのあとで腹を切った。もっともお付きの下士官が一人残って、部屋の外で大西さんを見守っていた。大西さんは長い間、宮城の方にむいて遙拝をしたあと、

「どれ、寝るか」

自分で床をとって休まれた。

(あ、これは大丈夫だ)

下士官がそう思ってフト席をはずした。そのスキに腹を切った。あの人は、死ぬときまで戦略戦術の人だった。

大西さんは、負けたから腹を切ったのではない。たとえ勝っても(というのもおかしな仮定だが)、腹を切っていたろう。〝特攻作戦を断行した男〟として、

「命ずる者も死んでいる」

というのが、あの人の口癖だった。そしてその死に方は、もうひとつの口癖、

「死ぬときは、できるだけ長く苦しんで死ぬんだ」

という言葉どおりの凄惨なものだった。

「特攻作戦を残酷だとかなんとかいうけれども、これは大慈悲なんだ」

と大西さんはいっていた。つまり、

「特攻をやろうがやるまいが、いま攻撃に行けばみな生きては帰れない。特攻でなければ、成果も知らないままに死ぬ。特攻をやれば、確実に自分がぶっつかって、成果をあげたと知って死ぬ。これすなわち大慈悲なんだ」

というのである。こういう考え方は、なみの人間にはできない。より高次の立場からモノを考えている人間の考え方である。

戦闘機の機種が問題になったことがある。九五式にするか、新しく製作された九六式（のちの零戦の前身）にするか、という問題。九六式は、当時としては珍しいほど速力がでた。そこで大勢がそっちに傾いた。しかし私は航空技術廠の会議で、

「速力だけで戦さはできない。空中戦闘をやらせれば、九五式の方がつよいと思う」

と答申した。上司の大西さんが、

「源田のいうとおりだ。勝手なことをしてくれるな」

と言葉を添えてくれた。ところが二、三日後に実際に空中戦闘にかけてみると、九六式の方がつよい。私の予想を上まわる画期的な飛行機だった。次の会議で私は前言をとり消した。大西さんにしてみれば、面目まるつぶれである。

「すみません、副長の顔に泥をぬるようなことになって……」

と私はわびた。すると大西さんは、

「オレたちの顔なんかどうだっていい。真実をつきとめていかなきゃ、航空機の進歩はない。お前のやったことはいいことだよ」

といってくれた。普通の上司では、なかなかとれない態度である。大変に厳しい人だったが、反面、茶目気もある人だった。

親分の中の親分

これは料亭のおかみに聞いた話で、当の奥さんにはたしかめていないのだが、あるとき奥さんがスケートをやりたいといい出した。山王ホテルにスケートリンクがあったころの話である。大西さんは反対だが、それをストレートにいわない。

「よかろう、人間それぞれに趣味があっていい。あんたがショートパンツはいてスケートやっている間、ワシもすぐそばの赤坂の待合で、若いキレイな妓をおいて一杯やってることにするよ。終わったら一緒に帰ろうや」

ということで奥さん、スケートをあきらめたという。あるいはまた新橋あたりの料亭に右翼の錚々《そうそう》たる連中を集めて、

「おい、どうだおかみ、今日はいかもの展覧会だぞ」

などと笑いとばす。そういう連中をぴたりと押えていて、親分の中の親分といった感じのする人だった。山本（五十六）さんほどの迫力と頭脳のひらめきはなかったかもしれないが、親分肌というか、スケールの大きな、西郷さんのような感じがあった。

開戦の裏に職業意識

真珠湾攻撃の計画は、当初、山本五十六連合艦隊司令長官の命をうけた大西さんから私が検討と立案を依頼された。その計画に触れる前に、なぜ日本とアメリカが戦わなければならなかったか、それを少し考えてみよう。私は大西さんにたずねたことがある。

「日本がアメリカの領土を取るわけじゃないし、アメリカが日本の領土を取るわけでもない。なぜケンカしなくちゃならないのか」

と。大西さんの答えはこうだった。

「オレもそう思うんだ。しかし職業意識というものがあるからなあ」

説明がいるだろう。当時、日本の海軍はアメリカ海軍を仮想敵にして訓練をつんでいた。アメリカ海軍の方もまた、日本海軍を仮想敵にして訓練をつんでいた。仮想の敵をつくらなければ、戦争の稽古はできない。陸軍の方はソ連を仮想敵にしていた。ために陸海軍の統一が割れ、以後に災いをもたらすのだが、とにかくアメリカと日本の海軍は、互いを仮想敵と考えるところに、それぞれの職業意識があった。

もちろん戦争の原因はそれだけではない。政治的の理由もある。いまのアメリカは全世界の生産力の三分の一をもち、それでいて人口は世界の六％、土地は七％、生産力をもてあましている。外に伸びていかなければ、やっていけない国なのではないか。そういう兆候が、当時からすでにあった。

チャーチルが回顧録でこういうことを書いている――

イギリスのヨーロッパ政策は、伝統的に二つの特徴がある。ひとつは、ヨーロッパに領土的野心をもたなかったこと。出兵しても、戦争がおわるとすぐにひきあげている。いまひとつは、ヨーロッパに一人の英雄が現われて大陸を支配しようとする場合、これと手を結べば当座は得とわかっていても、逆にこの英雄を叩きつぶしてきたこと。ナポレオン、ルイ十四世、ヒトラー……みなそうである。

この二つの特徴がイギリスをして、あれだけ長い間、世界の海と経済とを支配させてきた原因である。なんとなれば、ヨーロッパを統一する英雄を叩きつぶして、いつもヨーロッパをゴチャゴチャさせておき、その間にイギリスは大海軍をつくって海外進出をやってのけることができたからだ。これは実に賢明な方法だった。――

これと同じ考え方が、当時からアメリカの極東政策にもあったのではないか。大東亜共栄圏を唱え、中国や南方に進出していく日本が、アメリカには邪魔な〝英雄〟にみえたにちがいない。

アメリカ人の中国に対する恋着心というか野心は、大変なものである。あれだけの広大な土地と人口、そこにアメリカのダブついた生産力は絶好のマーケットを予想している。いわばアメリカの憧れの〝恋人〟を、日本が先に取りあげようとしている。そんな風にアメリカにはみえたのにちがいない。

そういう政治的な事情に、互いの職業意識やら国民感情やらが加わって、日米間の空気は日を追っておかしくなっていった。大正の半ばくらいまでは、アメリカは日本の生糸を買いつけ、日本はアメリカからスクラップやら油やらを買いつけ、ギブ・アンド・テークでうまくいっていた。

それがまずくなり出した直接のキッカケが排日移民法案。カリフォルニア州の議会で可決されたこの法案は、日米戦の遠因といってもいい。なぜこういう法案が可決されたか。日系人があまりよく働いて、次々に成功するので、先方が脅威を感じて日系人の締め出しにかかったのである。してみれば、日米開戦のそのまた遠因は、日本人があまりによく働くから、ということになるかもしれない。

いつも戦さを考える

それはともかく日本海軍にも、職業意識からアメリカを仮想敵に訓練をつんでいたとはいえ、ほんとうにアメリカを敵にまわすなんてとんでもないことだ、と考える人々がいなかったわけではない。

たとえば海軍出身の総理大臣・加藤友三郎元帥。この人がワシントン軍縮会議に全権でいった。米英五に日本が三――いわゆる六割海軍を押しつけられたのだが、随員が承知しない。六割に甘んずるくらいなら席を蹴って帰ろう、という意見がでた。米英を合わせれば十、こちらは三で、米英に合わせて攻められたら勝目はない、という意見もでた。このとき加藤全権がいった。

「お前ら、一日ひまをやるから、ピッツバーグへいって煙突の数をかぞえてこい」

そこで随員一行がピッツバーグへいってみて驚いた。ピッツバーグはアメリカ一の製鉄の町。そこの煙突の数が、八幡の町のそれとはくらべものにもなにもならない。みんな黙りこくって帰ってきたという。

当時の日本海軍は、いわゆる八八艦隊というドエライ拡張計画を推進していた。戦艦八隻が二隊、巡洋戦艦が八隻、巡洋艦が三十二隻、駆逐艦が何十隻……とにかくモノすごい計画。これが成れば長門、陸奥クラスの戦艦が一番弱い戦艦になるという。そういうことを考えたのが大正十年のこと。

加藤全権は、計画は黙って進めながら、その実、肚の中では実行する気はなかったらしい。こんなことをやったら日本の経済がもたない、ここは六割でもなんでも、とにかく会議をまとめなければ……そういう風に肚を決めていたのではなかったか。

山本五十六という人も、そういう加藤全権のような考え方をする人だった。三国同盟に反対したのもその表われだろう。単なる軍人の立場からモノを見るのではなく、政治家のセンスをも持っていた。

ロンドン軍縮会議の予備交渉に全権で出席し、帰ってきて若い将校らの威勢のいい突きあげにあったとき、

「アメリカと建艦競争をやり始めたら、大変なことになるぞ」

とたしなめている。とはいえ連合艦隊司令長官になってからの山本さんは、いつも戦さのことを考えていた。アメリカと戦争になってはいけないのだが、しかし中央の決定が下っていざ開戦となったとき、どうすれば戦さになるのか、そればかり考えていた。

秘書官の話によると、なにか書類をもっていって決裁を受ける場合、

「いくさには、これでいいのか」

ということを、いつもいったという。

ある人の表わしたものに、こういうことが書いてあった——

近衛文麿首相に、開戦となった場合の見通しについてたずねられたとき、山本は、

「結果を考えずにぜひやれといわれれば、初め半年や一年はずいぶん暴れてごらんにいれましょう。しかし二年、三年となれば、とても確信はもてません。このうえとも日米開戦を回避するよう、極力ご尽力いただきたい」

と答えた。がしかし、これは間違いではなかったか。ここは、やれば必ず負けるから戦さはできない、と答えるべきではなかったのか。そう答えれば、近衛に無用の希望——仮りに開戦となっても半年ないし一年の間に、戦況有利のうちに和平のチャンスをつかまえることができるかもしれない、という希望を抱かせずにすんだのではないか。

ひいては開戦回避のために、近衛をして命懸けの働きをさせたのではないか。山本は、やれば必ず負ける、従って戦いはできない、と一抹の希望も近衛に与えないような返事をするべきだった。

——というのである。が、しかし、これはあまりにも山本さんの立場を無視している。山本さんが海軍大臣ならまだしも、このとき連合艦隊司令長官、戦闘集団の長である。現場の長である。その長が見通しをたずねられて、

「戦さになりません」

とは答えられない。ならないところを戦さになるように努めるのが、現場の長の役目

である。半年から一年は戦さにしてみせるが、そのあとは上の方で考えてくれ……という返事しか、ここはできないはずである。

やるといったらやる

とにかく山本さんは、アメリカと戦さをやってはいけないが、しかしいざ開戦となったとき、国力十倍の相手を向うにまわして、どうすれば戦さになるか、そればかりを考えに考えた。なみ大抵のことでは戦さにならない……。そこから奇想天外な真珠湾奇襲攻撃という計画が生まれてきたのである。

当時、われわれ若い連中の間で、

「ハワイを衝けると面白いんだがなあ」

などという会話は、たしかにかわされてはいた。が、だれも本気でそんなことが実行可能だとは考えなかった。

いまでこそハワイまでジェット機で五、六時間。SSTの時代になれば二時間半ぐらいになる。しかし当時の距離感は大変なものだった。太平洋の長さを三つに割れば、なにしろ三分の二向うのところにハワイは位置している。距離にして三千マイル、五千四百キロである。

彼我の感じからいってハワイは向うの内ぶところ、と敵味方が考えていた。日本海軍の伝統的な考え方では、日米開戦の際、西太平洋にアメリカ艦隊を待ち構えて迎撃する、という作戦が主流だった。そしてまた艦船も迎撃作戦むきに建造されていた。航続距離が短いのである。

飛行機の方はどうか。渡洋爆撃をやった中攻、あるいは飛行艇しか考えられない。そしてこの場合は、マーシャル群島を基地に飛び立つことになる。しかし、多くは望めない。それやこれやで真珠湾攻撃計画は、アイディアとしては面白いが、実行不可能と考える者がほとんどだった。

ところが山本さんは、航空母艦を集めることを考えた。主力の航空母艦を全部集める。もしこの攻撃が奇襲にならなければ、全滅もしくはそれに近い状態が予想される。敵の内ぶところで燃料を補給するのだが、そのためにつれていくタンカーがやられでもしたら、そのまま立ち往生ということになる。主力を失って、つまり戦さはそこで負け、ということになる。

実にリスク（危険）が大きい。大バクチである。さすがに山本さんも、

「オレがいくらバクチ好きだからって、あまりバクチ、バクチというなよ」

といっていた。しかし、なにしろ反対は多かった。昭和十六年九月の図上演習のあと、軍令部の作戦室で、この問題が討議されたことがある。出席者は軍令部側から福留繁作

戦部長、富岡定俊作戦課長ら、連合艦隊側から宇垣纏参謀長、黒島亀人先任参謀、第一航空艦隊から草鹿龍之介参謀長らが加わり、私もそれに列席した。

積極的に賛成論をぶったのは私ひとりだった。この会議が山本さんの耳に入り、

「お前たちはいったい何を考えているんだ。アメリカの艦隊を叩かないでおいて、南方作戦ができると思っているのか。だいたい、そんな会議なんか、だれがやってくれと頼んだか。やってもらう必要はない」

大変に怒ったときく。最初の立案者だった大西さんも次第に意見を変え、十月に草鹿さんと二人で山本さんに会い、これは無理だから南方作戦に重点をおいた方がいい、と意見具申をした。

「君らいくらいっても、これはやる。それ以上いうな」

山本さんはそう答えて動かなかった。いったんこうときめたら、動く人ではなかった。大西さんが意見を変えていったのは、第十一航空艦隊参謀長として、南方作戦を担当する立場から考えて、どうにも飛行機、空母が足りない、そこからきたのではなかろうか。

南雲忠一第一航空艦隊司令長官。この人も終始、真珠湾攻撃には首をかしげていた。結局この南雲さんが攻撃の実際上の指揮をとったのだが、ために後述するようないろいろの問題が起きてくる。

ひよどり越えの作戦

そんな反対論が渦まく最中、たしか十月中旬に山本長官は最後の図上演習のあと、長門の甲板に関係者を集めて、

「このハワイ攻撃は、自分が長官である限りは、必ずやる。二度と再び、この問題について、やる、やらないの議論はするな。しかしやる以上は、やるものが納得のいく方法でやる」

とハッキリ宣言した。このときの演説に、私は非常な迫力と偉大さとを感じた。どこにその源泉があるのかわからないが、とにかく大変な迫力を、あの人は持っていた。

これと前後して、軍令部が攻撃にいく主力六隻の空母のうち、三隻を南方にまわして第二航空戦隊の山口多聞少将に率いさせる、といったようなプランを出したことがある。山口さんが烈火のごとく怒って、南雲さんとつれていけ、いかぬで大喧嘩した。

「とにかくつれていけ。燃料が足らないなら途中で捨ててもかまわん」

ということで、取っ組み合いの寸前までいった。そういうやむにやまれぬ気持を、山口さんは部下に向って歌に託した。

「わが胸の燃ゆる思いにくらぶれば煙は薄し桜島山」

平野国臣が、薩摩で勤皇の思想の薄いのを嘆いた歌という。山口さんという人は大変な猛将で、ミッドウェーの負け戦さでも、ひとり活躍している。

それはともかく、山本長官の断固たる決断で、海軍内の意見が一本にまとまった。もちろん主力空母六隻で攻撃する当初の計画にも変更がない。ところで、真珠湾に向うコースはいろいろある。北からいくのと、中央からと南からと。

南からいけば、マーシャル群島を基地に、距離も近いし、海も静かで一番楽だ。が、発見される公算が一番大きい。中央からいけば距離が遠い。それに海が静かなのがまずい。というのは、商船がよく通るし、調べてみるとアメリカ海軍の演習が、ほとんど南コースもしくは中央コース上の海で行なわれている。

残るは北コース。北太平洋の、それも冬の海は荒れる。しかし、アメリカ海軍の演習は過去一度しか行なわれていない。これは北コースをとらなくてはいけない、と私は考えた。南雲長官にそれをいうと、長官は艦《ふね》が通れるかどうかを大変に心配して、

「だめだよきみ、北をいったら艦がこわれてしまう。いくらいったってだめだ」

相手にしてくれない。しかし南からいっても、中央からいっても発見される。発見されたら最後、元も子もない。北をいけば、仮りにこわれる船もあるだろうが、発見のおそれは少ない。それをやって初めて作戦が生きる。義経のひよどり越え、信長の桶狭間、ナポレオンのアルプス越え、である。

鹿も四つ足、馬も四つ足でいけたのなら、水がありさえすれば艦はいけるはずだ。で、私は山口さんに応援を求めた。山口さんも北コースに賛成してくれて、連合艦隊の方もようやく北にきまった。九月の図上演習のあとのことである。

さて、実際の奇襲攻撃については、すでにいろいろなものにも書かれ、私自身、書きもし話しもしてきたので、ここではくりかえさない。がしかし、いくつか問題が残された。それについて書く。

枕を蹴っておいて斬れ

ひとつは、アメリカがこの奇襲攻撃を知っていたのではないか、という問題である。とくに最近、この問題がしきりに取り沙汰されるようになった。しかし私は、アメリカは日本が奇襲攻撃をしかけてくるかもしれないとは考えていたが、それがどこにくるか、真珠湾だとはおそらく知らなかったのではないか、と考える。

とはいえ、そう考えるだけで、それを証明する材料の持ち合せは、いまのところ私にはない。いずれアメリカにでもいったおり、自分で調べて、この問題を究明してやろうとは思っている。

いまひとつは、最後通牒の手交がおくれて、奇襲が国際法にもとる文字通りの不意打ちになったことである。これについてもいろいろに書かれているが、まだまだ真相を衝いたものとは、私には思えない。山本さんはこういっていた。

「日本の武士というものは、相手に夜襲をかけるときでも、どんなことがあっても相手の枕を蹴っておいて、それから斬りつけるものだ。寝こんでいる奴を、そのまま大根を切るような具合にはやらんものだ」

この言葉を、私は三和義勇参謀から聞いた。藤井茂参謀には、こうもいっている。

「きみはよくわかっていると思うが、最後通牒を手渡す時刻と攻撃実施時刻との差を、中央では三十分につめたとのことだが、外務省の方の手はずは大丈夫なんだろうね。どこの手違いであろうとも、この攻撃が騙し討ちになったとあっては、日本国軍の名誉に関する重大な問題だ。陛下に対し奉っても、国民に対しても申しわけない。油断法にかなない、筋さえ通っておれば、それは立派な奇襲だ。種々の情勢を察せず、油断をしているのは、その者の落ち度であろう。いそぐことはないが、気にとめて調べておいてくれたまえ」

いよいよ日本を出発するというとき、おも立った者が長門に集まった。そのとき山本さんは、こういうことをいわれた。

「きみたちはこれからハワイへいくが、相手の寝首をかくようなつもりでいくと、とんでもないことだ。向うも準備しているぞ。そのつもりでやるんだ。こんど相手にするアメリカは、日本の歴史始まって以来、これほどの強敵とぶっつかったことはない。相手にとって毛頭不足はない。それにアメリカ太平洋艦隊司令長官のキンメル大将、これは数クラス抜擢されて長官に任命された男で、容易な相手ではないぞ……」

以上のような言葉でもわかるとおり、山本さんには、騙し討ちをやろうなどという意志は毛頭なかった。これはハッキリいえると私は思う。

泥棒でも帰りはこわい

攻撃が終わったあと、山本さんは最後通牒が攻撃の前であったか後であったか、それを調べるようにやかましく幕僚に命じている。どういう原因で最後通牒がおくれたのか、私にはいまひとつわからないが、この一事は山本さんにとって、一大痛恨事だったにちがいない。

国際法では当時、最後通牒を手渡すのは攻撃開始一分前、いや一秒前でもいいことになっていた。ここにも問題があった。人情として、なるべく攻撃開始の時間近くまで最後通牒を手渡す時刻をおくらせたいだろう、そこに致命的なエラーを呼ぶ陥穽があった。さて、攻撃後の作戦についても、問題が残った。なぜ第二次、第三次の攻撃をかけなかったのか。なぜ帰途ミッドウェーの基地を叩かなかったのか。なぜ敵の燃料タンクをそのままにして破壊しなかったのか……。

大西さんは真珠湾攻撃を、ひっくるめて失敗だった、とみていた。ひとつは、不意討ちになったことでアメリカの国論を統一し、日本に対する旺盛なファイトをかきたてさせたこと。いまひとつは、敵の航空母艦を二隻ともとり逃がしたこと。周知のように、攻撃目標に入っていた二隻の空母は、真珠湾を出払っていた。のちにこの空母がミッドウェーで、日本側に大打撃を与えることになる。

なぜ第二次、第三次の攻撃を加えなかったのか。アメリカ側も、当然それを予期したらしい。日本側が反復攻撃に出なかったことを、〝永久の謎〟としている。

私自身、航空参謀として南雲長官や草鹿参謀長に反復攻撃を進言した。が、いれられなかった。ただしこれについて、いままで多くの書物に書かれたことで訂正しておきたいことがある。

たとえばゴードン・W・プランゲが著わした『トラ・トラ・トラ』である。日本でも昨年、邦訳がでた。プランゲはメリーランド大学の教授で、これを書くについては、私も七十数回、彼に会って資料を提供している。プランゲによれば、第一次攻撃隊が母艦に帰還したあと、攻撃隊長の淵田美津雄中佐や私が、しきりに第二次攻撃を進言したことになっている。

しかし事実はそうではない。淵田中佐が第二次攻撃を主張する場面を目撃してもいなければ、私自身がそうした記憶もない。コトは攻撃の前にきまっていた。あとで草鹿さんに聞いたのだが、南雲さんと草鹿さんとで話し合って、第二次はやらないことに肚がきまっていたのである。私が第二次、第三次を主張したのは、あくまで攻撃の前においてであった。

もしも〝永久の謎〟があるとすれば、それは攻撃の前に、すでに第二次攻撃はしない、ときめていた南雲長官の肚の中にあったといえる。

南雲さんという人は、もともと水雷屋だった。飛行機を指揮するのは、あれが初めてだった。それでいて、いまだかつて人類がやったことのないような大遠征、それも不案内な航空艦隊による奇襲――しかも、これには国の命運がかかっている。よほどの人間でも、不安に駆られるだろう。

山本さんは、艦隊が第二次攻撃をかけずに帰途についたと聞いて、

「まあ、いいさ。泥棒でも帰りはこわいからなあ」

といったときく。事実、敵の空母二隻の所在がわからない。もしこれに攻撃をかけられたら、荒れ出した海の上でこちらは飛行機を出せない、殴られっぱなしになる。そんな不安もたしかにあったのである。

だいたい山本さんが当初考えた真珠湾攻撃計画は、片道攻撃だった。飛行機はみな帰途、海の中に不時着水するのである。航空母艦の位置がへっぴり腰で、帰りの飛行機を

受けとめるところまでもいかない。そういう計画だった。それだけ空母を大事に考えた。なにしろ、ありったけの主力六隻である。これを、往復攻撃にしなくてはいけない、と私らが主張して、結局往復攻撃になったが、主力六隻を大事にしよう、温存しようという思想はそのまま残った。

にしても、なぜそのまま帰ってきたのか、という疑問は、あのときもう少し叩いておけば……という願望とないまぜになって、それこそ永遠に論議されるだろう。またさらに山本さんは南雲さんについて、

「やれる者は、いわれなくたってやる。やれない者は、いくら遠くから尻を叩いたって、やれやしない。南雲じゃだめだよ」

といったともきく。山本さんはこういうことをズケズケいう人だった。そもそも真珠湾攻撃の立案中から、

「いや、これは南雲くんにやってもらおうとは思っておらんのだ」

などと、山本さんがもらしていたともきいた。だいたい山本さんは、この真珠湾攻撃を自分でやるつもりでいた。米内光政さんを連合艦隊司令長官にして、自分が攻撃部隊の司令長官でいくつもりだったのである。

人情家だった南雲中将

はっきりいって、南雲さんの長官はミス・キャストだった、と私は思う。といっても、これは南雲さんの罪ではない。海軍中央の人事のミスである。大西さん、もしくは山口さんが指揮をとっていれば、事態はもう少し変わっていただろう。しかし序列からいって、そうもいかなかった。

南雲さんという人は、部下思いの、人情家だった。忘れられない想い出が私にもある。いよいよ真珠湾めざして艦隊が出発し、暗い土佐沖にさしかかったとき、私は赤城の艦橋に一人、当直参謀として立っていた。そこに南雲さんがやってきて、

「おい航空参謀、疲れただろう。休め。オレが立っとる。当直はオレがやるからいいよ」

と言葉をかけてくれた。私は結局そのまま立っていたが、幕僚が出発前の準備にどれだけ苦労したか、ちゃんと汲んでいてくれたわけである。

もし南雲さんが得意の水雷戦隊や高速戦艦をひきいる立場にあったら、水上戦闘で縦横の活躍をしただろう。

あくまで船の人で、飛行機の人ではなかった。ミッドウェーのときも、サイパンでの最期も立派な人だった。

真珠湾の帰途、連合艦隊から電報が入った。

「ミッドウェーを攻撃し、これを使用不能にいたらしめよ」

というのである。しかし艦隊はミッドウェーに向わなかった。批判の対象になっているのだが、少しつけ加えておく。

ミッドウェーはもともと飛行艇の基地として考えられていた。陸上基地としての役割はわずか、どちらかといえば水上基地である。水を〝使用不能〟にするわけにはいかない。加えて、これを攻撃すれば、こちらの位置を知らせることになる。予想される戦果にくらべて、危険が大きい。だから寄らなかった。それだけのことである。

ついでに、燃料タンクをなぜつぶさなかったかという批判、これについてもつけ加えておこう。

だいたい真珠湾攻撃の主眼目は、アメリカ太平洋艦隊が半年ほどの間、西太平洋に侵攻できないだけの打撃を与えるというところにあった。そこに構想が集中していた。燃料タンクは初めから構想のうちに入っていなかった。仮りに入れておいたとしても、敵がタンカーをもってくれば解決されてしまう。

真珠湾攻撃の第四法

ミッドウェーにしても燃料タンクの問題にしても、真珠湾攻撃が成功したからこそ出てきた問題であって、そこまでやったのなら、なぜこれもやらんか、あれもやらんか……いささか望蜀の論理だと、私は考える。ただし真珠湾への反復攻撃と、敵空母二隻をそのまま逃がしたという問題——これは決して小さくはない、と思うが。

それやこれやで真珠湾攻撃は、たしかに画期的な作戦だったが、あとになって考えてみると、次のような印象がないわけではない。すなわち、アメリカという眠れる巨人(案外に薄眼をあけて待っていたのかもしれないが)のうしろに忍びよって、頭をひとつだけ殴って、あとは大急ぎで逃げ帰ってきただけではないか——という印象である。

実は、真珠湾攻撃には第四法というものがあった。第三法までは、いずれも攻撃のあとは来た道をそのままひっかえしてくるのだが、第四法はこうである。

北コースからいって攻撃し、そのままオアフ島西の海峡を突き抜け、マーシャル群島の基地へ帰る。これでいけば距離が近いから反復攻撃はできるし、おそらく敵の空母二隻と遭遇して、これを叩きつぶし、制空権をもとっていただろう。この空母二隻以外に、敵の戦力はほとんどなかったのである。

もっとも、こちらの燃料が問題だった。補給部隊は役目をおえて還っている。大きな空母はともかく、駆逐艦などは燃料の問題でついていけない。がしかし、なんとかこの第四法でいけばおもしろかっただろう。

さらに一歩を進めて、こういう考えもいまとなってはできる。すなわち、長駆、西太平洋岸を衝く、のである。ハワイが太平洋の三分の二向うに位置することはすでにのべた。三分の二を往復できるなら、残り三分の一をいっていけないことはない。西太平洋岸に上陸し、ここに基地を確保する。物資も石油も豊富だ。真珠湾攻撃の立案当初には、ハワイ上陸作戦すら考えたこともあったのである。

陸戦隊も運んでいって西太平洋岸に上陸していれば、あるいはロッキー山脈あたりで、カウボーイ・ハットに二丁拳銃のゲリラ隊と、わが戦闘帽とが戦火をまじえる——などという場面もあり得たかもしれない。そうすればハリウッド製の映画も、だいぶ趣きを変えていただろう。いまとなっては冗談にしか聞こえないが、いや、まさしく冗談だが……。

山本さんが、たしか笹川良一氏あての手紙に書いている。

「しかし日米開戦にいたらば、おのれが目ざすところもとよりグアム、フィリピンにあらず、はたまたハワイ、サンフランシスコにあらず、実にワシントン、ホワイトハウス上の盟ならざるべからず。当路の為政家はたしてこの本腰の覚悟と自信ありや」

もとより反語である。ホワイトハウスを攻略できるか、できないだろう、だからアメリカと戦争をしてはいかん、というのである。がしかし、たしかにうしろからいって巨人の頭をひとつ殴るだけでは、喧嘩は勝てない。本気で相手を負かす気なら、ノドもとに短刀を突きつけなければならない。

してみれば、西太平洋岸上陸作戦ぐらいのことをやってのけなければ、しょせん、戦さにならなかったともいえる。がしかし、当時はこの巨人の頭をひとつ殴るだけが精一杯で、それ以上のことをだれが想像できただろうか。すべては下司の後知恵なのである。

ミッドウェーの敗因

アメリカという巨人がいかに強いか、山本長官はよく知っていた。艦隊が帰還すると、早速、長官は搭乗員をさいて、新しい搭乗員の養成にあたらせている。そんな山本さんを見て、われわれ若い者は、

「アメリカなにするものぞ。たいしたことないじゃないか。山本さん、少しアメリカを買いかぶりすぎてるんじゃないか」

と話し合っていた。不明である。思い上りである。その思い上りが、ミッドウェーでこっぴどく仕かえしされるときが、やがてやってくる。

さてミッドウェー海戦だが、これの敗因についてはいろいろにいわれている。

いわく、そもそもミッドウェー攻撃は時期尚早だった。いわく、旧来の大鑑巨砲主義に拘泥して航空戦の本質をわきまえなかった。いわく、暗号を解読され、かつまた電報を探知されてこちらの手のうちが向うに読まれていた。いわく、索敵の不手際。またいわく、風向きが不利だった……。

そのいちいちについてアレコレする気はない。ただ時期尚早論についていえば、山本さんが攻撃を決めたのには、ドーリットルの東京空襲が大きく原因していたと思う。陛下および国民にすまない、という気持である。陸軍や海軍の、各方面から突きあげがあったのかどうか、それは知らない。

この作戦についても、反対者が多かった。しかし研究会の席上、山本さんは、

「このまま守っていて、それでやっていけるような、そんな生やさしいものじゃないぞ」

実に激しい言葉で攻撃を主張したのを思い出す。早く戦況を有利に導いて、和平の契機を上層部に与えよう、と考えたのかもしれない。

ミッドウェー攻撃の司令官は、またしても南雲さんだった。そして南雲さん自身は、この作戦に反対だった。だれかに、

「ミッドウェー攻撃には反対しなくちゃいけませんよ」

といわれて、南雲さんはこう答えたという。

「わかっている。しかしこの前のハワイのとき、オレが追いうちをかけなかったら、山

本さんは幕僚たちに『みろ南雲は豪傑ヅラをしているが、追いうちもかけずに、みすみす帰ってくる。南雲じゃだめなんだ』と悪口をいった。こんど反対したら、オレは卑怯者といわれる。それくらいなら、死ぬつもりでミッドウェーにいくんだ」

たった五分の差が

この作戦には、山口さんですらが時期尚早論を唱えた。珊瑚海の海戦で翔鶴が破損し、修理中で第五航空戦隊がいなかった。

海戦の経緯についてのべる紙数はない。端的にいうと、たった五分の時間の差が勝負をきめた。ミッドウェー基地の攻撃から帰ってきた飛行機を収容しているうちに、敵空母の位置がわかった。収容を中止しても、すぐに第二次攻撃隊をくり出すべきだった。収容をやめれば、燃料を失った味方飛行機は水上に降りなければならない。その非情が、われわれにはできなかった。

あと五分あれば、すくなくとも相討ちにまではもちこめたろう。たった五分の差——そこに航空戦の厳しさがある。が、なんといっても真の敗因は、連戦連勝に酔っていた驕り——これであろう。敵機の第一弾が旗艦赤城の艦橋近くに水柱をあげたとき、

「おーっとととと。敵さん、なかなかやるじゃないか」

南雲長官を初めわれわれ一同、黒い、火薬くさい海水を全身に浴びながら、それでも苦笑いしたのである。赤城を撤退したのは、それから間もなくだった。次々に味方の空母がやられた。

蒼龍の柳本柳作という艦長は、軍艦旗をもったまま、

「バンザイ、バンザイ」

と叫びながら、煙の中を水中に没していった。加賀の岡田次作艦長も艦と運命をともにした。

最後まで残ったのは飛龍一隻。山口さんが第二航戦の指揮をとっている。これがわずかに敵に一矢を報いた。その飛龍も大破され、味方駆逐艦の魚雷で沈められることになったとき、山口さんと艦長の加来止男大佐は艦橋を降りなかった。

「長官ッ、なにか形見を下さいッ」

と部下の参謀が、乗り移ったカッターから叫んだとき、山口さんはかぶっていた戦闘帽をポイと投げてよこした。……そんな話を私はあとで聞いた。

＊　　　＊

——あれから二十数年たった。私は参議院議員として、政界に身をおいている。そし

てとくに、日本の防衛問題に腐心している。山本さんが草鹿さんに与えた書がある。

「国大なりといえども戦いを好む者は必ず亡ぶ。天下安らかなりといえども戦いを忘るる者は必ず亡ぶ」

この言葉を、私はいつも肝に銘じている。

（増補二）淵田美津雄という男

昭和十六年も半ばを過ぎ、連合艦隊の訓練もいよいよ高度で複雑な応用段階に移っていった。真暗な海上を、高速で自由奔放にかけめぐる艦隊に対して、至難事中の至難事たる夜間雷撃や夜間爆撃を演練する時機であった。南雲《なぐも》忠一中将の率いる第一航空艦隊の飛行機隊は、右のような高度の訓練にはもちろん異常なまでの熱情を傾けて努力を続けて、その成果も大いに挙がっていた。

ところが、この時機に一方では、同じ飛行機隊に白昼の碇泊《ていはく》艦爆撃や碇泊艦雷撃の訓練が課せられていた。これらの訓練については、時々競技が行われ、山本連合艦隊司令長官から賞品まで授与されていたのである。これを例えるならば、大学卒業間際で高等な数学や物理学を研究しているものに、小学一年生の算術を勉強させ、成績のいいものに賞品を与えるようなものである。これに搭乗員が疑問を持たなかったならば、それこそどうかしていることになる。しかし疑問を持つがために訓練に熱が入らなかったり、知る権利などというものを振り回して、訓練の目的などを根掘り葉掘り聞かれても困るのである。わが海軍が乾坤一擲《けんこんいってき》の勝負を賭けた布哇《ハワイ》作戦計画が厳重な機密の扉の陰で、着々と進められていたからである。もし布哇攻撃の計画を明かすならば、全員が期せずして小学一年生の算術にでも熱を入れたであろうが、それでは事前に計画が漏れるおそれがある。

この問題を解決するために、艦隊司令部で考えた諸方策のうち最良のものが飛行機隊指揮官の人選である。この人の言うことならば、どんな無理な命令でも、どんなに阿呆らしいことでも、何か深い意味があるだろう、「黙ってついて行け」という気持になるような指揮官を選ぶことである。この指揮官、それも全飛行機隊の総指揮官として配員されたのが淵田美津雄中佐であった。これに引続き、雷撃隊の指揮官村田重治少佐その他主要な飛行機隊指揮官は、すべて特別の人選によるものであった。これらの飛行隊長は、大陸の戦歴も豊富であり、部下統御はもちろん、戦術眼も飛行技術もすべて優秀な人ばかりで、人材雲の如しとは、このことであった。

昭和十四、十五年の艦隊訓練において、強力な防空機構を備えている艦隊に対する攻撃は、大編隊群の異種異方向同時攻撃に勝るものはないという結論が出ていた。百機か二百機という大空中攻撃隊を統一指揮することは、統率力に秀で、人間的魅力ある指揮官でなければ勤まらないこと勿論であるが、同時に優秀な戦術眼を備えたものでなければならない。飛行機隊の誘導、攻撃方法、攻撃順序の決定、突撃下令の時機等すべてこの戦術眼から出て来るのである。こういう素質を持ったものは、他にも若干いたが、淵田はそのトップクラスにいたのである。

飛行機隊指揮官として必要な素質がもう一つある。それは、司令部の計画を体し、最高指揮官の意図に合するよう行動することである。いかに勇猛果敢で能力溢《あふ》れる指揮官でも上級指揮官の考えることと逆なことばかりやられたのでは、全軍の統制はメチャクチャとなり、戦果も全然挙がらなくなるのである。いくさは一人でやるのではない。他の諸部隊との緊密な協同によってやるのである。緊密な協同の基準は最高指揮官の意図である。全軍が最高指揮官の意図に合する如く行動することである。

淵田が私と同期で親友であったことは、はなはだ好都合であった。彼は司令部の計画を忠実遵奉したし、命令文に記載出来ないようなことでも、阿吽《あうん》の呼吸で処理することが出来た。海軍における同期生の結合には比類のないものがある。それこそ家族ぐるみ一生のつき合いであり、親にも兄弟にも話さないことでも同期生には話した。「友の憂にわれは泣き、わが喜びに友は舞う」をそのまま実行しているものは海軍の同期生であろう。

彼は豪傑ではあったが蛮勇を振う男ではなかった。激しい語調で話す男でもなかった。稀に見る名文家であり、またどんな場合にも余裕を持っている男であった。真珠湾攻撃に飛立つ直前、私は赤城の艦橋下にある搭乗員室に降りていった。淵田は丁度朝食を終え、飛行服に着換えて飛行甲板に昇ろうとするところであった。国の運命を賭けた世紀の攻撃に臨む直前である。成否を双肩に担う彼だ。私も心中無量なものがあったが、何げなく、

「おい、淵、頼むぞ」

と言ったところ、彼の答えは、

「うん、ちょっと行ってくるよ」

であった。まるで近所に豆腐でも買いに行くような淡々たるものであった。

無類の戦果を挙げて帰って来た時も同様である。

「ご苦労だったなあ、淵」

「ざまあ、見やがれ(アメリカに対して)。出て来やがったら、またやってやるよ」

海軍飛行機隊の連中は、生死の境にあっても、決して映画にあるようなカン高い声を張りあげたり、抱きついたりしなかったものだ。

淵も遂に逝《い》った。冥福を祈るや切なるものがある。

解説

秦郁彦

著者の源田實氏が亡くなって十年になる（注：文庫旧版刊行時）が、私は参議院議員時代の氏に何回か会う機会があった。小柄だがひきしまった体軀、鷹のような鋭い目、若き日の海軍戦闘機乗り時代の風姿は最後まで変らなかった。

寡黙の人ではあったが、文章家でもあった。しかし講談調のベストセラーを次々に書いた陸軍の辻政信大佐とはひと味ちがう。海軍と陸軍の差かもしれないが、人柄の違いでもある。源田氏には、飛行機というメカに密着する職人的な律義さと謙虚さが漂っていた。

大尉時代に今の「ブルーインパルス」の前身ともいえる「源田サーカス」をひきいて華麗な空のページェントを見せた源田は、戦後航空自衛隊のジェット・パイロットに転身した。そして六十歳に近い航空幕僚長時代に機種決定のため渡米したとき、候補機のロッキードを自身でテスト操縦して、国民をアッと言わせる。その名声を背に彼は参議院議員へと転身するのだが、源田實の劇的な生涯のハイライトは、何と言っても本書の主題となった真珠湾攻撃であろう。

「真珠湾」は、世界戦史の一ページを占めるモニュメントの域にとどまらない。その日から五十数年が経過したが、依然として日米間にわだかまる政治的・心理的トラウマでありつづける。「ノーモア広島」と「リメンバー・パールハーバー」の対句が相殺された形で微妙なバランスを保っているが、第三者からゆさぶられれば、いつ噴出するか見きわめがつかぬ「不発弾」的存在でもあるのだ。

その歴史的舞台に、源田は海軍中佐、第一航空艦隊航空（甲）参謀という資格で参画した。司令長官は南雲忠一中将、三百六十機の飛行隊をひきいたのは、海軍兵学校同期生の淵田美津雄中佐だから、源田はシナリオ・ライターとは言えても、あくまで「黒子」の役だった。だがこの「黒子」は単なる「黒子」ではない。

よく知られているように、真珠湾奇襲という壮大なプロジェクトは、山本五十六連合艦隊司令長官の脳裡から生れた。着想はすでに一九二七年頃からとの説もあるが、具体化したのは四〇年秋頃である。

だが日露戦争以降、西太平洋における迎撃決戦を想定してきた日本海軍にとって、山本の提案は常識の範囲を逸脱していたから、海軍省や軍令部をふくむ上司、同僚、部下の多くは拒絶反応を見せた。南雲に至っては、ハワイへ向う途上でさえ動揺していたほどである。

それは山本の予期するところでもあったから、彼は正式提案に先だち大西瀧治郎少将（基地空軍の第十一航空艦隊参謀長）へ意見を求め、大西は源田を呼んで検討を依頼する。真珠湾攻撃の十カ月前に当る一九四一（昭和十六）年二月のことである。

山本はあえて連合艦隊司令部の幕僚を避け、指揮系統を無視して変則の人脈で原案作りをやらせたわけで、大西は山本の「腹心」、源田は大西の「腹心」という関係だが、この「同志的結合」関係はやがて参加チームの編成にも応用される。淵田や村田雷撃隊長の指名引き抜きもそうだったし、水平爆撃の名手をえらぶときには下士官パイロットにまで及ぶ。

さて源田は大西から山本の手紙を見せられたときの印象を、「うーん、偉いことを考えたものだ、一本とられた」と回想している。おそらく大西も同じ思いだったのではあるまいか。

三人の間柄をあらためて説明すると、五十六歳の山本は海軍の主流だった砲術の出身だが、一九二四年大佐時代に霞ヶ浦航空隊副長に補せられたときから航空界に足を踏み入れ、空母「赤城」艦長、航空本部技術部長、第一航空戦隊司令官、航空本部長、海軍次官を歴任している。

この世代には生え抜きの飛行機乗りはいないから、いわば途中転身組だが、「海軍航空育ての親」と言われるほど力を入れ、マイノリティにすぎなかった航空を大艦巨砲と並ぶ位置にまで押しあげた。しかし七歳若く、生え抜きのパイロット出身だった大西や、さらに十三歳年下の源田のように急進的な航空主兵論者とは言えなかった。

連合艦隊は十数万人の士官・下士官・兵をかかえる大世帯である。砲術、水雷、航海、通信、機関、陸戦……と職域は広く、一九四一年の段階でも人数の上で航空はマイノリティにすぎなかった。

日米戦争は戦艦という大艦、それも搭載する巨砲で決着をつけると確信する砲術屋は、人事的にも海軍の主流の座を占めていた。次には酸素魚雷をかかえて得意の夜戦で勝利のきっかけを作ろうとする水雷戦隊、漸減戦略の主役を自負する潜水艦乗りも我こそ、と競いあう。

それを束ねる政治家的資質の山本は、あちこちに気を配りながら、時に「戦艦には政治的価値がある」式の名言をポツリと語る。聞き伝えた航空屋は「山本さんの本心は航空主兵論だ」と思いこむ仕組みなのだが、真珠湾攻撃ともなれば、主役は否応なしに航空すなわち空母搭載の艦載機である。

源田によると、山本の原案は「(四隻の空母で)目標は米国戦艦群、攻撃は雷撃隊による片道攻撃」で、山本が直率する構想だった。

大西と源田は「米国民にとっても政治的価値の高い」戦艦を山本が主目標にしたのか、

と推測したが、やはり空母に切り変えるべきだと結論する。

それから十カ月、紆余曲折を経てこの壮大なプロジェクトは実現するが、各方面の反対や抵抗を押し切ったのは、山本長官の強烈な意志力だった。途中で基地空軍の立場を代表する大西は反対派にまわり、一中佐の源田が文字どおりチーフ・デザイナーの位置につく。中長期にわたる大戦略は苦手だが、短期で明確な目標と期限が設定されたとき、それを完全主義に近い形で仕あげるのは日本人の国民性に似合うようだ。

戦後では東京オリンピックや東海道新幹線を代表格に各種の国際イベントなどで、得意技は遺憾なく発揮されたが、真珠湾プロジェクトはそれらを上まわる芸術的作品と評していいだろう。しかも、東京オリンピックとちがって、機密が洩れれば真珠湾作戦は即座に中止するか、返り討ちに会うリスクを背負っていた。

真珠湾に地形が似た内地港湾を使っての演習、十二メートルの水深にあわせた碇泊艦船に対する浅海面雷撃の訓練、魚雷の届かぬ内側の戦艦を狙う水平爆撃訓練、どれをとっても、目標は想像できた。一水兵の洩らす何気ない噂でも鋭いスパイには探知可能だったにちがいない。そうと分れば、アメリカは直前に艦隊主力を出港させ、空打ちする日本の飛行隊を、戦闘機の大群と強烈な対空砲火で迎え撃てばよい。

それだけではすまない。ミッドウエー海戦（四二年六月）と同様に、米空母部隊が待ち伏せして叩けば、六隻の日本空母群は全滅したかもしれない。

今になって考えてみると、この大プロジェクトの片鱗さえ洩れなかったのは奇蹟的と言ってよい。そして奇蹟は幸運を呼んだ。

千島列島のヒトカップ湾から出撃して北太平洋をハワイへ向う十数日の航海で、行きあった商船も軍艦もなく、飛行艇の索敵網にもかからなかったのである。直前偵察で飛んだ水上機も見つからず、接近中の大編隊を新設のレーダーで発見したにもかかわらず、当直士官が握りつぶすという米側のミスまで重なった。

反対論の主たる根拠は、事前に発見され、返り討ちにあう投機的性格にあったのだが、結果的にはすべてをクリアーしたのだ。

南雲艦隊司令部で生え抜きの航空屋は源田と航空（乙）参謀吉岡忠一少佐の二人だけであった。長官の南雲は水雷屋、参謀長の草鹿龍之介は山本と似た転身組だから、源田の原案はスラスラと通った。いつしか口さがない若手士官たちが「源田艦隊」と呼ぶようになったが、源田は「そら恐しくなってきた。幕僚が奔放なプランを作っても、司令官や参謀長がチェックしてくれる安心感を欲しかったのだが」と告白している。

あらゆる点で真珠湾と対照的なミッドウエーの敗戦は、源田にすべてを任せたゆえの失敗でもあった。もちろん源田だけでは歯車は回転しない。上級の連合艦隊司令部や軍令部（作戦課）には、二、三人の航空屋がいて、源田プランの具体化に力を貸したが、それも山本の後楯があってのことだったかもしれない。

ともあれ、山本の着想に発した真珠湾攻撃の実施構想は、飛行機隊との接点に座った源田の綿密な作業によって最終計画にまとまった。山本原案との対比を念頭におきながら要点を次にかかげておこう。

1参加兵力は空母六隻、次に戦艦
2主目標は米空母
3外側の戦艦列を艦攻で雷撃（浅海面用魚雷を使用）
4内側の戦艦列を艦攻で水平爆撃
5小艦と飛行場を艦爆で急降下爆撃
6戦闘機隊（ゼロ戦）による制空
7接近航路は洋上給油しつつ北太平洋コースをとる

最終構想が固まるまでには克服せねばならぬ難点がいくつもあった。当初は冬の荒海での洋上給油は不可能と思われ、空母は航続力の長い四隻しか参加できぬとされた。しかし給油が可能と判明、帰路は漂流してでもと粘った山口二航戦司令官の突きあげもあって、六隻参加におちつく。

命中率の悪い水平爆撃は一時断念したが、名人クラスを集めた特訓で精度が大幅に向上したので復活する。技術突破のなかでもっとも手こずったのは、発射後に魚雷が海底に刺さらないよう安定ヒレを付した浅海面用魚雷の開発と製造だった。何しろ最後の魚雷は、すでにヒトカップ湾に集結していた南雲艦隊へ特別便で運びこまれたぐらいだから、きわどいところだった。

寝こみを襲った据物斬りとはいえ、雷撃九〇％、水平爆撃二七％、急降下爆撃五九％という驚異的命中率で真珠湾の全戦艦（八隻）を倒し、飛行機の大部分を地上で爆破炎上させてわが方の損失二十九機という日本海海戦に匹敵する大勝利も、こうした関係者のチームワークと熱意の成果だった。

惜しまれるのは、米空母の全部が偶然にも真珠湾を出払って不在だったことである。もう少し綿密な索敵をやっていたら、近海にいた二隻を葬れた可能性はあるが、大勝利に酔った南雲艦隊も海軍中央部も気づかなかったばかりか、「世界最強」を自負する驕慢気分におちいってしまう。

本書は書名が示すように、真珠湾作戦、それも準備過程に主眼を置いている。著者には別に『海軍航空隊始末記』の「発進篇」と「戦闘篇」の二冊（いずれも文春文庫として既刊）、『風鳴り止まず』（サンケイ出版）があり、海兵生徒時代から終戦までの体験が自伝風に書かれている。併読をおすすめしたいが、「戦闘篇」では真珠湾作戦は概略だけにとどめ、源田にとって痛恨の敗北体験となったミッドウエー海戦に多くのページを割いている。

読み比べて感じるのは、長官も参謀長もパイロットも変らず、しかも圧倒的な優勢兵力を誇った南雲艦隊が完敗してしまったふしぎさである。源田は責任をいさぎよく認めているが、組織全体があちこちで致命的なミスを重ねているところを見ると、やはり国民性ではないか、との思いを捨て切れない。

勝者の進歩がとまり、戦訓をかみしめた敗者に報復されるという歴史にありがちな結果だったともいえようが、それにしても落差はあまりにも大きかった。

開戦時における日米両海軍の戦術思想、なかでも空母戦術に大差はなかったと源田は言う。大艦巨砲主義が主流だった点でも似たようなものだった。ところが、真珠湾で全戦艦を失った米海軍は、敗北の戦訓から航空主兵主義へとすばやく転換した、というよりそうせざるをえなくなったのに対し、勝者の日本はかえって転換がおくれるという皮肉な結果となる。

ミッドウエー海戦では、無傷の日本戦艦部隊が山本とともに主力部隊の名称をもらって出動する。「無敵」の南雲艦隊（実は源田艦隊）は、相手に読まれているはずの発想と戦法を何も変えず、今度は主力部隊の露払い役に甘んじた。

暗号解読情報で待ち伏せしていた三隻の米空母を、源田は索敵の不備から見落し、米急降下爆撃隊に奇襲され、四隻の全空母を失って敗退する。

その後、軍令部の作戦課（航空担当）に転じた源田は一九四四年十月、大西中将（一航艦長官）が比島で始めたとされる神風特攻隊の編成にも関わったが、その内情について終生沈黙を守った。慰霊祭の席で、「あなたが発案者じゃないのか」とつめよられたことあるが、源田は答えていない。

本書で著者は山本、南雲と並んで大西の人物論を試みているが、「既成の尺度で測れぬ智将」と評したあと、大西が特攻を決断した事情にからめ「われわれ後輩のものは、何か思案に余るようなことが起こると大西さんのところへ行って、相談に乗ってもらったもの……親分の親分たるにふさわしい」と意味深長な表現をしている。

私は「特攻」を大西と源田の合作と推測している。二人は、真珠湾作戦で発案者が山本、実施プランを源田が引き受けた例に似た関係だったのかもしれない。

戦史的観点から真珠湾攻撃を観察しようとする人々にとって、本書は不可欠の文献であるが、あわせて戦史叢書『ハワイ作戦』（朝雲新聞社、一九六七）、淵田美津雄『真珠湾作戦の真相』（大和タイムス社、一九四九）、福留繁『史観・真珠湾攻撃』（自由アジア社、一九五五）、G・プランゲ『真珠湾は眠っていたか』1〜3（講談社、一九八六―八七）をおすすめしたい。

（日本大学教授）

初出
単行本　一九七二年　読売新聞社刊
文庫　一九九八年　文春文庫
「真珠湾奇襲と三人の提督」「文藝春秋」一九六八年三月号
「淵田美津雄という男」　「文藝春秋」一九七六年八月号

ＤＴＰ制作　エヴリ・シンク
写真提供　文藝春秋　写真資料室

源田 實（げんだ みのる）
1904（明治 37）年 8 月 16 日、広島県に生まれる。1921（大正 10）年、広島第一中学校を卒業、同年、海軍兵学校に入校。1924（大正 13）年、同校卒業（52 期）。1928（昭和 3）年、霞ヶ浦海軍航空隊飛行学生となってから一貫して海軍の航空畑を歩む。1941（昭和 16）年、第一航空艦隊参謀となり、真珠湾攻撃、インド洋作戦、ミッドウエー攻略などの作戦に参加。終戦時は第 343 航空隊司令、海軍大佐。戦後は防衛庁に入庁、空将、航空幕僚長を歴任。1962（昭和 37）年に参議院議員に初当選、以後 4 回当選。1989（平成元）年 8 月 15 日、永眠。

文春学藝ライブラリー
歴 43
真珠湾作戦回顧録《しんじゅわんさくせんかいころく》

2021 年（令和 3 年）10 月 10 日　第 1 刷発行

著　者　源　田　　實
発行者　花　田　朋　子
発行所　株式会社　文　藝　春　秋
〒102-8008　東京都千代田区紀尾井町 3-23
電話（03）3265-1211（代表）

定価はカバーに表示してあります。
落丁、乱丁本は小社製作部宛にお送りください。送料小社負担でお取替え致します。

印刷・製本　光邦
Printed in Japan
ISBN978-4-16-813095-3

（　）内は解説者。品切の節はご容赦下さい。

猪木正道
日本の運命を変えた七つの決断
加藤友三郎の賢明な決断、近衛文麿の日本の歩みを誤らせた決断。ワシントン体制下の国際協調政策から終戦までを政治学の巨人が問い直す！　（特別寄稿　猪木武德・解説　奈良岡聰智）
歴-2-16

秦　郁彦
昭和史の軍人たち
山本五十六、辻政信、石原莞爾、東条英機に大西瀧治郎……陸海軍二十六人を通じて、昭和史を、そして日本人を考える古典的名著がついに復刊。巻末には「昭和将帥論」を附す。
歴-2-17

江藤　淳
完本　南洲残影
明治維新の大立者・西郷隆盛は、なぜ滅亡必至の西南戦争に立ったのか？　その思想と最期をめぐる著者畢生の意欲作。単行本刊行後に著した「南洲随想」も収録した完全版。　（本郷和人）
歴-2-25

三木　亘
悪としての世界史
ヨーロッパは「田舎」であり、「中東と地中海沿岸」こそ世界史の中心だ。欧米中心主義の歴史観を一変させる、サイード『オリエンタリズム』よりラディカルな世界史論。　（杉田英明）
歴-2-26

本郷和人
新・中世王権論
源頼朝、北条氏、足利義教、後醍醐天皇……彼らはいかにして日本の統治者となったのか？　気鋭の日本中世史家が、王権の在り方を検証しつつ、新たなこの国の歴史を提示する！
歴-2-27

飛鳥井雅道
明治大帝
激動の時代に近代的国家を確立し、東洋の小国を一等国へと導いた天皇睦仁。史上唯一「大帝」と称揚され、虚実ない交ぜに語られる専制君主の真の姿に迫る。　（ジョン・ブリーン）
歴-2-28

繁田信一
殴り合う貴族たち
宮中で喧嘩、他家の従者を撲殺、法皇に矢を射る。拉致、監禁、襲撃もお手の物。〝優美で教養高い〟はずの藤原道長ら有名平安貴族の不埒な悪行を丹念に抽出した意欲作。　（諸田玲子）
歴-2-29